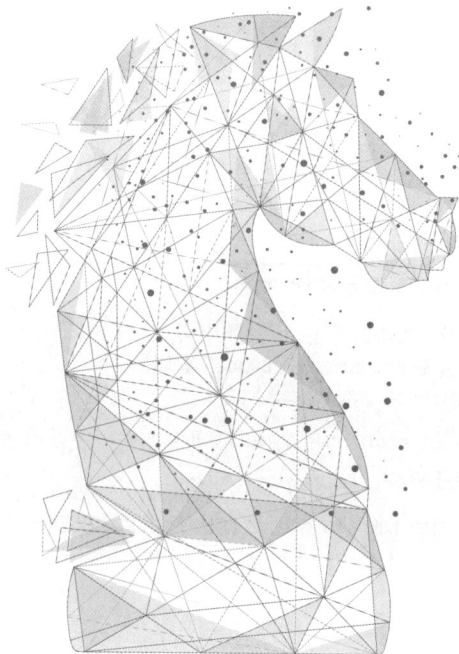

中等职业学校公共基础课程配套用书

数　学

（基础模块）　上册

教师用书

主　编：付　勇

副主编：郑常秀　周尚能

参　编（排名不分先后）：

陈　勇　陈志珍　付　勇　李　恒　李茂良　廖雪刚

孙　殷　王雪娇　张京花　郑常秀　周尚能

SHUXUE JICHU MOKUAI SHANGCE
JIAOSHI YONGSHU

北京师范大学出版集团
BEIJING NORMAL UNIVERSITY PUBLISHING GROUP
北京师范大学出版社

图书在版编目(CIP)数据

数学(基础模块上册)教师用书/付勇主编. —北京：北京师范
大学出版社，2022.12(2024.7 重印)
ISBN 978-7-303-28188-6

Ⅰ.①数… Ⅱ.①付… Ⅲ.①数学课－中等专业学校－教
学参考资料 Ⅳ.①G633.603

中国版本图书馆 CIP 数据核字(2022)第 191071 号

图书意见反馈：gaozhifk@bnupg.com 010-58805079
营销中心电话：010-58806880 58801876

出版发行：北京师范大学出版社 www.bnupg.com
　　　　　北京市西城区新街口外大街 12-3 号
　　　　　邮政编码：100088
印　　刷：天津盛辉印刷有限公司
经　　销：全国新华书店
开　　本：889 mm×1194 mm 1/16
印　　张：11.75
字　　数：257 千字
版　　次：2022 年 12 月第 1 版
印　　次：2024 年 7 月第 2 次印刷
定　　价：32.90 元

策划编辑：余娟平 林 子　　　责任编辑：余娟平
美术编辑：焦 丽　　　　　　　装帧设计：焦 丽
责任校对：陈 民　　　　　　　责任印制：马 洁 赵 龙

前　言

　　亲爱的教师们，欢迎您使用北京师范大学出版集团编写的"十四五"职业教育国家规划教材（中等职业学校公共基础课程教材）《数学》。该套教材包含《数学》教科书、教师用书及配套教学资源。配套教学资源包括同步教辅《学习指导与能力训练》、京师E课平台数字化资源等内容。本书是配套《数学（基础模块上册）》的教师用书，供教师教学时参考使用。

　　本书依据教育部印发的《中等职业学校公共基础课程方案》和《中等职业学校数学课程标准（2020年版）》（简称《课程标准》）编写，落实立德树人的根本任务，聚焦培养学科核心素养。按国家规划教材《数学》相应各主题、单元的教学顺序，总体设计了课程定位、教学要求、教材分析、教材教学建议、教学评价建议、教学资源拓展六个部分。

　　1. **课程定位**是对本单元的整体教育价值分析，主要包括主题介绍和单元定位。基础模块和拓展模块一主要由基础知识和三个主题知识（函数、几何与代数、概率与统计）构成，主题介绍重点讲述本单元所在主题的知识构成与学科地位，用课程大视野系统整体地分析主题内容。单元定位重点分析了本单元教学内容的学科性质、地位作用和育人价值，帮助教师用统领观点掌握单元内容的逻辑关联，整体理解学科核心素养的培育价值。

　　2. **教学要求**是对本单元教学内容和要求的描述，主要包括单元的主要内容、内容要求和学时分配建议。严格依照《课程标准》明确了本单元的主要教学内容及要求，并对教学实施的学时提出了参考建议。

　　3. **教材分析**是对本单元教材知识体系、编写思路、教学目标的分析描述，主要包括单元知识导图、教材编写思路、单元教学目标和单元重难点。从课程标准的单元内容梳理开始，阐述教材的单元整体编写思路，准确定位单元教学目标，明确单元重点内容，预判单元难点内容，为教师编制教学设计提供参考。

　　4. **教材教学建议**是对本单元每个小节提供具体的教学实施建议，每个小节都包括教学准备、教学内容、教学目标、教学重难点、教学提示、课程思政设计和习题答案，体现了一个完整的单元小节教学流程。帮助教师从分析学情开始，做好教学相关准备；细化小节教学内容，明确教学目标和重难点，把握教学过程的关键；重点提示数学核心知识的理解分析、教材处理的方式方法、核心素养的培育提升、课程思政的设计参考等内容，帮助教师以知识传授为载体，培养学生的正确价值观、关键能力和数学思想方法。提供的习题答案可以帮助教师在教学中合理有效地选择不同层次的题目。

　　5. **教学评价建议**是为本单元开展学业质量评价提供标准与参考案例，主要包括学业质量要求、参考例题与说明两部分. 首先对标《课程标准》的学业质量要求,准确理解考核评价标准. 其次是给出具体评价案例题目,说明考核知识要点、学科核心素养和学业水平层次,帮助教师在具体教学中把握难度与质量水平.

6. 教学资源拓展是给本单元的教学提供具体案例和各种拓展资源,主要包括教学案例、文献资源参考和数学文化拓展. 提供一个具体的教学案例,有利于教师理解教材,落地课堂教学. 文献资源参考提供了部分参考书目、论文题目和数字化资源网站,丰富教师教学素材. 数学文化拓展旨在帮助教师在教学中沁润数学文化,夯实人文素养,实现全面育人.

本书由重庆市教育科学研究院付勇主编. 本书具体编写分工如下:第一单元由付勇、重庆工商学校陈志珍编写;第二单元由重庆市万州区职业教育中心廖雪刚、张京花,重庆市江南职业学校陈勇编写;第三单元由重庆市龙门浩职业中学校郑常秀、孙殷编写;第四单元由重庆市九龙坡职业教育中心周尚能、重庆市商务学校王雪娇编写;第五单元由重庆市渝中职业教育中心李恒、重庆市九龙坡区教师进修学院李茂良编写.

《数学(基础模块上册)》主要包含集合、不等式、函数、指数函数与对数函数、三角函数共五个单元,全书共 66 学时,各单元教学学时大致分配如下表(仅供参考).

单元	主要内容	建议学时
第一单元	集合	9 学时
第二单元	不等式	11 学时
第三单元	函数	12 学时
第四单元	指数函数与对数函数	13 学时
第五单元	三角函数	21 学时

本书在编写过程中得到有关高校专家、省市教研员和学校骨干教师的帮助指导,在此表示衷心感谢. 由于编写团队能力有限,本书难免存在不足之处,恳请各位读者提出宝贵修改意见(请发至邮箱 yjp@bnupg.com).

编者
2022 年 6 月

目 录

第一单元　集　合

一、课程定位

(一)主题介绍

中等职业学校数学课程基础模块由基础知识和三个主题知识(函数、几何与代数、概率与统计)构成,其中基础知识是学习主题知识的预备知识内容.基础知识包含集合和不等式两个单元,能有效衔接初中与中等职业教育(简称中职)的数学学习.集合是基础模块的基本内容,如图 1-1 所示.

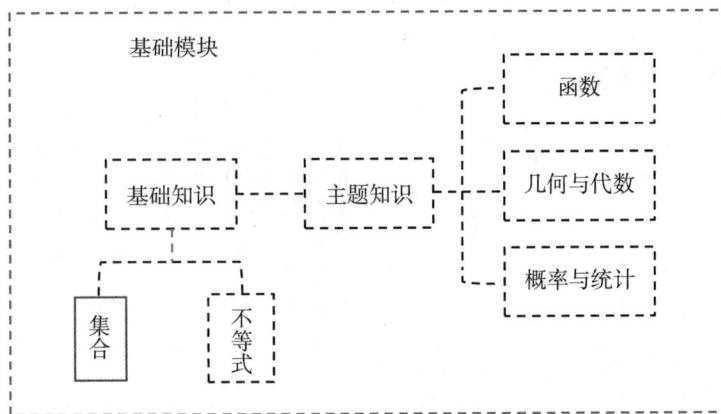

图 1-1　数学课程基础模块知识结构

(二)单元定位

集合是刻画一类事物的语言和工具,集合语言是现代数学语言的重要组成部分,集合论思想是现代数学的基本思想.集合内容是中职数学教学的起始单元,是学习不等式、函数等后续内容的重要预备基础知识.本单元的学习能帮助学生使用集合语言简洁、准确地表述数学的研究对象,能用数学的语言表达与交流,逐步积累数学抽象的活动经验.集合架起了义务教育阶段与中职阶段的数学知识桥梁,帮助学生提升数学运算、逻辑推理等核心素养.

二、教学要求

本单元内容包含集合及其表示、集合之间的关系和集合的运算. 完成教学约需 9 学时，具体要求和学时分配建议见表 1-1.

表 1-1　具体要求和学时分配建议

主要内容	内容要求	学时分配
1.1 集合及其表示	了解集合的概念；理解元素与集合之间的关系；了解空集、有限集和无限集的含义；掌握常用数集的表示符号，初步掌握列举法和描述法等集合的表示方法	3 学时
1.2 集合之间的关系	理解集合之间包含与相等、子集与真子集的含义 掌握集合之间基本关系的符号表示	2 学时
1.3 集合的运算	理解两个集合的交集、并集；了解全集和补集的含义	3 学时
灵活安排	复习与小结	1 学时

三、教材分析

(一)单元知识导图

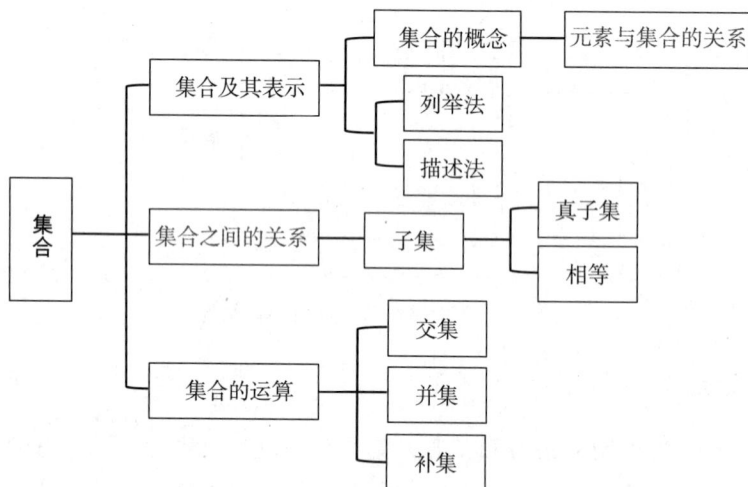

图 1-2　第一单元知识导图

(二)教材编写思路

教材对集合单元内容的编排展现了研究一个数学对象的一般方法和路径，即"现实情境—抽象集合概念—集合的属性（分类和表示方法）—集合之间的关系—集合运算—集合知识拓展—集合知识小结—集合知识检测". 教材从单元序语介绍我国国庆 70 周年阅兵方阵分类入手，通过多个现实生活情境逐步抽象出集合的概念，以研究元素为切入点，介绍元素与集合的关系、元素的基本特性、常见集合、集合的表示方法；通过数集关系和对生活案例的观察、分析逐步抽象出集合的子集、真子集及相等的概念，并用韦恩图（Venn 图）直观表示；以北京承办冬季奥运会为基础素材分别介绍了集合的交集、并集和补集的概念，使学生逐步能用文字语言、图形语言和符号语言刻画集合的相关概念；通过"数学园地"栏目拓展集合的发展历史，介绍数学家康托尔，沁润数学文化；设立单元小结，通过学习导图总结归纳集合的知识内容，对集合的符号、集合之间的关系以及运算等重点内容进行学习指导；最后通过两种水平的单元检测题来评价学生的学业质量．这样编排教材，既符合中职学生学习的认知规律，也满足课程内容要求．

（三）单元教学目标

知识目标：在已有学习基础上，能用生活案例描述集合的相关概念；能用正确的方法表达集合，集合的子集、真子集，以及集合之间的相等关系；会进行集合的交、并运算，能举例说明全集和补集的概念．

能力目标：能从具体情境中抽象出集合、集合间关系、集合运算等相关概念，逐步习惯用自然语言、图形语言和数学语言表达数学对象，实现从具体到抽象、从感性到理性的升华，感受数学的简洁美，提升数学抽象素养；能在单一情境中辨析元素与集合的关系及集合与集合之间的关系，正确进行两个数集的交、并、补运算，提升逻辑推理和数学运算等核心素养；借助图形理解集合与集合之间的关系、求集合之间的运算，培养利用直观图形表达抽象的数学对象的能力，发展直观想象素养．

素养目标：结合教材中融入的素材，培养严谨求实、一丝不苟和科学理性的精神，增强学习自信，树立热爱生活、报效祖国的正确价值观，培养尊重生命、自强不息的思想观念．

（四）单元重难点

重点：掌握集合的表示方法，理解子集与真子集的概念及区别，理解集合的交集、并集和补集的概念；

难点：掌握集合的描述法，区分子集与真子集，用描述法表示集合的交、并、补运算．

四、教材教学建议

1.1 集合及其表示

（一）教学准备

1. 教师授课前，学生应储备以下知识：一元二次方程及一元一次不等式的解法；三角形、四边形等平面图形的概念和性质的相关知识；一次函数图像、直角坐标系中各象限点的坐标特征；自然数、整数与分数、有理数与无理数、实数的区分；实数与数轴上的点对应的相关知识.

2. 教师授课前准备生产生活中学生熟悉的集合案例素材，例如：我国国庆 70 周年阅兵式、二十四节气介绍等视频素材；四大名著、四大发明等中华优秀传统文化或反映时代发展、国富民强的图片素材. 利用软件绘制初中学过的正比例函数、反比例函数图像；绘制三角形、四边形等各类平面图形.

(二)教学内容

本节主要内容是集合的概念、元素与集合的关系、集合的分类、常见数集、集合的表示方法.

(三)教学目标

1. 能判断给定对象是否构成集合，能举例说明生活中的集合.

2. 能正确表达元素与集合的关系，能判断有限集和无限集，能区分常见的数集并熟记它们的数学符号.

3. 能用列举法和描述法恰当地表示集合.

4. 经历学习集合概念和数学符号的过程，提升抽象能力；能用描述法表示集合，提升归纳总结能力，体会集合语言的简洁美.

(四)教学重难点

重点：理解元素与集合的关系，区分常见数集，掌握集合的表示方法；

难点：理解空集，用描述法表示集合.

(五)教学提示

序号	教学提示
1	集合论是现代数学的重要基础内容，在日常生活和生产实践中有广泛应用. 集合的一个重要思想就是将事物(对象)进行分类研究，分析总结共同属性或特点. 义务教育阶段数学知识相对具体，中职阶段数学知识相对抽象，教师应在集合教学中帮助学生从具体到抽象、从特殊到一般、从感性到理性逐步过渡，激发学生数学学习的积极性，帮助学生规范解题书写步骤，抓好初中与中职阶段的教学衔接工作
2	本单元开头主要包含 4 部分内容. 一是给出了我国国庆 70 周年天安门阅兵式 32 个装备方队按功能划分为 7 个模块的熟悉案例，该案例既可作为一个主线索素材分别介绍集合的概念、集合之间的关系和集合的运算，也是融入爱国主义教育的思政素材；二是介绍了集合知识的学科地位及特点，概括为集合是基础内容、集合语言简洁清晰、集合知识应用广泛；三是介绍本单元的主要内容及其育人价值，重点体现为培育数学运算、数学抽象等核心素养；

续表

序号	教学提示
	四是依据《课程标准》明确了本单元的学习目标，分为了解、理解、初步掌握和掌握四个层次
3	集合的概念是一个原始概念，"像这样，由一些确定的对象所组成的整体就称为集合(简称集)"，这是对集合概念的描述性说明．教材通过观察思考5组对象，让学生分析理解每组对象都是具体明确的，先建立集合的描述性概念；再介绍构成集合的确定对象——元素，以及元素和集合的关系(属于和不属于，二者必居其一)，为学生建立起集合的整体性概念；教师应多举生活中的集合实例，或者用集合方法描述小学初中已经学习过的数学知识，加深学生对集合概念的理解，提升学生数学抽象素养
4	教学中应正确认识集合中元素的特性，重点是确定性，互异性可在并集教学时再次强化，无序性只需举例说明即可．元素的确定性是构成集合的关键特征．第1.1.1节中，教材用一组例题和随堂练习强化集合概念，从另一个视角说明如果对象没有确定性，就不能组成集合，如"高个子同学""很大的数"等例子；同时又利用初中学习过的数集、方程与不等式的解集、直角坐标系的点集等例子强化集合的概念
5	教材从元素的视角深化研究集合的概念和思想：引导学生研究构成集合元素的特点(三大特性)；其次由实例观察，根据构成集合元素的数量可将集合分为有限集和无限集；举例方程无实数解，如果集合中没有任何元素，则是空集(注意区分空集和由0构成的集合)；举例初中学习的自然数、整数、有理数、实数构成的集合，如果集合中的元素都是数，这样的集合称为数集(强化常见数集的数学符号表达，可用 Venn 图表示)；如果集合中的元素能被一一列举出来，则可用列举法表示集合；如果集合中的所有元素能描述共同特征，则可以用描述法表示集合
6	第1.1.2节的两个例题和随堂练习旨在强化集合的分类、常见数集以及元素与集合的关系表达，重点是让学生学会正确使用元素与集合关系的数学符号，同时复习巩固初中学习的相关数集．国家标准定义自然数集 N 包含元素0，与国际标准化组织(ISO)制定的国际标准一致．教师教学中应采用多种方式让学生对数集的自然文字语言与数学符号语言进行对应转换
7	集合常用表示方法有列举法和描述法．教材第1.1.3节中，例1不仅要求学生了解集合的列举法，还让学生明白集合中元素的列举与元素的顺序无关，即集合的无序性．其第(2)小题的集合含有无穷多个元素，不需要或不可能被一一列出时，可以依其规律，写出几个元素，其他用省略号表示，即 $\{11,13,15,17,19,\cdots\}$．该例题告诉学生列举法不只是表示有限集，对无限集的表示更需要抓住元素的规律和共同特征，引出集合描述法的必要性和简洁性．教学中，教师应强化集合描述法的一般形式{元素的一般符号及取

续表

序号	教学提示
	值（或变化）范围 | 集合中所有元素所具有的共同特征｝，归纳总结元素的共同特征是教学的难点，教师可让学生先用文字语言描述，再转化为数学语言表达，逐步抽象．第1.1.3节中，例2分别用方程解集、不等式解集、偶数集、直角坐标系的点集让学生模仿共同特征的数学语言表示方式，初步学会用代数式或者函数式表示集合中元素的特性或者通性．集合还有其他表示方式，例如，封闭曲线、数轴和直角坐标系等图示方法也可以表示集合
8	关于点集，教材介绍了两类，一是数轴上的点集，由于数轴上的点与实数是一一对应的，实数也可以用数轴上的点来表示，我们把由点组成的集合叫作点集，例如直线就是由点组成的集合，数轴上的点集就是数集．在数轴上用点集来表示数集时，实心的点表示包括这一点，空心的点表示不包括这一点．二是直角坐标系中的点集，要让学生了解，平面直角坐标系内的点与有序实数对 $(x，y)$ 是一一对应的，它的元素应该表示为 $(x，y)$，其中 x 表示横坐标，y 表示纵坐标．所以可以用平面直角坐标系内的点所组成的点集来表示有序实数对所组成的集合．第1.1.3节例2的第（4）小问就是用描述法表示在平面直角坐标系内直线 $y=-x$ 上所有点组成的集合．当然，它也可以用一次函数 $y=-x$ 的图像上所有点来表示
9	习题1.1设计分为两种层次：水平一重点检测学生对集合概念、集合的表示方法、数学符号的正确使用以及数轴表示的点集的学习情况，提升学生逻辑推理和直观想象等核心素养；水平二主要检测学生对集合元素特性、集合的描述法以及直角坐标系中点集的表示的学习情况

（六）课程思政设计

1．在集合相关概念教学中：可设计引入我国国庆70周年阅兵方阵、2022年北京冬奥会入场代表团、中国航天事业的发展等体现国家昌盛强大的素材案例，渗透爱国主义教育；也可设计引入中国古代四大发明、四大名著等展现中华优秀传统文化的素材案例，融入文化传承和文化自信教育；也可设计引入我国"大国工匠年度人物"名单、国家荣誉勋章等展现先进人物事迹的素材案例，渗透工匠精神、劳动精神和奋斗精神教育．

2．在集合表示方法教学中：可设计学生用集合观点列举我国发展成果或家乡发展新面貌等实际案例，增强学生的家国情怀意识；也可列举五一劳动奖章获得者或技能大师人物，让学生感悟劳动光荣、技能宝贵；还可列举专业学习的课程、实训设备或行业先进人物，强化爱专业、爱职业的教育；通过进行数学符号和描述法等内容的教学，让学生体会集合语言的简洁美和理性美，实施数学美育教育．

（七）习题答案

1.1.1　集合与元素

合作交流

略.

随堂练习

1.能，每位任课教师都是集合的一个元素.

2. a，b，c，d，e.

3.(1)不能，因为不能确定元素；(2)能.

4.略.

1.1.2　常见集合

合作交流

数字 0 组成的集合中有 0 这一个元素，而空集 $\varnothing$ 中不含任何元素.

随堂练习

1.(1)能，有限集；(2)不能；(3)能，无限集.

2.略.

3. $\in$，$\in$，$\notin$，$\notin$，$\notin$，$\notin$，$\in$，$\notin$，$\in$.

1.1.3　集合的表示

合作交流

略.

随堂练习

1.(1){造纸术，指南针，火药，印刷术}；(2){2，4，6，8，10，12，14}；(3){-1，-2}.

2.(1) $\{x \in \mathbf{N} \mid x > 3\}$；(2) $\{x \mid x = 2k+1, k \in \mathbf{N}\}$.

3. $\{5，10，15，20，25\}$，$\{x \mid x = 5k, 1 \leqslant k \leqslant 5, k \in \mathbf{N}\}$.

4.(1){0，1，2，3}；(2) $\left\{x \mid x = \dfrac{1}{2k}, k \in \mathbf{N}_+\right\}$.

习题 1.1

水平一

1.(1)√；(2)×；(3)×；(4)√；(5)√.

2.C.

3.(1) $\in$，$\notin$，$\in$，$\notin$，$\in$；(2)略；(3) $\{x \mid x = 4k, k \in \mathbf{Z}\}$；(4)5.

4.(1){2，4，6，8，10}；(2){1，2}；(3){x|x 是锐角三角形}.

5.(1) $\{x \mid x \geqslant -4\}$；(2) $\{x \mid x \leqslant 3\}$；(3) $\{x \mid x > -3\}$. 图略.

水平二

1.集合 M 只有一个元素，则方程 $x^2 = a$ 只有一个解，所以 $a = 0$. 由 a 组成的集合为{0}.

2. $\{x \mid x = 7k+1, k \in \mathbf{Z}\}$.

3.第二象限内的点的横坐标都小于 0，纵坐标都大于 0，所以第二象限内的所有点组成的集合为 $\{(x，y) \mid x<0，y>0\}$.

1.2　集合之间的关系

（一）教学准备

1.教师授课前，学生应储备以下知识：集合的相关概念，元素与集合的关系，常见数集，集合的表示方法.

2.教师授课前准备有关子集、真子集和集合相等的案例素材，可以在集合概念、集合表示方法的案例素材基础之上拓展出子集等相关素材，帮助学生快速理解本节新内容.

（二）教学内容

本节主要内容是子集、真子集和集合相等的概念.

（三）教学目标

1.能从两个集合的元素着手判断两个集合是否具有包含关系，并能选用恰当的符号表示.

2.能区分元素与集合之间的关系、集合与集合之间的关系，并能选用恰当的符号表示.

3.会用 Venn 图分析两个集合之间的关系，培养抽象问题具体化的意识和能力.

4.会从集合关系中抽象出子集等概念，提升推理能力；能用自然语言、图形语言、符号语言描述两个集合的关系，提升用集合语言表达交流的能力.

（四）教学重难点

重点：理解子集的概念，区分子集与真子集，判定两个集合之间的关系.

难点：区分子集和真子集，区分集合之间、元素与集合之间的关系，判定两个无限集是否相等.

（五）教学提示

序号	教学提示
1	教师教学子集概念时，应多提供有包含关系的实际生活案例或数集案例，引导学生观察两个集合元素的异同，寻找到"集合 A 中的任何一个元素都是集合 B 中的元素"这一共同规律，可先用文字语言表述，再用 Venn 图表示集合关系，最后抽象转化为数学符号语言表达，实现用三种语言对子集概念的表达和认识. 抽象子集概念的过程，是学生从感性认识到理性认识、从具体到抽象、从图形表达到符号刻画的过程，培育学生数学抽象、直观想象等核心素养

序号	教学提示
2	教材注重对"属于、包含于"等数学符号的理解与区别,通过"合作交流"讨论活动、随堂练习及习题进行强化理解、巩固学习,让学生逐步明确"属于""不属于"表示元素与集合之间的关系,"包含于""包含""不包含于""不包含"表示的是集合与集合之间的关系
3	第1.2.1节中,例2旨在从集合自身元素出发巩固理解子集的概念.一方面应用子集概念学会从集合自身元素数量视角不重不漏列举所有子集,并能发现子集数量为2^n(n为集合元素数量),可以为集合的真子集数量、指数函数、等比数列等知识的学习奠定基础;另一方面引导学生分析非空集合的所有子集由两类构成,即真子集(含空集和非空真子集)和集合本身,为后面真子集、集合相等的学习奠定基础
4	对真子集的概念教学,教材是从生活实际问题引入,教学时教师需要多补充类似的案例,让学生发现与子集的不同特点,再抽象出真子集的概念,关键语句是"集合 A 是集合 B 的子集,且集合 B 中至少有一个元素不属于集合 A". 教材通过三种语言转换表达以及数集关系的 Venn 图来巩固真子集的概念. 第1.2.2节中,例1求集合的子集和真子集,既是上一节列举集合子集的延续,也是真子集与子集概念区别的例证,可发现"集合 A 的真子集均为其子集,但其子集不一定是其真子集". 真子集的概念教学还可从分析集合所有子集(结合第1.1.1节例2)的元素数量引入,教材在学习了集合相等概念后对真子集提出另一种定义方式
5	针对集合相等概念的教学,教师可以从集合元素完全相同来定义,这比较直观易理解. 教材采用严格数学符号语言和集合元素完全一样的形式描述定义,让学生容易接受概念,同时为以后证明两个集合相等提供了一种思路方法. 第1.2.2节的例2旨在强化真子集和集合相等的概念
6	教学中,教师要注重数学符号的进一步巩固理解,结合元素与集合的关系、子集、真子集、集合相等等数学符号及数集相关符号,使学生能正确使用数学符号表示元素与集合的关系、集合与集合的关系,强化数学符号的抽象意识
7	随堂练习和习题处理应强化概念理解、符号区别,注意复习初中平面几何的相关知识;水平二的习题注重集合知识与解方程等的综合运用

(六)课程思政设计

1. 在集合关系的背景材料中:可设计个人与整体、部分与全体等生活素材案例,教育学生正确处理个人与国家、小我与大家、局域与全局的关系;也可设计垃圾分类知识,搜集绿水青山就是金山银山的素材,教育学生养成良好的卫生习惯,增强学生环境保护和绿色发展的意识.

2. 在学习 Venn 图时，可设计介绍 Venn 图发展史等数学文化知识，渗透数学人文精神教育；利用几何图形与代数运算的相互转换，让学生欣赏数学的数形之美.

(七)习题答案

1.2.1 子集

合作交流

$\in$ 表示元素与集合间的属于关系，而 $\subseteq$ 表示集合与集合之间的包含关系.

随堂练习

1.(1)$\in$；(2)$\subseteq$；(3)$\subsetneqq$；(4)$\supseteq$.

2.$C\subseteq A$，C 是 A 的子集，同时 $C\subseteq B$，C 也是 B 的子集.

3.$\varnothing$，$\{2\}$，$\{3\}$，$\{2，3\}$.

1.2.2 真子集与相等集合

合作交流

略.

合作交流

子集是集合 A 中所有元素都在集合 B 里，这两个集合可以相等；真子集是集合 A 中所有元素都在集合 B 里，同时这两个集合不能相等；相等集合是两个集合 A，B 中的元素是一样的. 也可以理解为子集包含真子集和相等集合.

随堂练习

1.(1)$\in$；(2)$=$；(3)$\subsetneqq$；(4)$\supsetneqq$；(5)$\subsetneqq$.

2.$\varnothing$，$\{a\}$，$\{b\}$，$\{c\}$，$\{d\}$，$\{a，b\}$，$\{a，c\}$，$\{a，d\}$，$\{b，c\}$，$\{b，d\}$，$\{c，d\}$，$\{a，b，c\}$，$\{a，b，d\}$，$\{a，c，d\}$，$\{b，c，d\}$，$\{a，b，c，d\}$，共 14 个非空真子集.

3. 由于正方形是特殊的矩形，而矩形又是特殊的平行四边形，所以 $A\subsetneqq B\subsetneqq C$.

习题 1.2

水平一

1.D.

2.$B\subsetneqq A$.

3. 由于 $A=B$，所以 $b=-4$，$4+a=2$，所以 $a=-2$.

4. 在 $A\subseteq B$ 中，A 可以与 B 相等；在 $A\subsetneqq B$ 中，A 与 B 不能相等.

水平二

1.C.

2.$B\subsetneqq A$，$C\subsetneqq A$，$D\subsetneqq A$，$C\subsetneqq B$.

3.(1)$\{-2，2\}$；(2)$\varnothing$，$\{-2\}$，$\{2\}$，$\{-2，2\}$；(3)$a=2$ 或 $a=-2$.

1.3 集合的运算

(一)教学准备

1. 教师授课前，学生应储备以下知识：集合的表示方法，求解一元一次方程和一元二次方程的方法，求解一元一次不等式的方法，用数轴表示实数集的方法.

2. 教师授课前收集准备生产生活中学生熟悉的集合案例素材，如学生熟悉的体育比赛项目、购买的相同类别的商品、学校社团活动等关于交集、并集的素材，电商平台中全部商品、已卖商品、库存商品等关于全集、补集的素材.

(二)教学内容

本节主要内容是集合的交集、并集和补集.

(三)教学目标

1. 能准确地用语言描述交集、并集和补集，并能用恰当的数学符号表示.
2. 学会用三种语言表达概念并能相互转换.
3. 能正确求解两个集合的交集、并集和补集.
4. 会从背景材料中抽象出交集等概念，提升抽象能力；能正确进行两个集合的交、并、补运算，提升逻辑推理能力；能用 Venn 图和数轴图形表达集合运算结果，提升数形结合能力.

(四)教学重难点

重点：理解集合的交集、并集和补集的概念.
难点：用描述法表示两个集合的交集、并集和补集.

(五)教学提示

序号	教学提示
1	教材以 2022 年北京举办第 24 届冬季奥运会为案例素材介绍集合的交集、并集和补集的概念，案例贴近学生、贴近生活、贴近社会，容易激发学生的学习兴趣；同时也教育学生热爱国家，为国家拥有"双奥之城"感到自豪；引导学生参加冰雪运动，增强体质，熏陶体育精神
2	教师教学交集的概念时，应分析两个集合元素的异同，抓住所有公共元素这个特征形成两个集合的交集. 教材使用文字语言、图形语言和符号语言(理解好"且"的含义)三种方式来强化交集的概念，让学生由文字描述、图形表达的感性认识上升到数学符号语言的理性定义

序号	教学提示
3	教材中，第 1.3.1 节针对集合的交运算利用 4 个例题来展示其具体运用. 例 1 是有限集，结果可以用列举法表示；例 2、例 3 是无限集，与不等式、数轴点集相结合，使用数轴的直观图形辅助教学(注意端点是空心还是实心的问题)，体现数形结合思想和直观想象等能力的培养；例 4 既可以利用求方程组解集的思想进行教学，也可以利用平面直角坐标系中两个一次函数图像求交点坐标的思想进行教学，两种思想本质上都是一致的，可根据学生的知识基础自行选择，注意结果是一个有序实数对，写法是 $\{(4, 1)\}$，不是 $\{4, 1\}$
4	并集概念的学习可类比交集的学习过程，强化三种语言的表达与转换，注意讲清楚联结词"或"的含义，它与生活中我们理解的"或"有一定的区别，可结合 Venn 图讲解. 第 1.3.2 节中，3 个例题的处理与交集类似，特别强化用数轴表示无限集的并集，训练时可以简单综合集合的交运算
5	研究数学问题时我们一般都要确定范围，这是学习全集概念的意义. 补集的概念首先要有 A 是 U 的子集这个基础，$\complement_U A$ 就是全集 U 中"挖去"(或"减去")集合 A 的元素后剩余元素构成的集合，体现数学"挖"(或"差")的思想，通过 Venn 图让学生观察到 $\complement_U A \cup A = U$ 这条性质，事实上 $\complement_U A$ 是集合 A 与全集 U 的差集. 补集是依赖于全集的，没有全集就谈不上补集；全集不同，其集合 A 的补集也不尽相同，因此我们说 A 的补集一定要说哪一个全集中的补集. 如果全集是实数集 **R**，集合 A 在全集 U 中的补集 $\complement_U A$ 可以简写为 $\complement A$
6	综合集合的交集、并集和补集的数学符号语言表达，事实上是用逻辑用语"且""或""非"来定义集合的三种运算法则，其结果依然是一个集合，并非元素. 对交集、并集、补集的相关性质，结合学生实际情况，教师可以利用 Venn 图简单介绍，降低难度，也可以利用例题、习题让学生观察总结，再进行严格证明
7	第 1.3.3 节的例 1 有三个目的：一是复习巩固交、并运算，二是强化补集概念，三是集合交、并和补的简单综合运算(重点是可列举的有限集). 第 1.3.3 节的例 2 是求无限集类型集合的交集、并集和补集运算，教师可以先复习用数轴表示交、并运算的结果，然后完成求补集运算的数轴表示，最后才是求交集、并集和补集的综合运用，层层递进. 教师应充分利用数轴表示点集的直观优势，这是本单元培育数形结合思想的重要载体，有利于提升学生的直观想象素养

(六)课程思政设计

1. 通过集合交、并、补运算性质的教学，培育学生严谨求实、一丝不苟的数学品质，提升学生遵章守纪的规则意识. 通过交、并、补集的 Venn 图表达以及例题、习题中数轴图形的表达，渗透数形结合的思想以及数学和谐美的教育.

2. 在集合交、并、补运算的课外拓展活动中，可设计职业院校技能大赛项目、职业教育周活动项目、学校体育项目或社团活动项目等实践活动案例，让学生分析参与人的数量及特点，提高分析问题、解决问题的能力. 也可设计集合在生活中的趣味问题、集合发展史或研究集合的数学家等数学文化资源，渗透数学文化、数学审美的教育.

(七)习题答案

1.3.1 交集

合作交流

1. 不可以，方程组的解是 $\begin{cases} x=4, \\ y=1, \end{cases}$ 可以看成平面上的一个点 $(4，1)$，而集合 $\{4，1\}$ 中有两个元素 4 和 1，与 $(4，1)$ 的含义不同.

2.(1)集合 A 与集合 B 的交集与集合 B 与集合 A 的交集相等；(2)任意集合与其自身的交集是其自身，任意集合与空集的交集是空集；(3)任意两个集合的交集是它们的子集；(4)若集合 A 是集合 B 的子集，则集合 A 与集合 B 的交集是集合 A.

随堂练习

1.(1)$\{0，1\}$；(2)$\varnothing$；(3)$\{x \mid x$ 是等腰直角三角形$\}$；(4)$\mathbf{N}_+$.

2.(1)$\{3，9，15\}$；(2)$\{x \mid 0 \leqslant x \leqslant 3\}$；(3)$\{x \mid 0 < x \leqslant 5\}$；(4)$\{x \mid x < -2\}$；(5)$\varnothing$；(6)$\{(1，2)\}$.

1.3.2 并集

合作交流

1. $-1 \in A \cup B$，因为 $-1 \in B$；$7 \notin A \cup B$，因为 $7 \notin A$，同时 $7 \notin B$.

$-3 \notin A \cup B$，因为 $-3 \notin A$，同时 $-3 \notin B$；$3 \in A \cup B$，因为 $3 \in A$，同时 $3 \in B$.

2.(1)集合 A 与集合 B 的并集与集合 B 与集合 A 的并集相等；(2)任意集合与其自身的并集是其自身，任意集合与空集的并集是其自身；(3)任意两个集合是它们的并集的子集；(4)若集合 B 是集合 A 的子集，则集合 A 与集合 B 的并集是集合 A.

随堂练习

1.(1)$\{-1，0，1，2\}$；(2)$\{x，y，a，b，c\}$；(3)$\{x \mid x$ 是等腰三角形或直角三角形$\}$；(4)$\mathbf{Z}$.

2.(1)$\{x \mid -1 < x \leqslant 5\}$；(2)$\mathbf{R}$；(3)$\{x \mid x < 3\}$；(4)$\{x \mid x < 0$ 或 $x \geqslant 5\}$.

3.$\subseteq$.

4.(1)$A \cap B = \{1，7\}$；(2)$A \cap C = \{1，4，7\}$；(3)$(A \cap B) \cup (A \cap C) = \{1，4，7\}$.

1.3.3 全集与补集

合作交流

1.(1)任意集合与其自身补集的并集是全集；(2)任意集合与其自身补集的交集是空集；(3)任意集合的补集的补集是其自身.

2. 相等.

随堂练习

1. (1) $A \cup B = \{2, 3, 5, 7, 11, 13, 19\}$，$A \cap B = \{7\}$；

(2) $\complement_U A = \{2, 13, 17, 19\}$，$\complement_U B = \{3, 5, 11, 17\}$；

(3) $\complement_U (A \cup B) = \{17\}$，$\complement_U (A \cap B) = \{2, 3, 5, 11, 13, 17, 19\}$.

2. $A = \{2, 3, 5, 6, 8\}$.

3. $\{x \mid x < -2\}$，$\{x \mid x \geqslant 3\}$，$\{x \mid x < -2\}$.

4. $A \cap B = \{x \mid -5 \leqslant x < 1\}$，$A \cup B = \{x \mid x \leqslant 2\}$，$(\complement_U A) \cap B = \{x \mid x < -5 \text{ 或 } 1 \leqslant x \leqslant 2\}$，$(\complement_U A) \cup B = \mathbf{R}$，$(\complement_U B) \cap A = \varnothing$，$(\complement_U B) \cup A = \{x \mid -5 \leqslant x < 1 \text{ 或 } x > 2\}$.

习题 1.3

水平一

1. (1) $\{m, a, t, h, s, e, n, g, l, i\}$，$\{h, s\}$；(2) $\varnothing$；(3) $\{x \mid x \text{ 是矩形}\}$；

(4) $\{x \mid x > -2\}$，$\{x \mid 1 < x < 3\}$.

2. (1) C；(2) A.

3. (1) $\complement_{\mathbf{R}} A = \{x \mid x \leqslant -1 \text{ 或 } x \geqslant 3\}$，$\complement_{\mathbf{R}} B = \{x \mid x \geqslant -2\}$；

(2) $(\complement_{\mathbf{R}} A) \cap (\complement_{\mathbf{R}} B) = \{x \mid -2 \leqslant x \leqslant -1 \text{ 或 } x \geqslant 3\}$；(3) $(\complement_{\mathbf{R}} A) \cup (\complement_{\mathbf{R}} B) = \mathbf{R}$.

水平二

1. (1) C；(2) D；(3) B；(4) A.

2. (1) 并集；(2) 交集.

单元检测

水平一

1. (1) C；(2) D；(3) B；(4) C；(5) D.

2. $\{x \mid x \geqslant 0\}$，$\{x \mid 1 \leqslant x < 3\}$，$\{x \mid x < 0\}$，$\{x \mid x < 1 \text{ 或 } x \geqslant 3\}$.

3. $\{1, 2, 3, 4, 5, 7, 9, 11\}$，$\{5, 9\}$.

4. $A \cap B = \{x \mid -3 \leqslant x < -1\}$，$A \cup B = \{x \mid x < 3\}$，$\complement_U A = \{x \mid x \geqslant -1\}$，$\complement_U B = \{x \mid x < -3 \text{ 或 } x \geqslant 3\}$，$(\complement_U A) \cap (\complement_U B) = \{x \mid x \geqslant 3\}$，$\complement_U (A \cup B) = \{x \mid x \geqslant 3\}$，$(\complement_U A) \cup (\complement_U B) = \{x \mid x < -3 \text{ 或 } x \geqslant -1\}$，$\complement_U (A \cap B) = \{x \mid x < -3 \text{ 或 } x \geqslant -1\}$.

水平二

1. (1) $9 \in A \cap B$，所以 $9 \in A$，所以 $9 = x^2$，所以 $x = \pm 3$.

当 $x = 3$ 时，$A = \{-4, 9\}$，$B = \{2, 9\}$，$9 \in A \cap B$，满足题意；当 $x = -3$ 时，$A = \{-4, 9\}$，$B = \{-4, 9\}$，$9 \in A \cap B$，满足题意，所以 $x = \pm 3$.

(2) $\{9\} = A \cap B$，所以 $9 \in A$，所以 $9 = x^2$，所以 $x = \pm 3$.

当 $x = 3$ 时，$A = \{-4, 9\}$，$B = \{2, 9\}$，$\{9\} = A \cap B$，满足题意；当 $x = -3$ 时，$A = \{-4, 9\}$，$B = \{-4, 9\}$，$\{-4, 9\} = A \cap B$，不满足题意，舍去.

所以 $x = 3$.

2. 集合 $\{x \mid ax^2 + 2x + 1 = 0\}$ 只有一个元素，所以方程 $ax^2 + 2x + 1 = 0$ 只有一个解.

若 $a = 0$，则方程 $2x + 1 = 0$ 只有一个解，满足题意；

若 $a \neq 0$，由于方程 $ax^2 + 2x + 1 = 0$ 只有一个解，所以 $\Delta = 2^2 - 4 \times a \times 1 = 0$，解得 $a = 1$.

综上所述，a 的值组成的集合为 $\{0，1\}$.

3.(1)因为 $A\subseteq B$，所以 $\begin{cases} -m-1\leqslant -4， \\ m-1\geqslant 2， \end{cases}$ 解得 $m\geqslant 3$.

(2)因为 $A\cap B=\varnothing$，所以 $m-1\leqslant -4$ 或 $-m-1\geqslant 2$，解得 $m\leqslant -3$.

4.(1)$A=\{1，2\}$，$B=\{1，a-1\}$；

(2)若 $A=B$，则 $a-1=2$，解得 $a=3$.

5.(1)

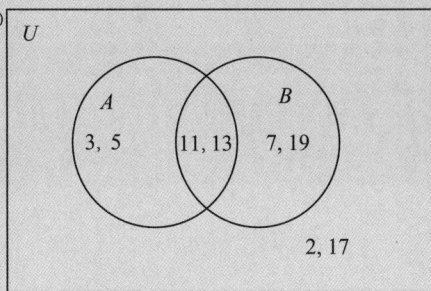

第 5 题图

(2)$A=\{2，5，11，13\}$，$B=\{7，11，13，19\}$.

五、教学评价建议

(一)学业质量要求

根据《课程标准》要求，本单元课程内容学业质量要求见表 1-2.

表 1-2 学业质量要求

课程内容	质量描述	
	水平一	水平二
集合	在熟悉的单一情境中： 1. 能体会集合及相关概念的抽象过程，会用数学语言表示集合； 2. 会判断元素与集合、集合与集合之间的关系； 3. 会进行集合间的交、并运算，知道集合的补集	在熟悉的关联情境中： 1. 达到水平一的 1～3； 2. 会运用集合包含关系的传递性判断两个集合的关系；会进行集合的补运算

(二)参考例题与说明

例 1 用符号"$\in$"或"$\notin$"填空.

(1)1 _____ $\mathbf{N}_+$；   (2)$\sqrt{3}$ _____ $\mathbf{Q}$；   (3)$\dfrac{1}{2}$ _____ $\mathbf{Z}$.

解 (1)1 是正整数，所以填写"$\in$"；

(2)$\sqrt{3}$ 是无理数，不是有理数，所以填写"$\notin$"；

(3)$\frac{1}{2}$不是整数，所以填写"$\notin$".

说明：本例题为单一情境下判断元素与集合的关系，主要考核逻辑推理素养，属于学业水平一.

例2 用描述法表示下列集合.

(1)方程 $x^2-4=0$ 的所有实数解构成的集合；

(2)满足 $1<x\leqslant3$ 的所有实数 x 组成的集合；

(3)大于 10 的偶数组成的集合；

(4)在平面直角坐标系中，一次函数 $y=-x$ 的图像上所有点构成的集合.

解 (1)$\{x\mid x^2-4=0\}$；

(2)$\{x\mid 1<x\leqslant3\}$；

(3)$\{x\mid x=2n,\ n>5,\ n\in\mathbf{N}_+\}$；

(4)$\{(x,\ y)\mid y=-x\}$.

说明：本例题为单一情境下用描述法表示集合，主要考核学生逻辑推理和数学抽象等核心素养，第(1)(2)(3)小问属于学业水平一，第(4)小问属于学业水平二.

例3 用符号"$\in$""$\notin$""$\subseteq$""$\supseteq$""$\nsubseteq$"填空.

(1)π _____$\{x\mid x\leqslant3.1416\}$； (2)$\varnothing$ _____$\{0\}$；

(3)$\{a,\ b,\ c,\ d\}$_____$\{b,\ d,\ e,\ f,\ a\}$；

(4)$\{1,\ 3,\ 5,\ 7,\ 9,\ 15\}$_____$\{1,\ 3,\ 5,\ 15\}$.

解 (1)填写"$\in$"；

(2)填写"$\subseteq$"；

(3)填写"$\nsubseteq$"；

(4)填写"$\supseteq$".

说明：本例题为关联情境下用集合符号正确表示元素与集合的关系、集合与集合之间的关系，主要考核逻辑推理素养，属于学业水平二.

例4 设集合 $A=\{x\mid -1<x<7\}$，$B=\{x\mid -3<x\leqslant3\}$，求 $A\bigcap B$.

解 在数轴上分别表示出集合 A 与集合 B，如图所示，观察可知

$$A\bigcap B=\{x\mid -1<x\leqslant3\}.$$

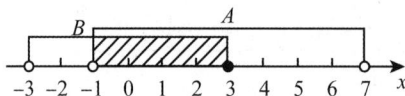

例 4 图

说明：本例题为单一情境下求两个数集的交集的运算，主要考核逻辑推理和直观想象等核心素养，属于学业水平一.

例5 设集合 $A=\{(x,\ y)\mid x+2y-6=0\}$，$B=\{(x,\ y)\mid x-4y=0\}$，求 $A\bigcap B$.

解　解方程组 $\begin{cases} x+2y-6=0, \\ x-4y=0, \end{cases}$ 得到 $\begin{cases} x=4, \\ y=1. \end{cases}$

所以，$A \cap B = \{(4，1)\}$.

说明：本例题为关联情境下利用解方程组知识求解两个集合的交集的运算，主要考核逻辑推理素养，属于学业水平二.

六、教学资源拓展

(一)教学案例

1. 授课题目：并集

2. 授课班级：信息技术专业高一年级二班

3. 内容分析

"并集"是北京师范大学出版社出版(简称北师大版)"十四五"职业教育国家规划教材《数学(基础模块上册)》第一单元第三节《集合的基本运算》第二课时的教学内容. 本节内容从并集本身来说是体现合并思想的和运算，是进一步研究集合的另一种重要运算；从并集在本单元的作用来看，集合运算分交、并、补运算，并集的概念深化巩固集合的三种语言的表达和运用，使学生更好地理解集合语言. 从求并集运算对数学课程学习的作用来看，熟练掌握并集的概念与求并集运算，是学习补集、不等式以及今后学习函数的重要基础，是更好地表达数学问题的常用工具，更是中职学生形成逻辑推理、数学抽象等核心素养，以及渗透数形结合思想的重要过程.

4. 学情分析

知识与技能基础：学生已经学会了集合的概念，能判断元素与集合的关系，对集合之间的关系有了初步的认识，已有交集概念与交运算的基本知识和研究方法作铺垫. 会简单直观计算.

认知与实践基础：学生对数学的认知困难在于由图形到文字的描述和由文字到符号的翻译，他们对简单直观的知识和方法更乐于接受，所以对集合的列举法接受最快.

学习特点：学生主动学习积极性不高，规范意识不够. 部分思维活跃的学生尝试欲望强烈，会按自己的第一反应回答问题，但持续时间不长；因为是新生，学生在新的环境中希望自己有进步，渴望得到表扬.

5. 教学目标

(1)知识目标：理解并集的概念，会进行简单的并运算；能够用数学符号语言和图形语言表示并集；会利用数轴求数集的并集.

(2)能力目标：在并集的概念形成过程中，培养学生观察、比较、分析、概括的能力，有意识地培养学生数学运算、直观想象、逻辑推理和数学抽象等核心素养，在习题巩固中进一步体会数形结合的数学思想方法.

(3)素养目标：通过引导探究，培养学生的自主学习能力；在讨论与合作交流中形成合作学习、主动参与意识；通过并集的概念分析，形成数学符号意识，体会数学语言简洁精准的魅力，培养学生严谨踏实的学习态度．

6. 教学重难点

重点：理解并集的概念，会进行集合间的并运算．

难点：用数轴的方法求解两个数集的并集．

7. 教法学法

教学方法：启发式教学法、任务驱动法、演练式教学法．

学习方法：观察类比法、自主探究法、分析归纳法．

8. 教学资源

教学资源有多媒体一体机、互动学习平台、微课等．

9. 教学过程

教学环节		教学内容	师生活动	设计意图
课前准备、自主学习		复习交运算，预习并运算 表格： 集合的运算 / 交运算 文字语言 符号语言 图形语言 性质	(1)发布预习微课； (2)发布完成调查问卷； (3)检查并点评学生任务完成情况，学生查看修改后二次上传	检查知识储备，培养自主学习习惯
课中	一、情境导入	教材1.3"观察思考"中的问题(2)中，图中哪部分表示举办过夏季奥运会或者举办过冬季奥运会的城市？ 情境创设：初中学过的科目或现在学的所有科目所组成的集合有哪些元素	(1)带领学生回忆上节课的内容，解决问题(2)，找到图形表示的部分，并标注好； (2)在多媒体一体机上用拖动的方式展示两个集合的合并过程	复习旧知、创设情境、引入新知
	二、组织教学、开启新知	**1. 举例子，引概念** 例：集合 $P=\{a, b, c\}$，集合 $A=\{a, b, d, e, f\}$，集合 $M=\{a, b, c, d, e, f\}$，集合 M 中的元素是由集合 P 或集合 A 中的元素组成的． $M=P\cup A$ 图示（两个相交的椭圆，左侧为 c，中间交集为 a、b，右侧为 $d\ e\ f$）	动画展示集合 P 与集合 A 的元素都在集合 M 中，且通过多媒体白板拉动展示合并后形成的第三个集合就是集合 M，引出并集概念	由特殊案例和图形语言引入概念
		2. 探一探，析概念 **并集概念** 文字描述：一般地，设 A，B 是两个集合，由所有属于 A 或者属于 B 的元素组	学生读概念，将概念分为三个部分，完成下列任务： 任务一：并集概念的文	从特殊到一般的抽象，从文字语言到数学符号语言的精

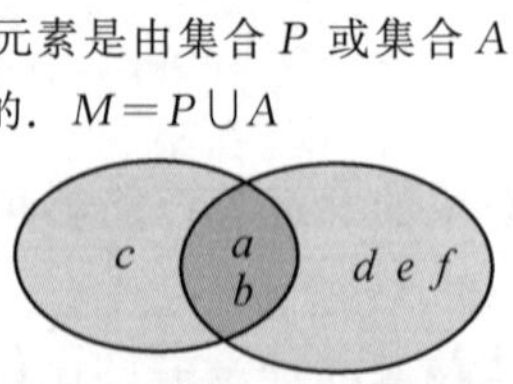

续表

教学环节		教学内容	师生活动	设计意图
二、组织教学、开启新知		成的集合 C 叫作集合 A 与集合 B 的**并集**，记作 $A\cup B$，读作"A 并 B". **数学符号描述：** $C=A\cup B=\{x\,|\,x\in A$ 或 $x\in B\}$. （集合的描述法） **图形表示：** 较深阴影部分就表示集合 A 与集合 B 的并集 	字语言描述是什么？重点词是哪个？ 任务二：写一写并集的数学符号语言描述，其中关键词是什么？ 任务三：画一画并集概念的图形语言描述，说出图形特征，并画出例子的并集图形	准表达，借助图形语言直观表示，渗透数形结合的思想
		3. 理一理，懂概念 并集的概念的三种语言描述及关键字、词	提出问题，小组总结梳理并展示	归纳总结、理解概念
课中	三、演练新知、小组探学	**1. 学习活动之一** **例 1** 已知集合 $A=\{1,3,5,7,9\}$，$B=\{2,3,5,7\}$，求 $A\cup B$. 解　$A\cup B=\{1,2,3,5,7,9\}$. **实战一　小试牛刀（部分）** (1)$\{x,y\}\cup\{a,b,c\}=$ _____; (2)$\{-1,0,1\}\cup\{0,1,2\}=$ _____; (3)$\{1\}\cup\{x\,|\,x-1=0\}=$ _____; (4)$\{1,3,5\}\cup\varnothing=$ _____; (5)$\mathbf{N}_+\cup\mathbf{Z}=$ _____	并运算示范一：列举法完成有限集的并运算（同样采用拖动法）；用容错法强调元素的互异性. 学生思考理解. 比一比、玩一玩： 小游戏，随机抽选学生完成，理解并运算，教师点评. 从有限集并运算小题中提炼出，对于任意两个集合 A，B，有下述性质： (1)$A\cup B=B\cup A$; (2)$A\cup A=A$，$A\cup\varnothing=A$; (3)$A\subseteq A\cup B$，$B\subseteq A\cup B$; (4)若 $B\subseteq A$，则 $A\cup B=A$. 学生初步理解性质	示范运算、强化概念、游戏活动、激发乐趣、学有余力、推广性质
		2. 学习活动之二 **例 2** 设集合 $A=\{x\,|-1<x<7\}$，$B=\{x\,|-3<x\leqslant3\}$，求 $A\cup B$. **分析**　可先将已知集合在数轴上表示出来，然后观察得出并集，但是一定要注意分析端点的情况	并运算示范二：实数集并运算，可合并为一个集合；演示数轴法解决实数集求并集	数形结合、深化概念

续表

教学环节		教学内容	师生活动	设计意图
课中	三、演练新知、小组探学	解：在数轴上将集合 A 与 B 表示出来. 观察可知 $A \cup B = \{x \mid -3 < x < 7\}$. **实战二 挑战数集** 求下列集合的并集. (1) 设集合 $A = \{x \mid -1 < x \leqslant 3\}$，$B = \{x \mid 0 \leqslant x \leqslant 5\}$； (2) 设集合 $A = \{x \mid x > -3\}$，$B = \{x \mid x \leqslant 2\}$； (3) 设集合 $A = \{x \mid x < 3\}$，$B = \{x \mid x < -2\}$	布置任务：小组合作互助探学、完成练习，个别演示； 教师观察指导，发现问题及时指导，对演示的同学进行点评	对照练习、突出运算
		3. 学习活动之三 **例3** 设集合 $A = \{x \mid x > 4\}$，$B = \{x \mid x \leqslant -2\}$，求 $A \cup B$. **解** 在数轴上将集合 A，B 表示出来. 观察可知 $A \cup B = \{x \mid x \leqslant -2 \text{ 或 } x > 4\}$. **实战三 巩固加深** 求下列集合的并集： (4) 设集合 $A = \{x \mid x < 0\}$，$B = \{x \mid x \geqslant 5\}$. (5) $\{x \mid x \text{ 是等腰三角形}\} \cup \{x \mid x \text{ 是直角三角形}\} = \underline{\hspace{2cm}}$； 拓展思考：已知集合 $A = \{1, 4, 7\}$，$B = \{1, a, 4, 8\}$，$C = A \cup B = \{1, 3, 4, 7, 8\}$，求 a	并运算示范三：教师演示实数集运算，数轴上可观察到结果仍为两个部分（结合并集概念，强调"或"的运用） 教师布置任务，观察指导，发现问题及时指导，对演示的同学进行点评；学生完成练习，抽选演示； 思考讨论总结并运算的几种情况，引导用图形表示并集结果的三种情况. 提出拓展问题，学生思考回答	数形结合，回归概念，逆向思维
	四、梳理总结	**课堂小结** 1. 集体回顾：并集的概念（文字语言、符号语言、图形语言）；并集的性质. 2. 个人小结：应会的知识、已会的知识、不会的知识. 3. 我的体会	教师引导学生回忆本节课的内容； 学生梳理本课应会、已会、不会的知识点，形成学习过程框架图，供复习反思	培养学生总结反思能力

续表

教学环节		教学内容	师生活动	设计意图
课中	五、巩固提升	**布置作业** 《学习指导与能力训练》 　　必做：1.3.2 并集水平一； 　　选做：1.3.2 并集水平二	播放作业 学生记录作业	分层作业，学生自主选择
	课后拓展	已知集合 $A=\{x\mid x\geqslant a\}$，$B=\{x\mid -1<x\leqslant 4\}$，若 $A\cup B=A$，求 a 的取值范围	结合已学的交、并运算方法，学有余力的同学思考此问题	拓展延伸数学思维

10. 教学反思

本节课知识点清晰明了，所以不能讲得繁杂，要让学生体会数学语言的简洁与准确。第一，从教学过程看，立足课本，以引导启发、任务驱动为主，板演示范结合，教师适时点评、及时纠正，适时归纳总结，分层作业与拓展更具合理性，过程完整；第二，从学生学习过程来看，放手让学生去探讨、分析、解决问题，充分给予学生机会让他们提出不同意见，形成自己的学习思路与见解，这有利于学生学习方法与思维的形成。让学生主动参与合作交流，增加团队意识。反思总结，培养学生分析、总结、概括的能力。第三，从教学方法与策略来看，由浅入深，由文到形，由形到数，层层递进。在数轴运用中，渗透数形结合的数学思想，将抽象的数学概念建立在直观的形象思维上。第四，从教学效果来看，本节课学生学习兴趣高，学习积极性强，教学目标完成情况较好，重点明确，难点突破；大量的练习加强学生的知识掌握，增强学生自信心，在数学语言、数学思维的培养上也颇有成效。

有待改进：(1)教学设计比较理想化，学生配合不好，可能会导致课堂任务完成度不同，因此不同班级任务安排上需要有所变化；(2)课堂练习展示时多由能理解的学生展示，部分学生可能掌握不好，需要关注。

(二)文献资源参考

1. 参考书目

[1]中华人民共和国教育部. 中等职业学校数学课程标准(2020 年版)[M]. 北京：高等教育出版社，2020.

[2]冯惠愚. 集合/数林外传系列[M]. 合肥：中国科学技术大学出版社，2011.

[3]郝兆宽，杨跃. 集合论：对无穷概念的探索[M]. 上海：复旦大学出版社，2014.

[4]孙茂华. 集合运算中的隐私保护问题研究[M]. 北京：首都经济贸易大学出版社，2018.

2. 参考文章

[1]马维良. 高中数学集合的类型及基本运算解析. 2017年课堂教学教育改革专题研讨会论文集[C]. [出版者不详]，2017.

[2]干亚清. 集合概念教学中应注意的几个问题[J]. 上海中学数学，2007(9)：9—10.

[3]高保国. 高中数学中集合函数的教学开展与分析. 第二届世纪之星创新教育论坛论文集[C]. 北京：世纪之星杂志社，2015.

[4]张海强. 基于"大概念"的"交集、并集"课堂教学设计[J]. 中学数学月刊，2020(2)：38—39.

[5]周宁、何文昌. 基于数学运算素养渗透的教学设计——以"集合的基本运算"的教学为例[J]. 中小学数学(高中版)，2021(10)：18—21.

[6]金家庆. 数形结合思想在高中数学教学中的应用策略探究[J]. 考试周刊，2020(75)：53—54.

[7]张明文. 中职数学课堂教学设计的原理与策略[J]. 职业，2020(8)：83—86.

[8]裴建玲. 浅析中职数学中的活动课实践教学——以《集合的交集与并集》教学设计[J]. 高考，2018(21)：287.

3. 参考数字化资源网站

[1]乐乐课堂.

[2]希沃学院.

[3]可汗学院.

[4]学科网.

[5]菁优网.

(三)数学文化拓展

集合论的发展史①

20世纪中叶美国向茫茫太空发射了地球使者——寻找外星人的"旅行者号"飞船，地球名片就是数学语言，因为只有数学是生物的通用自然语言. 数学研究是一种自然科学研究，"集合"与"数"很相似，属于客观事实，不是发明而是被发现的.

古人类为了分配、管理猎物而不得不进行统计，在此基础上产生了自然数. 农业产生后，需要丈量土地，由此萌生几何学. 后来人们关注的事物越来越多，也越复杂，就不得不分别考虑整体与局部，这就是分析、归纳思维，于是集合的概念就形成了.

集合论的形成源于第二次数学危机——无穷. 面对这个概念，无数数学家前仆后继，可依旧没有找到一个可以描述"无穷"的工具，直到德国数学家格奥尔格·康托尔(Cantor，1845—1918)的出现. 面对"无穷"这个概念，他决定创造一个工具去分析，

---

① 人民教育出版社课程教材研究所中学数学课程教材研究开发中心：《数学欣赏必修第一册》，11-22页，北京：人民教育出版社，2020.

这个工具就是集合,他对集合的定义是这样的:把若干确定的、有区别的(不论是具体的或抽象的)事物合并起来,看作一个整体,这个整体称为集合,其中各事物称为该集合的元素.紧接着他给出了开集、闭集和完全集等概念,还定义了集合的并与交两种运算,然后他要面对的问题就是:"无穷集合"究竟该如何定义?

康托尔认为,在判断无穷集合大小时,不应该再着眼于狭义的"元素个数",而应该采用一种类似于"集合大小规模"的概念,于是他以一一对应为原则,提出了集合等价的概念:只有当两个集合中的元素一一对应时,两个集合才是等价的(两个集合的大小相等).有了这个概念,面对这样一个问题:自然数集 **N** 和实数集 **R** 能否建立一一对应的关系?康托尔接连给出了两种证明方法,证明了全体自然数集 **N** 和全体实数集 **R** 不能建立一一对应的关系,这让康托尔意识到集合强大的威力,他不断地完善集合论,最终使得集合论成为了现代数学的理论基础.

苏联数学家柯尔莫戈洛夫评价康托尔的工作时说,康托尔的不朽功绩在于他向无穷的冒险迈进.这个近似完美的定义却在哲学家兼数学家罗素(Russell,1872—1970)提出了一个悖论时被质疑:一切不包含自身的集合所形成的集合是否包含自身.答案如果说是,即包含自身,属于这个集合,那么它就不包含自身;如果说否,它不包含自身,那么它理应是这个集合的元素,即包含自身.他用一个通俗的"理发师悖论"来作比喻,以其简单、明确震动了整个西方数学界和逻辑学界.数学追求严密性,绝对严密的数学的基础——集合论却并不严密,数学史上的第三次数学危机来临.

1908 年,策梅洛(Zermelo,1871—1953)提出公理化集合论,后经改进,形成无矛盾的集合论公理系统,简称 ZF 公理系统.原本直观的集合概念被建立在严格的公理基础之上,从而避免了悖论的出现.这就是集合论发展的第二个阶段:公理化集合论.

与此相对应,由康托尔创立的集合论被称为朴素集合论.公理化集合论是对朴素集合论的严格处理.

其实对于集合,我们并不陌生.小学学习的加法就用到了并集的思想.对于减法,其实就用到了补集的思想.求几个数的公倍数和公因数,实质上就相当于求集合交集的运算.我们还学过分类,这也是集合的思想.集合既是一种数学方法,也是一种数学思想.

集合的概念和方法已经渗透到数学的所有分支以及物理学和质点力学等一些自然科学学科,改变了这些学科的面貌,而完善之后的集合论体系最终引发了计算机革命,进而改变了整个世界.其中集合运算就是信息技术中常用的一种运算方式,它对隐私保护技术的研究具有十分重要的意义.

第二单元 不等式

一、课程定位

(一)主题介绍

不等式与数、式、方程、函数等内容都有密切的联系，具有应用广泛、变化灵活的特点，是研究数量大小关系的必备知识，不等式是初中知识的延续，也是高等数学的基础和工具。中等职业学校数学课程基础模块中的基础知识包含集合与不等式，不等式是基础模块的基本内容，如图 2-1 所示。

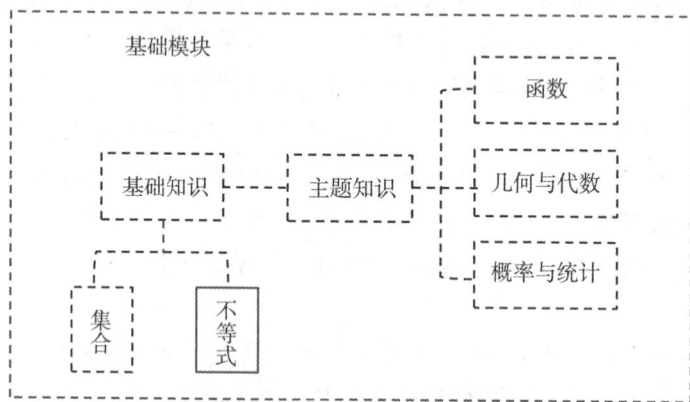

图 2-1　数学课程基础模块知识结构

(二)单元定位

不等式是数学基础理论的一个重要组成部分。它是刻画现实世界中的不等关系的数学模型，反映了事物在量上的区别。不等式内容是中职数学基础知识的第二部分，是初中不等式基础知识的完善和提升，更是后续函数定义域、单调性、最值和指数、对数比较大小等内容的基础。本单元的学习能帮助学生逐步认识到不等关系与相等关系都是客观事物的基本数量关系，是数学研究的重要内容，建立不等观念、处理不等关系与处理等量问题是同样重要的。在不等式的推断、证明过程中逐步提升学生的运算能力，逻辑思维能力，以及分析问题和解决问题的能力，发展学生数学运算、逻辑推理和数学建模等核心素养。

二、教学要求

本单元内容包含不等式的基本性质、区间、一元二次不等式、含绝对值的不等式和不等式的应用. 完成教学约需 11 学时，具体要求和学时分配建议见表 2-1.

表 2-1　具体要求和学时分配建议

主要内容	内容要求	学时分配
2.1　不等式的基本性质	(1)掌握判断两个数(式)大小的"作差比较法"； (2)了解不等式的基本性质	2 学时
2.2　区间	理解区间的概念	1 学时
2.3　一元二次不等式	(1)理解一元二次不等式； (2)理解二次函数、一元二次方程与一元二次不等式三者之间的关系； (3)掌握一元二次不等式的解法	3 学时
2.4　含绝对值的不等式	(1)了解含绝对值的不等式 $|x|<a$ 和 $|x|>a(a>0)$ 的含义； (2)掌握形如 $|ax+b|<c$ 和 $|ax+b|>c(c>0)$ 的不等式的解法	2 学时
2.5　不等式的应用	初步掌握从实际问题中抽象出一元二次不等式模型解决简单实际问题的方法	2 学时
灵活安排	复习与小结	1 学时

三、教材分析

(一)单元知识导图

本单元知识导图如图 2-2 所示.

(二)教材编写思路

教材对不等式单元内容的编排如下. 教材从单元序语介绍多个生活中不相等的数量关系和"窗户的有效透光面积与室内地面面积的比值不小于 $\frac{1}{7}$"入手，根据不等式的性质推导得出不等式的推论；通过计算芭蕾舞演员脚尖立起前后下半身长与全身长之比，判断哪个更接近黄金分割比例，引导学生用作差比较法对数和式进行大小比较；结合数轴的直观性对以不等式表示的数集用更简单的区间进行表示；以"汽车急刹车的停车距离"为基础素材介绍了一元二次不等式的概念，结合一元二次方程和二次函数分别得出一元二次不等式的图像法求解和因数分解法求解；通过"商品房预审中的不等式知识"介绍了绝对值不等式的基本解法和含绝对值的不等式的解法；通过实际案例介绍了不等式的简单应用和不等式与复杂实际问题. 通过"数学园地"栏目拓展不等式的内

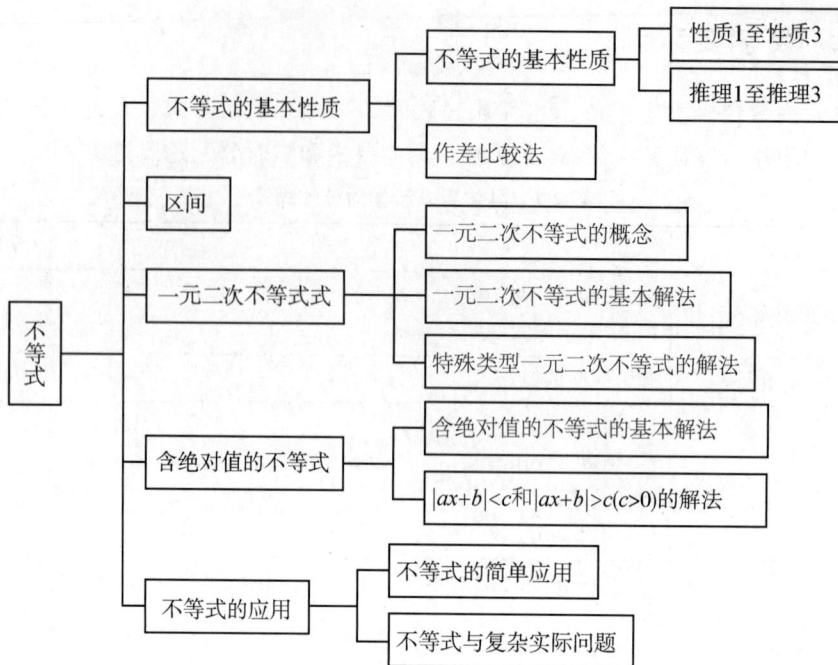

图 2-2　第二单元知识导图

容；设立"单元小结"，通过学习导图总结归纳不等式的知识内容，对一元二次不等式、含绝对值的不等式和不等式的应用等重点内容进行学习指导，最后通过两种水平的单元检测题来评价学生学业质量．内容编排既符合中职学生学习认知规律，也满足课程内容要求．

（三）单元教学目标

知识目标：通过知识回顾，进一步了解不等式的基本性质和推论；能用作差比较数和式的大小；会用区间表示数集；能通过图像法和因式分解法解一元二次不等式；能解决含绝对值的不等式；会用一元二次不等式解决实际生活中的问题．

能力目标：能用不等式的性质和推论，通过作差运算和推理比较两个数（或式）的大小，通过探索结论和发现规律，发展学生的数学运算和逻辑推理等核心素养；结合不等式的数轴表示，建立区间的概念，把集合与区间有机结合起来，感受数学表示的简约美；能通过多个单一知识的结合，正确利用二次函数的图像和一元二次方程根与判别式的关系得出一元二次不等式的取值范围，体会数学内容之间的联系，提升直观想象、数学运算等核心素养；借助数形结合和等价转化的数学思想，将含绝对值的不等式的基本解法从感性的模仿上升到理性的掌握，培养学生自学能力和创新意识；体会不等式在生活中的应用，初步了解数学建模解决实际问题的步骤和方法，培养和提升数学建模素养．

素养目标：结合教材中融入的素材，培养学生观察和发现生活中的美，并将其转化成数学中的美，帮助学生树立热爱生活，珍爱生命，以及科学严谨的态度．

（四）单元重难点

重点：掌握不等式的基本性质，理解区间的概念及其表示数集的方法，掌握一元二次不等式因式分解法和含绝对值的不等式的解法.

难点：掌握一元二次不等式图像法，掌握含绝对值的不等式的解法，构建实际问题中的不等式并提供解决方案.

四、教材教学建议

2.1　不等式的基本性质

（一）教学准备

1. 教师授课前，学生应储备以下知识：分数的加、减运算；负数的加减乘除运算；移项的法则；完全平方公式；配方法；解一元一次不等式；任何数的平方的范围；数轴中数的位置.

2. 教师授课前准备生产生活中学生熟悉的不等式案例素材，例如，芭蕾舞演员表演、冬奥会短道滑雪比赛等视频素材；达·芬奇的名作《蒙娜丽莎》《最后的晚餐》、埃及金字塔、上海东方明珠电视塔等图片素材；教室中窗户透光量的计算、班上同学身高对比等学生身边的案例.

（二）教学内容

本节主要内容是不等式的基本性质1、性质2、性质3及其推论1、推论2、推论3；作差比较两个数（式）的大小.

（三）教学目标

1. 能举例说明不等式的基本性质.
2. 能利用不等式的基本性质得出推论.
3. 能用作差比较法比较两个数（式）的大小关系.
4. 通过计算芭蕾舞演员脚尖立起前后下半身长与全身长的比值理解黄金分割；感受在现实世界和日常生活中存在着大量的不等关系.

（四）教学重难点

重点：理解不等式基本性质及推论的简单应用；作差比较法比较大小.

难点：不等式基本性质的应用.

(五)教学提示

序号	教学提示
1	不等关系与相等关系都是客观事物的基本数量关系,是数学研究的重要内容,建立不等观念,处理不等关系与处理等量问题是同样重要的,通过生活中的具体情境,感受在现实世界和日常生活中存在着大量的不等关系,了解不等式对于刻画不等关系的意义和价值.教师应在不等式教学中帮助学生实现从具体到抽象、从特殊到一般、从感性到理性的逐步过渡,激发数学学习的积极性,规范解题书写步骤,抓好初中与中职阶段的教学衔接工作
2	本单元开头主要包含3部分内容.一是给出了日常生活中物体的轻重、速度的快慢、气温的高低、光线的强弱、面积的大小等大家非常熟悉的案例,可作为一个主线索素材分别介绍不等式的性质、一元二次不等式、含绝对值的不等式、不等式的应用;二是介绍了不等式知识的学科地位以及特点,概括为不等式是研究大小关系的必备知识,与其他分支密切联系,是高等数学的基础和工具;三是依据《课程标准》明确了本单元的学习目标,分为了解、理解、初步掌握和掌握四个层次
3	教学首先回顾初中学习过的不等式的常识:(1)$a>b \Leftrightarrow a-b>0$;(2)$a>b \Leftrightarrow b<a$;(3)若 $a>b$,$b>c \Leftrightarrow a>c$.为比较实数大小的"作差比较法"作铺垫,由于教材前面没有"充要条件"相关内容,在处理"$\Leftrightarrow$"符号时,教师让学生明白"可以互相推出"即可.回顾不等式的性质1至性质3,在教学过程中只需要举例说明,提升学生的推导能力,发展直观想象和逻辑推理等核心素养
4	教学中根据不等式的3个基本性质得出不等式的3个推论,由于推论的证明比较抽象,教材中对推论1的证明需要教师的引导,根据不等式的基本性质推导得出,加强学生的理解.推论2和推论3的证明留给学生进行交流讨论,增强了学生互相合作学习的机会.其中推论1和推论3要强调字母的取值范围,将数学符号语言转化为"大数加大数的和仍较大"和"对于正数,大数乘大数的积仍较大"的语言
5	教材第2.1.1节中例1和例2解不等式是利用不等式的基本性质和推论,不等式的每一步变形都是根据不等式的基本性质和推论进行的,特别提醒学生注意性质3,即在不等式的两边同时乘或除以同一个负数时,不等号的方向要改变,教材中通过例1第(2)小问"已知 $a>b>0$,比较 $-2a$ 与 $-2b$ 的大小"进行了强调
6	教材第2.1.2节中,要比较两个实数 a,b 大小,只要考查 $a-b$ 与 0 的相对大小关系即可,要让学生明白结论中的 a,b 也可以是代数式.在教学时,教师要向学生渗透化归与转化的数学思想方法

序号	教学提示
7	教材中将计算芭蕾舞演员身段比值和黄金分割值巧妙地联系在一起，设计出的用"作差比较法"比较实数大小的例题，能引起学生学习数学的兴趣，让学生领会和感受数学美. 教师要引导学生明白芭蕾舞是轻盈和力度的完美结合，足尖传递着柔美，更传递着力量和坚毅：芭蕾舞演员带给观众美的享受背后，往往需要同样惊心动魄的努力和自律
8	教材第 2.1.2 节中"合作交流"的问题，是希望学生通过不断的实践，得出结论，加深体会"作差比较法"比较实数大小的本质，学生在探索结论和发现规律的过程中，增强数学思维意识，从而也能回答单元开头提出的实际问题
9	习题 2.1 设计分为两个层次，水平一重点检测用"作差比较法"比较两个实数的大小关系和利用配方法比较两个式子的大小关系，提升了逻辑推理素养；水平二注重检测不等式的基本性质和推论证明

(六)课程思政设计

1. 住宅的通风和采光是建筑概念，采光设计指的是设计门窗的大小和建筑的结构，使建筑物内部得到光线. 住宅不仅仅是解决遮风挡雨的地方. 1978 年我国改革开放之初，城镇居民和农村居民人均住房建筑面积只有 6.7 m^2 和 8.1 m^2，经过改革开放后 40 多年的发展，这一数字已经达到 39.8 m^2 和 48.9 m^2；从几平方米增加到几十平方米，40 多年的时间里我国人均住房面积增加了 5 倍左右. 在中国共产党的领导下，人均居住环境发生了天翻地覆的改变，这一素材增强学生爱党、爱国、爱家乡的教育.

2. 黄金分割(Golden Section)是一种数学上的比例关系，它具有严格的比例性、艺术性、和谐性，同时也蕴藏着丰富的美学价值，确切的黄金分割值为 $\dfrac{\sqrt{5}-1}{2}$，它是一个无理数，应用时一般取 0.618. 芭蕾舞演员穿着洁白的纱裙，在舞台上掂着漂亮的足尖，高难度地旋转，优雅地谢幕，这些美丽和高雅都是与演员平时长期辛苦训练离不开的. 通过人体黄金分割的计算，让学生体会数学的简洁美和理性美，实施数学美育教育.

(七)习题答案

2.1.1　不等式的基本性质

合作交流

推论2：$a+b>c \Rightarrow a>c-b$

证明:因为 $a+b>c$,由性质 1 可知

$a+b-b>c-b$,

从而有 $a>c-b$,即 $a+b>c \Rightarrow a>c-b$.

推论 3: $a>b>0$, $c>d>0 \Rightarrow ac>bd$.

证明:由已知 $a>b>0$, $c>0$,所以 $ac>bc$.

$c>d>0$, $b>0$,所以 $bc>bd$.

由上述两个式子可得 $ac>bd$.

随堂练习

1.(1)$<$;(2)$>$;(3)$>$;(4)$>$.

(1)因为 $a<b$,由性质 1 可知 $a+5<b+5$.

(2)因为 $5>2$,由性质 1 可知 $x+5>x+2$.

(3)因为 $1>-1$,由性质 1 可知 $m+1>m-1$.

(4)因为 $p<q$, $-5<0$,有由性质 3 可知 $-5p>-5q$.

2.(1)$<$;(2)$<$.

2.1.2 作差比较法

合作交流

1. 作差可得 $\dfrac{a+c}{b+c}-\dfrac{a}{b}=\dfrac{(b-a)c}{(b+c)b}$,若 a, b, c 为任意实数,不能推出 $\dfrac{a+c}{b+c}>\dfrac{a}{b}$.

因为,若 $a>b>0$, $c>0$ 时,则 $b-a<0$, $c>0$.

所以 $(b-a)c<0$, $(b+c)b>0$,

即 $\dfrac{(b-a)c}{(b+c)b}<0$,

可得 $\dfrac{a+c}{b+c}<\dfrac{a}{b}$.

2. 作差可得 $\dfrac{a+m}{b+m}-\dfrac{a}{b}=\dfrac{(b-a)m}{(b+m)b}$,

因为 $a>0$, $b>0$, $m>0$,

又因为 $\dfrac{1}{7}\leqslant\dfrac{a}{b}<1$,则 $b>a$,

所以 $(b-a)m>0$, $(b+m)b>0$,

即 $\dfrac{(b-a)m}{(b+m)b}>0$,

可得 $\dfrac{a+m}{b+m}>\dfrac{a}{b}\geqslant\dfrac{1}{7}$.

随堂练习

1. $\dfrac{9}{8}>\dfrac{10}{9}>-3>-\pi$.

2.(1)$<$;(2)$<$.

(1)因为 $-1<1$,由性质 1 可知 $a-1<a+1$.

(2)因为作差可得 $\dfrac{3}{a}-\dfrac{3}{b}=\dfrac{3(b-a)}{ab}<0$,所以 $\dfrac{3}{a}<\dfrac{3}{b}$.

3. 作差可得 $x^2-x-(x+1)(x-2)$,

化简可得 $x^2-x-x^2+x+2=2>0$，

因此 $x^2-x>(x+1)(x-2)$.

4. 设 $a=$ 糖，$b=$ 糖水，$n=$ 加入一些糖，

则原糖水加入一些糖时的含糖率 $=\dfrac{a+n}{b+n}$.

糖水的含糖率越高会越甜，结合事实：原糖水中的含糖率低于原糖水加入一些糖时的含糖率，也就是说 $\dfrac{a}{b}<\dfrac{a+n}{b+n}$.

习题 2.1

水平一

1.(1)<；(2)<.

2. $a^2>ab>b^2>ac>bc>c^2$.

3. 作差可得 $(x+1)(x+5)-(x+3)^2$,

$$=x^2+6x+5-x^2-6x-9$$
$$=-4<0,$$

因此 $(x+1)(x+5)<(x+3)^2$.

4. 作差可得 $x^2-2x-(-5)$,

$$=x^2-2x+5,$$
$$=(x-1)^2+4>0$$

因此 $x^2-2x>-5$.

5. 作差可得 $3a-(2a+1)=a-1$,

因为 a 为实数，所以进行分类讨论.

当 $a>1$ 时，$a-1>0$，则 $3a>(2a+1)$.

当 $a=1$ 时，$a-1=0$，则 $3a=(2a+1)$.

当 $a<1$ 时，$a-1<0$，则 $3a<(2a+1)$.

水平二

1.B. 选项 A 中，因为 $a>b$，所以 $a-b>0$，$c>d$，所以 $d-c<0$，故一定成立. 选项 B 中，举一反例：当 $a=2$，$b=1$，$c=5$，$d=3$，则 $a+d=b+c$. 故不一定成立. 选项 C 中，因为 $a>b$，由性质 1 可知 $a-c>b-c$，故一定成立. 选项 D 中，因为 $c>d$，由性质 3、性质 1 可知 $a-c<a-d$，故一定成立.

2. 作差可得 $a(a-2)-(a+1)^2$,

$$=a^2-2a+1-a^2-2a-1,$$
$$=-4a.$$

因为 a 为实数，所以进行分类讨论.

当 $a>0$ 时，$-4a<0$，则 $a(a-2)<(a+1)^2$.

当 $a=0$ 时，$-4a=0$，则 $a(a-2)=(a+1)^2$.

当 $a<0$ 时，$-4a>0$，则 $a(a-2)>(a+1)^2$.

3.(1)当 $c<0$ 时不成立.

(2)当 $c<0$ 时不成立.

4. 作差可得 $\dfrac{1}{a-d}-\dfrac{1}{b-c}=\dfrac{b-c-a+d}{(a-d)(b-c)}$,

因为 $a>b>c>d$,因此 $(a-d)(b-c)>0$,

又因为 $b<a$,$-c<-d$.

所以 $b-c<a-d$,

则 $b-c-a+d<0$,

则原式 $\dfrac{b-c-a+d}{(a-d)(b-c)}<0$,从而 $\dfrac{1}{a-d}<\dfrac{1}{b-c}$.

5. 作差可得 $a^2+a-2a+1=a^2-a+1=\left(a-\dfrac{1}{2}\right)^2+\dfrac{3}{4}>0$,

则原式 $a^2+a-2a+1>0$,

所以 $a^2+a>2a+1$.

2.2 区间

(一)教学准备

1. 教师授课前,学生应储备以下知识:集合的相关运算,用数轴表示不等式实数集,一元一次不等式和一元一次不等式组求解,集合的子集和相等关系.

2. 教师授课前准备高速公路最低时速和最高时速等案例素材,可以收集与实数不等式相关的数学案例和数学知识.

(二)教学内容

本节主要内容是区间的概念和区间的表示.

(三)教学目标

1. 能用数轴表示不等式形式的实数集,并区分数轴上实数的大小和位置关系.

2. 能用符号区别开区间、闭区间和半开半闭区间,并在数轴上恰当选用实心点和空心圆圈符号表示,体会数学简洁美.

3. 能明白 $-\infty$ 和 $+\infty$ 的意思,并会用它们表示无限集,培养数学抽象的意识和能力.

4. 能结合数轴分析区间的包含关系,能对用区间表示的数集进行交、并、补运算.

5. 会将实数不等式转化为用数轴表示,最后形成区间符号,能用数学语言、图形语言、符号语言进行描述,提升语言表达能力.

(四)教学重难点

重点:用不等式、数轴、区间表示实数集,求解集合的运算.

难点:掌握开区间和闭区间端点的处理、无限集的表示以及两个实数集合的运算.

（五）教学提示

序号	教学提示
1	区间的引入可以从学生比较熟悉的高速公路上的限速标识所示的限速范围入手，然后直截了当地引入区间概念，让学生认识到区间本质上是简化了的特殊类型的数集的符号表示
2	教材中针对开区间、闭区间、左开右闭和左闭右开这四个"有限区间"，分别从不等式形式过渡到区间表示，强调小括号与中括号的区别，对应数轴用空心圆圈和实心点表示。已知开区间，对比介绍闭区间；已知左开右闭区间，引导学生推理出右开左闭区间，提升学生逻辑推理的能力。特别提醒注意，端点都是实数的开区间记号与平面直角坐标系中点的坐标是完全相同的，只能借助上下文来推断符号表示的到底是区间还是点的坐标。由于区间和点的应用情景不一致，一般是不会发生混淆的
3	教材中针对四个"无限集"，从实数集 **R** 入手，要求学生会写、会读 "$-\infty$"和"$+\infty$"符号，并理解其意义。教师对学生说明，因为不存在一个最大的实数（如果 M 是一个实数，那么 $M+1$ 是比 M 更大的实数），所以这里所谓正无穷大的意思是可以无限地大，即"$+\infty$"并不是一个数，所以不是确定的值，对应的边界一定得"开"着，表示一种变化趋势，能够无穷无尽地大下去。表示正无穷大的符号只能出现在区间的右端，而且正无穷大右边只能用圆括号，负无穷大也可以用类似方式来理解
4	区间中左边的数要小于右边的数，与它们在数轴上的顺序相同。让学生结合数轴从左到右，以从小到大的顺序表示区间。特别容易出错的是形如 $\{x \mid x<1\}$ 的区间，很多学生易误写成 $(-1, -\infty)$，需要通过练习不断强化数学符号的抽象意识
5	教材中的"特别提示"说明，区间也是一种集合，它是实数集的一个子集的另一种表示形式，并表示所有的数集都能用区间表示。区间不是集合的第三种表示法，它是描述法表示的数集中的一种特例，是数轴上两点间（即介于两个实数之间）的一切实数所组成的集合，具有简单、直观、方便的特点，教材中凡是可以用区间表示的数集，一般都用区间表示，特别是不等式的解集或利用不等式表示的集合
6	教材第 2.2 节中例 2 是初中学过的一元一次不等式的求解，注重新旧知识的联系和过渡，让学生从原有的经验出发，先求出一元一次不等式的解，并用不等式表示，然后用数轴表示，通过数形结合加深新知识的理解，最后用区间表示

续表

序号	教学提示
7	教材第 2.2 节中例 3 是考查两个集合的交运算，一方面巩固了区间的知识，另一方面巩固集合的运算知识，首先通过数轴将两个集合分别表示出来，从而能直观感受运算结果，该题结果是由两个区间构成的，一定要强调用符号"∪"连接，而不使用"或"，两个区间位置更不能交换．让学生体会从具体到抽象，再由抽象到具体，培养学生的表达、化归、理解的能力
8	随堂练习和习题处理应强化区间概念理解和 8 个区间符号的区别，注意复习初中一元一次不等式等相关知识；水平二的习题注重集合间的关系和集合运算的知识等的综合运用

(六)课程思政设计

　　1. 在区间概念的引入过程中，可设计高速公路最低车速不得低于 $60\ \text{km/h}$，最高车速不得超过 $120\ \text{km/h}$，特别强调高速路上车速如低于 $60\ \text{km/h}$，不仅会造成堵车，而且是比超速更危险的行为．教育学生遵守交通规则，热爱生命.

　　2. 在学习区间时，区间的定义是基于数集的数轴表示，让学生学会欣赏数学的数形之美和简洁美.

(七)习题答案

2.2　区间

随堂练习

1.(1)$(0, +\infty)$；(2)$(-\infty, 0)$；(3)$(-1, 0]$.

2.(1)$[-\pi, \pi]$；(2)$(-\pi, \pi)$；(3)$(-\pi, \pi]$；(4)$[-\pi, \pi)$；
(5)$[\pi, +\infty)$；(6)$(-\infty, -\pi)$；

3.(1)$[-1, 1]\cup(2, +\infty)$，$\varnothing$；
(2)$\{x \mid x\leqslant 2\}=(-\infty, 2]$，$(-\infty, -1)\cup(1, +\infty)$.

习题 2.2

水平一

1.C.　2.B.　3.$(1, +\infty)$.　4.B.

5.(1)$\left(-\infty, \dfrac{4}{3}\right]$，$\{x \mid x>\sqrt{2}\}$；

(2)$\mathbf{R}$，$\left(\dfrac{4}{3}, \sqrt{2}\right]$.

水平二

1.(1)$\neq$；(2)$\supseteq$；(3)$\supseteq$.

2. 由题意得 $A=[0, a]$, $B=[0, 15]$.

因为 $A \subsetneqq B$, 所以 $0 < a < 15$, 即 $a \in (0, 15)$.

3.(1)$(-\infty, 3]$, $(-\infty, -1) \cup (2, +\infty)$;

(2)$[-1, 2] \cup (3, +\infty)$, $\varnothing$;

(3)$(-\infty, +\infty)$, $(-\infty, +\infty)$;

(4)$(-\infty, -1) \cup (2, 3]$, $(-\infty, -1) \cup (2, 3]$.

2.3　一元二次不等式

(一)教学准备

1. 教师授课前，学生应储备以下知识：求解一元二次方程和一元一次不等式；画二次函数简图；平方差公式；因式分解和不等式的基本性质.

2. 教师授课前收集准备生产生活中学生熟悉的一元二次不等式相关的案例素材，如某物品价格和销量的函数关系，如何获得最低利润；已知材料长度，如何围成最大面积等.

(二)教学内容

本节主要内容是一元二次不等式图像法求解和因数分解求解.

(三)教学目标

1. 能准确且熟练地解出一元二次方程，能画出二次函数的简图.

2. 能理解一元二次方程的解与对应二次函数图像的三种情况.

3. 能正确用图像法和因式分解法求一元二次不等式.

4. 会从二次函数图像中，得出一元二次不等式的解，提升数形结合和逻辑推理能力；能正确计算一元二次不等式，提升数学运算能力. 能将实际问题抽象成数学问题，培养学生数学建模的能力.

(四)教学重难点

重点：掌握一元二次不等式图像法和因式分解法.

难点：理解并正确使用一元二次不等式与一元二次方程和二次函数的关系.

(五)教学提示

序号	教学提示
1	教材以"汽车急刹车的停车距离"为案例素材介绍研究一元二次不等式及其解法的必要性，让学生体会数学来源于生活，并服务于生活，容易激发学生的学习兴趣. 同时也教育学生珍爱生命，让学生带着问题"行驶的最高速度是多少时才安全"进入本节内容的学习

续表

序号	教学提示
2	教材首先回顾一元二次方程的判别式、实数解的情况与求解公式,以及二次函数的抛物线图像等知识. 其中抛物线图像与 x 轴共有 3 种位置关系:(1)$\Delta>0$,抛物线与 x 轴有两个交点;(2)$\Delta=0$,抛物线与 x 轴有一个交点;(3)$\Delta<0$,抛物线与 x 轴无交点. 回顾二次函数图像开口、顶点坐标、对称轴、图像画法等知识,为研究一元二次不等式图像解法作铺垫和准备工作. 教师可以对一元二次方程和二次函数的相关知识进行适当补充
3	教材用一个实例"二次函数 $y=x^2-2x-3$ 图像中当 $y=0$,$y>0$ 和 $y<0$ 时对应 x 的取值或取值范围"进行说明. 经过 5 个方面的分析说明,将问题从易到难分层推进,逐步突破. 重点是让学生通过观察图像,发现"二次方程的两个根是二次函数的零点"的结论,还探索出二次函数图像在 x 轴上方和 x 轴下方的代数解释,即分别是 $x^2-2x-3=0$,$x^2-2x-3>0$,$x^2-2x-3<0$ 三种情况,并相应地求出此时 x 的取值范围. 结合二次函数图像,不断强化图像与一元二次方程和一元二次不等式的关系. 培养学生的数形结合和逻辑推理能力
4	教材在第 2.3.2 节中,回到本节开头急刹车的问题,讨论如何解不等式 $0.007x^2+0.2x-50\leqslant0$. 此时将一元二次不等式问题转化为二次函数 $y=0.007x^2+0.2x-50$ 当 $y\leqslant0$ 时所对应点 x 的取值范围的问题. 让学生领悟求解一元二次不等式可以利用二次函数图像和一元二次方程判别式求根等相关知识. 由此完成了从实际问题抽象成数学问题,并解决问题,达到培养学生数学建模素养的目的
5	教材第 2.3.2 节的例题(1),通过解 $-x^2+3x+4<0$ 的过程,巩固和加深借助二次函数图像和一元二次方程求解一元二次不等式的方法和过程. 可以设计 $x^2-3x-4>0$ 让学生自己动手求解,通过对比发现两个不等式的解是相同的. 并强调,当 $a<0$ 时,先对不等式变形,两边同时乘"-1",转化为 $a>0$ 的情况. 并特别提醒,解一元二次不等式,首先应将不等式调整为 $ax^2+bx+c>0$(或<0)且 $a>0$ 的标准形式,如果 $a<0$,需乘"-1",转化为 $a>0$ 的情况,此时不等号的方向要改变. 求解过程渗透了转化与划归的思想
6	教材中表 2-5 总结了求一元二次不等式 $ax^2+bx+c>0$(或$\geqslant0$)或 $ax^2+bx+c<0$(或$\leqslant0$)($a>0$)的解集,教材把二次函数 $y=ax^2+bx+c(a>0)$ 与 x 轴的三种位置关系及一元二次方程 $ax^2+bx+c=0(a>0)$ 的判别式 $\Delta=b^2-4ac$ 的三种情况($\Delta>0$,$\Delta=0$,$\Delta<0$)联系起来,引导学生数形结合记住 4 个一元二次不等式的 12 组解. 锻炼学生数形结合的能力,发展学生的直观想象和逻辑推理等核心素养

续表

序号	教学提示
7	教材中抽象概括出当 $a>0$ 时，解一元二次不等式一般可以分为 3 步．第 1 步：确定相应二次方程 $ax^2+bx+c=0$ 的判别式和它的实数根；第 2 步：画出相应二次函数 $y=ax^2+bx+c$ 的图像简图；第 3 步：观察图像，得出不等式的解集．注意在理解的基础上掌握一元二次不等式的求解模式和解法程序框图：$\boxed{一元二次不等式(a<0)} \Rightarrow \boxed{化成 a>0 形式} \Rightarrow \boxed{解相应方程} \Rightarrow$ $\boxed{画出相应函数的图像} \Rightarrow \boxed{写出解集}$
8	教材表 2-5 中要求 $a>0$，如果 $a<0$，应该怎么分析？基础较好的学生可以借助表 2-5 做出当 $a<0$ 时的一元二次不等式的解集表．此次任务关键是对应二次函数图像与 x 轴的三种位置，突破此难点，后面的一元二次不等式的解集就会迎刃而解．此环节培养学生自主探究的能力
9	教材第 2.3.3 节引导学生观察因数完全一样的 4 个不同类型的一元二次不等式，利用一元二次图像法解题．通过观察得出此类题型就是 $a>0$ 且 $\Delta>0$ 的情况，由此让学生明白，求解此类一元二次不等式时，运用求根公式是通法通解，但也可以使用因式分解法．$(6-x)(x+4)\leqslant 0$ 用因数分解法求解时，首先利用不等式的性质转化为 $(x-6)(x+4)\geqslant 0$，再利用结论得出解，培养学生划归和转化的数学思想方法．最后总结出因数分解法解一元二次不等式的方法：当因式中 x 的系数为正时（如果 x 的系数不为正，先转化为正），先求出对应方程的两个根，然后通过"大于取两边，小于取中间"的口诀来得到不等式的解，从而培养学生数学运算、逻辑推理等素养
10	教材第 2.3.3 节例 2 中对 $(x+1)^2\geqslant 4$ 和 $(2x-3)^2<9$ 的处理．首先应该从 $x^2>9$ 开始，很多同学都会认为，当对 $x^2>9$ 的两边同时开根号时，可得 $x>\pm 3$，教师应带领学生辨析这个错误的产生原因，并用检验的方式让学生不再犯类似的错误．对于 $x^2>9$ 的解，利用平方差公式得 $(x+3)(x-3)>0$，借助因式分解法得出答案．然后学生对例题 2 的理解就更容易了，这一过程符合学生从易到难、从具体到抽象的的认知规律
11	针对解一元二次不等式，教材倡导的是图像法，教材对图像法的做法展现了"回顾—梳理—提炼—迁移"的过程，教师教学中也要注意体现这个过程．让学生体会：二次函数图像与 x 轴的交点的横坐标即为相关方程的根，在 x 轴上方或下方的点的横坐标的取值范围就是相应不等式的解集．一元二次不等式的解集的端点是相应的一元二次方程的解，培养学生的逻辑推理素养，通过观察二次函数图像写出不等式的解，培养学生的直观想象素养

(六)课程思政设计

1. 通过一元二次不等式的学习，渗透严谨求实、一丝不苟的数学品质培育，通过图像法 3 步法的学习，强调一步一个脚印，一步错，全盘错，体现脚踏实地的数学精神．通过二次函数图像和例习题中二次函数抛物线的图形表达的学习，渗透数形结合思想培育以及数学和谐美的教育．

2. 在一元二次不等式的导入学习中，体现了学习一元二次不等式的必要性和紧迫性，让学生感受数学就在我们身边，培养学生热爱数学，用数学的眼光去分析问题、解决问题的思维习惯．

(七)习题答案

2.3.1 一元二次不等式的概念

合作交流

画二次函数的简图主要分为五个步骤：(1)确定开口方向；(2)确定对称轴；(3)确定抛物线顶点；(4)确定抛物线与 x 轴的交点；(5)画抛物线．

随堂练习

(1)

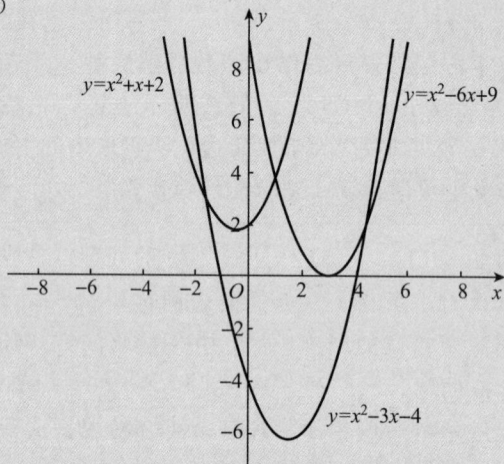

第(1)题图

(2)① $y = x^2 - 3x - 4 = (x+1)(x-4)$．当 $y=0$ 时，$x=-1$ 或 $x=4$；当 $y>0$ 时，$x<-1$ 或 $x>4$；当 $y<0$ 时，$-1<x<4$．

② $y = x^2 + x + 2 = \left(x + \dfrac{1}{2}\right)^2 + \dfrac{7}{4} > 0$．当 $y \leqslant 0$ 时，没有对应的点；当 $y>0$ 时，$x \in \mathbf{R}$．

③ $y = x^2 - 6x + 9 = (x-3)^2$．当 $y=0$ 时，$x=3$；当 $y>0$ 时，$x \neq 3$；当 $y<0$ 时，没有与之对应的 x 值．

2.3.2 一元二次不等式的基本解法

合作交流

当不等式 $ax^2+bx+c>0(a<0)$ 时，可以将问题转化成 $-ax^2-bx-c<0(a>0)$，再进行求解，即一元二次不等式的二次项系数为负数时，可以利用不等式的性质将不等式化成二次项系数为正数的一元二次不等式.

随堂练习

(1)由 $x^2-9>0$，得 $(x+3)(x-3)>0$，

由图可知，$x<-3$ 或 $x>3$；

(2)由 $x^2+4x<0$，得 $x(x+4)<0$，

由图可知，$-4<x<0$；

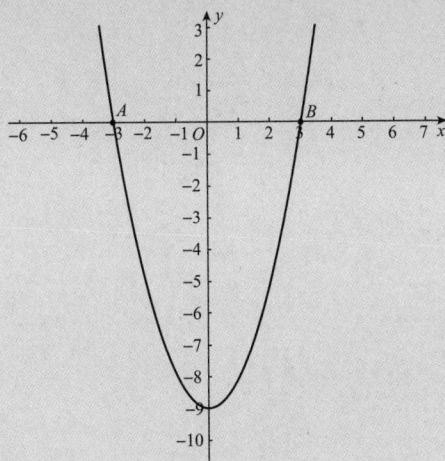

第(1)小题图

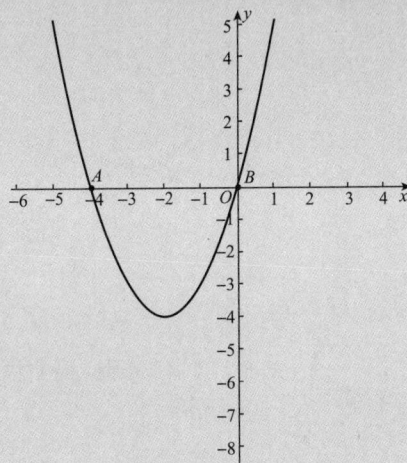

第(2)小题图

(3)由 $x^2\leqslant4$，得 $(x+2)(x-2)\leqslant0$，

由图可知，$-2\leqslant x\leqslant2$；

(4)由 $x^2-3x-4>0$，得 $(x-4)(x+1)>0$，

由图可知，$x<-1$ 或 $x>4$；

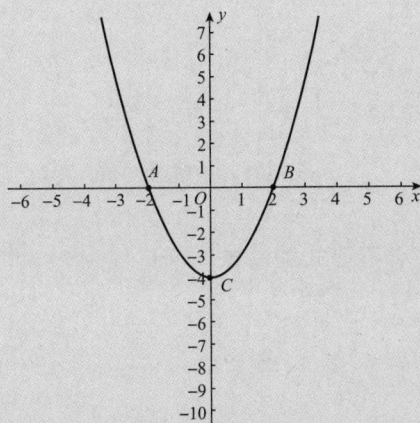

第(3)小题图

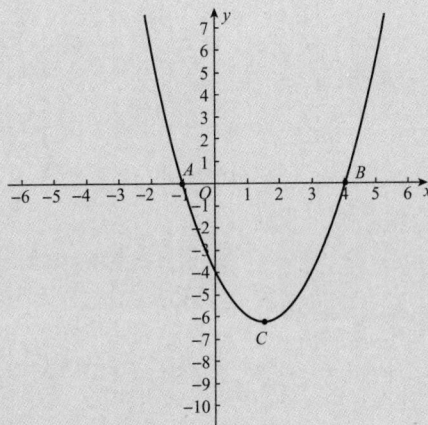

第(4)小题图

(5)由 $x^2-x-2\leqslant 0$，得 $(x-2)(x+1)\leqslant 0$，

由图可知，$-1\leqslant x\leqslant 2$；

(6)由 $-x^2-3x<0$，得 $x^2+3x>0$，即 $x(x+3)>0$，

由图可知，$x<-3$ 或 $x>0$；

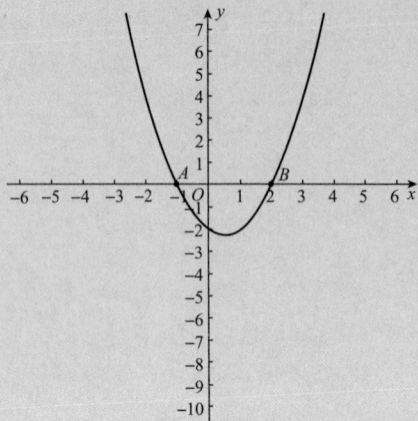

第(5)小题图

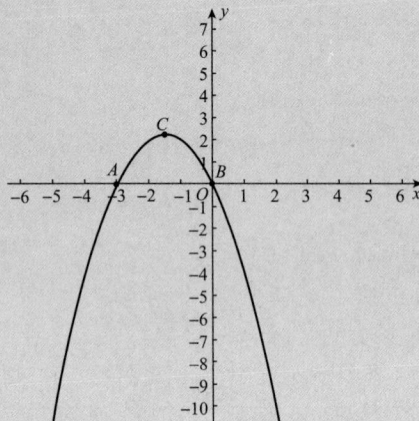

第(6)小题图

(7)由 $-x^2+5x-6<0$，得 $x^2-5x+6>0$，即 $(x-2)(x-3)>0$，

由图可知，$x<2$ 或 $x>3$；

(8)由 $-3x^2+2x-1>0$，得 $3x^2-2x+1<0$.

当 $x=-\dfrac{b}{2a}=\dfrac{1}{3}$ 时，y 取最小值，最小值为 $\dfrac{2}{3}$，由图可知，无解.

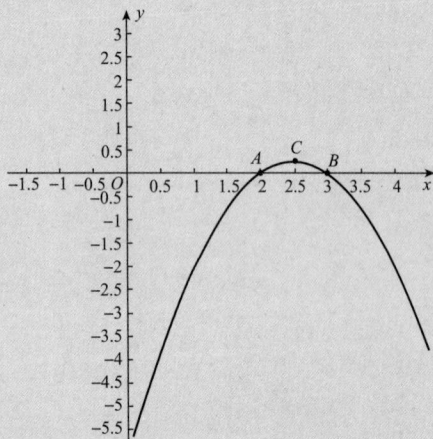

第(7)小题图

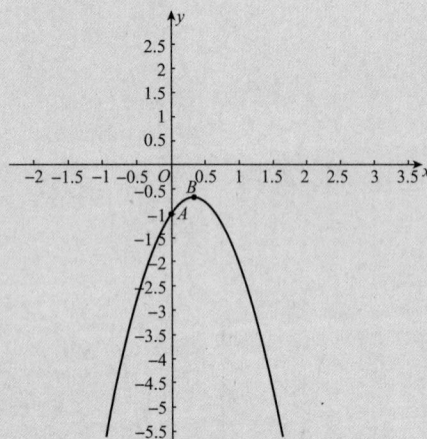

第(8)小题图

2.3.3 特殊类型一元二次不等式的解法

随堂练习

(1)由 $(x+2)(x-3)\geqslant 0$，得 $[x-(-2)](x-3)\geqslant 0$，所以不等式的解集为 $(-\infty,-2]\cup[3,+\infty)$.

(2)由 $(5-x)(4+x)>0$，得 $(x-5)[x-(-4)]<0$，所以解集为 $(-4,5)$；

(3)由 $(x-1)^2\leqslant 100$，得 $(x-1)^2-10^2\leqslant 0$，$(x+9)(x-11)\leqslant 0$，即 $[x-(-9)](x-11)\leqslant 0$，所以解集为 $[-9,11]$.

(4)由$(x+5)^2>36$，得$(x+5)^2-6^2>0$，$(x+5+6)(x+5-6)>0$，即$(x+11)(x-1)>0$，即$[x-(-11)](x-1)>0$，所以解集为$(-\infty,-11)\cup(1,+\infty)$.

习题 2.3

水平一

1.(1)B；(2)D.

2.(1)$(-\infty,-2)\cup(-1,+\infty)$；(2)$(\dfrac{1-\sqrt{5}}{2},\dfrac{1+\sqrt{5}}{2})$.

3.(1)由$x^2<2$，可得$-\sqrt{2}<x<\sqrt{2}$，

因此解集为$(-\sqrt{2},\sqrt{2})$.

(2)由$x^2>5$，可得$x<-\sqrt{5}$或$x>\sqrt{5}$，

因此解集为$(-\infty,-\sqrt{5})\cup(\sqrt{5},+\infty)$.

(3)由$x^2>x$，可得$x^2-x>0$，

解得$x<0$或$x>1$，

因此解集为$(-\infty,0)\cup(1,+\infty)$.

(4)由$x^2<2x$，可得$x^2-2x<0$，

解得$0<x<2$，

因此解集为$(0,2)$.

(5)由$x^2>3x$，可得$x^2-3x>0$，

解得$x<0$或$x>3$，

因此解集为$(-\infty,0)\cup(3,+\infty)$.

(6)由$x^2\leqslant4x$，可得$x^2-4x\leqslant0$，

解得$0\leqslant x\leqslant4$，

因此解集为$[0,4]$.

4.(1)不等式$x^2+5x-6>0$可化为$(x+6)(x-1)>0$，

解得$x<-6$或$x>1$.

因此，不等式的解集为$(-\infty,-6)\cup(1,+\infty)$.

(2)不等式$x^2+4x-5<0$可化为$(x+5)(x-1)<0$，

解得$-5<x<1$.

因此，不等式的解集为$(-5,1)$.

(3)不等式$-x^2+4x-4\leqslant0$可化为$x^2-4x+4\geqslant0$，即$(x-2)^2\geqslant0$，

解得$x\in\mathbf{R}$.

因此，不等式的解集是$\mathbf{R}$.

(4)不等式$-x^2+3x>0$可化为$x^2-3<0$，

即$x(x-3)<0$，解得$0<x<3$.

因此，不等式的解集为$(0,3)$.

(5)不等式$-3x^2+2x-1>0$可化为$3x^2-2x+1<0$，

即$3\left(x-\dfrac{1}{3}\right)^2+\dfrac{2}{3}<0$. 因为$3\left(x-\dfrac{1}{3}\right)^2+\dfrac{2}{3}\geqslant\dfrac{2}{3}$，

所以，不等式的解集为$\varnothing$.

(6)不等式$(2-3x)(2x+1)>2$可化为$4x+2-6x^2-3x>2$,

即$-6x^2+x>0$,即$6x^2-x<0$,

解得$0<x<\dfrac{1}{6}$.

所以,不等式的解集为$\left(0,\dfrac{1}{6}\right)$.

水平二

1.(1)A; (2)D.

2.解:$\Delta=a^2-4<0$,解得$-2<a<2$,综上所述,a的取值范围为$(-2,2)$.

2.4 含绝对值的不等式

(一)教学准备

1.教师授课前,学生应储备以下知识:一元一次不等式及一元一次不等式组解法;绝对值的定义和意义;数轴表示区间,实数与数轴上的点对应相关知识;集合间的交运算和并运算.

2.教师授课前准备含绝对值的不等式的案例素材,如我国国庆70周年各方队通过天安门的时间误差;原子弹核心部件机械加工不超过一根头发丝的几分之一的误差等;汽车四个轮胎气压的胎压范围;食盐包装的误差等.

(二)教学内容

本节主要内容是绝对值的定义和几何意义,含绝对值不等式的解法.

(三)教学目标

1.能结合数轴理解$|x|<a$和$|x|>a(a>0)$的含义,并直接写成解集.

2.能结合数量替换解含绝对值的不等式$|ax+b|<c$和$|ax+b|>c(c>0)$,转化为一元一次不等式和一元一次不等式组.

3.能将与含绝对值不等式有关的生活实际问题转化为数学问题.

4.经历学习含绝对值不等式的过程,提升转化和化归的能力.将生活问题转化为数学问题,培养学生数学建模素养.

(四)教学重难点

重点:求解形如$|ax+b|<c$或$|ax+b|>c(c>0)$的不等式.

难点:理解绝对值的几何意义;求解不等式的实际问题.

(五)教学提示

序号	教学提示
1	教材首先从商品房预售案例中提出一个不等式问题. 本例中涉及商品房买卖中的面积误差比问题,实际上给学生重要的信息:(1)让学生知晓国家对商品房买卖是有相关法律规定来保护购房者的权益的,事事与法有关,我们要懂法并遵法. (2)让学生明白商品房买卖是需要双方签订合同的,合同就是共同办理某事时,当事人双方或数方依法订立的有关民事权利和义务关系的协议,对当事人具有法律约束力. 了解合同对于中职学生理解社会生产和生活实际具有一定的意义. (3)购买商品房是我国城镇居民改善居住环境的主要方式,学生以后都有可能购买商品房,按照国家统计局公开的信息,2021 年上半年我国房地产占 GDP 比重约为 7.5%,在众多行业中排名前列,属于支柱产业之一. 生活每个方面都是与我们密切相关的,作为一名中职学生必须学习、了解国家政策、法规,做到守法、用法. 本案例能感受数学建模解决实际问题的必要性,激发学生学习数学的积极性
2	教材回顾了初中阶段绝对值的定义、绝对值的几何意义和数轴表示. 将初中阶段绝对值的知识和中职阶段含绝对值不等式衔接,符合学生的认知规律,培养学生的逻辑推理素养
3	根据初中学习的绝对值的定义和几何意义,结合数轴,可以从含绝对值的方程 $|x|=5$ 的解集入手,再分析不等式 $|x|>5$ 和 $|x|\leqslant5$ 的几何意义和解集,推导得出 $|x|>a$,$|x|\geqslant a$,$|x|<a$ 和 $|x|\leqslant a$ 的解集,并用表格进行归纳,便于直观比较,向学生渗透"具体—抽象—具体""未知—已知—未知"的辩证唯物主义的认识论观点. 注意部分学生对 $|x|<a$ 的解集容易写成 $-a<x>a$ 和 $x>\pm a$ 两种错误的形式;对 $|x|>a$ 也要注意不等式解集用"或",区间解集用"∪"连接
4	教材中求绝对值不等式 $|x|>a$,$|x|\geqslant a$,$|x|<a$ 和 $|x|\leqslant a$ 的前提是 $a>0$. 对 $a=0$ 或 $a<0$ 的情况,教材没有重点分析,可以让教师和学生进行交流讨论,拓展含绝对值不等式的知识,培养学生观察、分析、归纳、概括以及逻辑推理能力,考查学生思维的主动性和全面性,领悟分类讨论、化归和数形结合的数学思想方法,提升数学理解力、化归能力及运算能力
5	含绝对值不等式 $|ax+b|<c(c>0)$ 的解法过程实际上是一个"数量替换"和"转化"的过程,首先将绝对值内的 $ax+b$ 整体替换 $|x|<a(a>0)$ 中的 x,将含绝对值的不等式转化为不含绝对值的不等式(即去掉绝对值符号),然后再将不等式等价转化为标准的一元一次不等式 $-c<ax+b<c$,然后解这个一次不等式组,不等式组解集的交集就是 $|ax+b|<c$ 的解集. 同理将 $|ax+b|>c(c>0)$ 转化为一元一次不等式组 $ax+b<-c$ 或 $ax+b>c$,不等

续表

序号	教学提示
	式组的并集就是 $|ax+b|>c$ 的解集. 从解 $|x|<a$ 到解 $|ax+b|<c$ 是一次跨越，是变量代换思想逐步形成的过程. 教学中从具体实例推广到一般数学结论
6	对于 $|ax+b|<c$ 和 $|ax+b|>c(c>0)$ 的不等式，一般转化是尽量保证 $a>0$ 再求解；在变形时明确 $|-x|=|x|$，教材第 2.4.2 节例题 2 中由于 $|1-2x|=|2x-1|$，将 $|1-2x|<3$ 转化为 $|2x-1|<3$，再进行求解. 这类同解变形问题是经常遇到的，可以培养学生的数学转化能力
7	求解含绝对值不等式注意是将绝对值符号去掉，去掉绝对值符号的过程体现了等价转化的思想，该思想是数学学习中一种重要的思想方法. 其实不难发现任何数学问题的解决过程都是不断转化的过程，比如高次式转化为低次式、分式转化为整数式、无理式转化为有理式、数转化为形、形转化为数、复杂问题转化为简单问题，等等，最终达到解决问题的目的. 在解含绝对值不等式的过程中，借助数轴，理解其几何意义，体会数形结合的数学思想，培养和提升学生数学抽象、数学运算和数学建模等核心素养
8	习题 2.4 设计分为两种层次，水平一重点检测含绝对值不等式的解，提升数学运算和直观想象等核心素养；水平二主要检测含绝对值不等式的解，其中分数和分式形式的加入，加大了计算的难度

(六)课程思政设计

在"含绝对值的不等式"的引入学习中，借助了大量与中职专业结合的案例，如机械专业的零件加工误差问题、汽修专业的胎压压力问题和螺丝紧松的力矩大小问题等. 拥有大国重器的中国的快速发展，离不开各行各业的高技能人才，中职学生应该学好文化知识和专业技能，做一个全面发展的有用人才.

(七)习题答案

2.4 含绝对值的不等式

2.4.1 含绝对值的不等式的基本解法

合作交流

1. 当 $|x|<a(a>0)$ 时，解集为 $\{x|-a<x<a\}$，用区间可表示为 $(-a, a)$. 当 $|x|\geqslant a(a>0)$ 时，解集为 $\{x|x\leqslant-a$ 或 $x\geqslant a\}$，用区间可表示为 $(-\infty, a]$ 或 $[a, +\infty)$.

2. 当 $a<0$ 时，不等式 $|x|<a$ 不成立，因为 $|x|$ 不可能是负数，所以当 $a<0$ 时，只能有 $|x|>a$，解集是 $\{x|x\in\mathbf{R}\}$. 当 $a=0$ 时，$|x|\geqslant a$ 成立，解集是 $\{x|x\in\mathbf{R}\}$. 当 $a<0$ 时，不等

式$|x|\geqslant a$仍然不成立，因为$|x|$严格大于等于0.

随堂练习

(1) $|x|\geqslant 2$的解集是$\{x\mid x\leqslant -2$或$x\geqslant 2\}$，用区间表示为$(-\infty,-2]\cup[2,+\infty)$.

(2) $|x|\leqslant 3$的解集是$\{x\mid -3\leqslant x\leqslant 3\}$，用区间表示为$[-3,3]$.

(3) 由$|2x|<3$得$-3<2x<3$，

即$-\dfrac{3}{2}<x<\dfrac{3}{2}$，所以不等式的解集是$\left(-\dfrac{3}{2},\dfrac{3}{2}\right)$.

(4) 由$|6x|>8$得$6x<-8$或$6x>8$，即$x<-\dfrac{4}{3}$或$x>\dfrac{4}{3}$，所以不等式的解集是$\left(-\infty,\right.$

$\left.-\dfrac{4}{3}\right)\cup\left(\dfrac{4}{3},+\infty\right)$.

2.4.2　$|ax+b|<c$和$|ax+b|>c(c>0)$的解法

随堂练习

1.(1) 由$|x+1|\geqslant 2$，得$x+1\leqslant -2$或$x+1\geqslant 2$，

即$x\leqslant -3$或$x\geqslant 1$，所以不等式的解集是$(-\infty,-3]\cup[1,+\infty)$.

(2) 由$|x-1|\leqslant 3$，得$-3\leqslant x-1\leqslant 3$，

即$-2\leqslant x\leqslant 4$，所以不等式的解集是$[-2,4]$.

(3) 由$|x-2|<3$，得$-3<x-2<3$，

即$-1<x<5$，所以不等式的解集是$(-1,5)$.

(4) 由$|x+3|>8$，得$x+3<-8$或$x+3>8$，

即$x<-11$或$x>5$，所以不等式的解集为$(-\infty,-11)\cup(5,+\infty)$.

2.(1) 由$|3x-1|\leqslant 2$，得$-2\leqslant 3x-1\leqslant 2$，

即$-1\leqslant 3x\leqslant 3$，$-\dfrac{1}{3}\leqslant x\leqslant 1$，所以不等式的解集是$\left[-\dfrac{1}{3},1\right]$.

(2) 由$\left|\dfrac{1}{3}x\right|>2$，得$\dfrac{1}{3}x<-2$或$\dfrac{1}{3}x>2$，

即$x<-6$或$x>6$，所以不等式的解集为$(-\infty,-6)\cup(6,+\infty)$.

(3) 由$|2x-2|\geqslant 7$，得$2x-2\leqslant -7$或$2x-2\geqslant 7$，

即$2x\leqslant -5$或$2x\geqslant 9$，$x\leqslant -\dfrac{5}{2}$或$x\geqslant \dfrac{9}{2}$，所以不等式的解集是$\left(-\infty,-\dfrac{5}{2}\right]\cup\left[\dfrac{9}{2},+\infty\right)$.

(4) 由$|1-3x|>2$，得$1-3x<-2$或$1-3x>2$，

即$-3x<-3$或$-3x>1$，$x>1$或$x<-\dfrac{1}{3}$，所以不等式的解集为$\left(-\infty,-\dfrac{1}{3}\right)\cup(1,+\infty)$.

习题 2.4

水平一

1.C. 由$|x-3|=1$，得$x-3=1$或$x-3=-1$，解得$x=4$或$x=2$.

2.C.

3. $|x-y|$.

4.$(-\infty,0)\cup\left(\dfrac{2}{3},+\infty\right)$. 由$|1-3x|>1$得$1-3x<-1$或$1-3x>1$，$-3x<-2$或

$-3x>0$，即 $x<0$ 或 $x>\dfrac{2}{3}$.

水平二

1.(1)由 $\left|\dfrac{1-3x}{3}\right|>1$，得 $|3x-1|>3$，即 $3x-1<-3$ 或 $3x-1>3$，则 $x<-\dfrac{2}{3}$ 或 $x>\dfrac{4}{3}$，用区间表示为 $\left(-\infty,-\dfrac{2}{3}\right)\cup\left(\dfrac{4}{3},+\infty\right)$.

(2)由 $\left|\dfrac{1}{2}-3x\right|\geqslant 3$，得 $\left|3x-\dfrac{1}{2}\right|\geqslant 3$，即 $3x-\dfrac{1}{2}\leqslant -3$ 或 $3x-\dfrac{1}{2}\geqslant 3$，解得 $x\leqslant -\dfrac{5}{6}$ 或 $x\geqslant\dfrac{7}{6}$，用区间表示为 $\left(-\infty,-\dfrac{5}{6}\right]\cup\left[\dfrac{7}{6},+\infty\right)$.

(3)由 $\left|2x-\dfrac{1}{3}\right|<\dfrac{1}{2}$，得 $-\dfrac{1}{2}<2x-\dfrac{1}{3}<\dfrac{1}{2}$，解得 $-\dfrac{1}{12}<x<\dfrac{1}{12}$，用区间表示为 $\left(-\dfrac{1}{12},\dfrac{1}{12}\right)$.

(4)由 $\left|\dfrac{2}{5}x-2\right|\geqslant 1$，得 $\dfrac{2}{5}x-2\leqslant -1$ 或 $\dfrac{2}{5}x-2\geqslant 1$，解得 $x\leqslant\dfrac{5}{2}$ 或 $x\geqslant\dfrac{15}{2}$，用区间表示为 $\left(-\infty,\dfrac{5}{2}\right]\cup\left[\dfrac{15}{2},+\infty\right)$.

(5)由 $\left|\dfrac{1}{3}x-(x-2)\right|\leqslant 2$，得 $\left|-\dfrac{2}{3}x+2\right|\leqslant 2$，即 $\left|\dfrac{2}{3}x-2\right|\leqslant 2$，则 $-2\leqslant\dfrac{2}{3}x-2\leqslant 2$，解得 $0\leqslant x\leqslant 6$，因此不等式的解集为 $[0,6]$.

(6)由 $4\leqslant\left|5-\dfrac{2}{3}x\right|$，得 $\left|\dfrac{2}{3}x-5\right|\geqslant 4$，且 $\dfrac{2}{3}x-5\leqslant -4$ 或 $\dfrac{2}{3}x-5\geqslant 4$，解得 $\dfrac{2}{3}x\leqslant 1$ 或 $\dfrac{2}{3}x\geqslant 9$，$x\leqslant\dfrac{3}{2}$ 或 $x\geqslant\dfrac{27}{2}$，因此不等式的解集为 $\left(-\infty,\dfrac{3}{2}\right]\cup\left[\dfrac{27}{2},+\infty\right)$.

2.5 不等式的应用

(一)教学准备

1. 教师授课前，学生应储备以下知识：一元二次不等式的求解和含绝对值的不等式的求解的相关知识；集合间的交运算和并运算及区间表示等相关知识.

2. 教师课前准备：结合学生所学专业和当地实际情况，选择学生熟悉的不等式案例素材：如建筑专业相关的面积不少于多少的问题；电子商务和财会专业相关的利润最低问题；畜牧专业相关的动物身长、体重范围问题等.

(二)教学内容

本节主要内容是将生活中的问题进行数学建模，形成相应的一元二次不等式或含绝对值的不等式，并求解.

(三)教学目标

1. 能根据问题中蕴含的数量关系和变化规律，设未知数，分析数量关系，列出相应的一元二次不等式或含绝对值的不等式.

2. 能化简、求解不等式,并用区间形式写出解集.

3. 领会不等式在生活与学习中的应用,了解数学建模解决实际问题的步骤和方法;能将现实世界的数学关系用数学语言表达,会模仿学过的数学建模解决简单的实际问题.

4. 经历不等式的应用学习过程,解决生活中熟悉的实际问题,能激发学生学习的热情,培养学生严肃认真的科学态度,同时感受数学的应用.

(四)教学重难点

重点:应用一元二次不等式和含绝对值的不等式解决实际问题.

难点:实现一元二次不等式和含绝对值的不等式的建模和解模.

(五)教学提示

序号	教学提示
1	教材中对面积问题、利润问题、驾驶员年龄范围问题和男女学生身体质量指数与身体素质关系等实际问题用数学建模的方式进行解决. 数学建模是运算数学知识和数学方法解决实际问题的基本手段,也是推进数学发展的重要源动力,数学建模是中职学生通过数学学习后形成的核心素养之一,本节通过实例使学生初步感受数学建模的思想,搭建数学与现实世界的桥梁,感受日常生活和现实世界中的不等关系
2	数学建模包含三大基本要素. 一是将实际问题抽象成数学语言表达的数学问题,即数学模型(建模);二是将数学问题用数学知识与方法进行求解,即模型计算(解模);三是运用得出的结论去解决实际问题,即模型应用(释模). 　　(1)建模,即从实际问题出发,抽象出相关的数学模型,建立数学模型,需要将现实问题"数学化",即找出现实问题中所隐含的数量关系,并用数学符号语言表示出来,从而建立所需的数学模型,这对中职学生而言是十分困难的,在中职阶段的数学学习中,可以只要求学生根据问题中的数量关系或已指明的函数关系选用熟悉的一元一次不等式、一元二次不等式、含绝对值的不等式、一次函数、二次函数、分段函数、指数函数、对数函数、三角函数等数学模型(选模),并用数学语言表达出来,也就是说可以只要求学生能够"选模". 　　(2)解模,即对所建立的数学模型进行分析和求解,求解数学模型,一般是通过数学运算,逻辑推理,结合数据的图表进行数据分析,得出基于数学模型和实际数据的结论. 　　(3)释模,即将求得的结果置入问题情景中,验证结果是否满足问题的条件,是否违背实际情景的基本特征,解释它在现实情景中的意义,从而解决

序号	教学提示
	问题. 如果结论是满足实际条件的, 书写时可以省略验证过程; 如果结论不满足或部分不满足, 就需要写出舍去的部分, 并写出满足实际条件的最终结论
3	教材第 2.5.1 节例 1 是应用一元二次不等式解决实际问题, 此题建模成一元二次不等式较容易, 解模过程是用一元二次不等式图像法求解, 容易出错的就是一元二次不等式的解必须符合实际背景对未知数的限制. 学生在阅读题目时, 要能提取有用信息, 并特别注重将题目中的文字语言转换为数学符号语言, 培养数学建模素养
4	教材第 2.5.1 节例 2 中提到了"利润"是一个经济学概念, 它是指: 企业销售产品的收入扣除成本价格和税金以后的余额. 该例题在建模过程中要考虑两个方面, 一是单个玩具利润变化的数学模型; 二是日平均销售量变化的数学模型. 此题的建模过程是为第三单元二次函数求最大值和最小值的函数应用做准备
5	教材第 2.5.2 节例 1 和例 2 都是复杂问题, 首先在建模过程中选模, 由于条件中已经给了函数关系式, 所以利用函数关系进行建模的过程要符合题目要求; 其次是解模过程数字通常都比较大, 计算难度随之增大; 最后是释模过程答案必须要符合给定的条件或实际情况要求, 从多个解中筛选最终答案. 在此过程中, 培养了学生的数学运算、逻辑推理和数学建模等核心素养
6	"数学园地"栏目拓展了数学不等式的知识面, 让学生阅读和填表实践, 通过合作交流和教师启发指导, 让学生发现问题、发现规律、归纳总结, 认识和体会算术平均数、几何平均数、调和平均数的基本含义和大小关系. 鼓励学生大胆实践、大胆探索、大胆研究、大胆创新. 学生参与数据的收集、整理和分析, 推理得出数学史上著名的不等式, 培养了学生数据分析和逻辑推理等核心素养

(六)课程思政设计

　　1. 通过不等式的应用, 学生直观感受数学来源于生活, 并服务于生活. 培养学生主动观察生活与学习中的数学问题, 创造环境去激发学生的学习欲望、培养他们的自学能力和创新能力, 提高他们的数学素养, 强调解决问题的过程, 而不仅仅是结果.

　　2. 通过数学建模素养的培养, 学生能够掌握数学建模的过程, 积累用数学语言表达实际问题的经验, 感悟数学与现实之间的关联, 学会用数学模型解决实际问题, 积累数学实践的经验; 认识数学建模在解决科学、社会、工程技术等问题中的作用; 加深对数学内容的理解; 学会交流与合作; 提升应用能力, 增强创新意识和科学精神.

(七)习题答案

2.5.1 不等式的简单应用

合作交流

2.5;2.5;17.5;1 125.

随堂练习

1.已知总利润 y 与产量的 x 关系式为 $y=-x^2+300x-100$,$0<x<200$,要使得总利润超过 8 000 万元,则 $y>8\,000$,

则有 $y=-x^2+300x-100>8\,000$,

此不等式等价于 $x^2-300x+8\,100<0$,

因式分解可得 $(x-30)(x-270)<0$,

解得 $30<x<270$,又因为 $0<x<200$.

所以,要使得总利润超过 8 000 万元,那么产量应该在 30 kg 到 200 kg 之间.

2.设窗户的高度为 x,则宽为 $\dfrac{8-2x}{3}$,

由题意可得 $\dfrac{8-2x}{3}\times x\geqslant 2$,

整理得 $x^2-4x+3\leqslant 0$,

因式分解可得 $(x-1)(x-3)\leqslant 0$,

即 $1\leqslant x\leqslant 3$,

当窗户的高度在 1 m 到 3 m 之间的时候,才能满足要求.

2.5.2 不等式与复杂实际问题

合作交流

用一元二次方程解决实际问题的常见的题型有:产品的总利润问题、面积问题、数字问题、几何问题,还有一些开放性的讨论题.

解决此类问题的一般步骤为:

(1)阅读理解题意,确定已知,未知,以及它们之间的数量关系.

(2)根据题意,列出含有未知数的等式.

(3)求出所列的不等式的解.

(4)最后书写答案.

随堂练习

已知标枪在飞行过程中距离地面的高度 y 与标枪飞出来的水平距离 x 的关系式为 $y=-\dfrac{1}{16}(x-13)^2+\dfrac{49}{4}$,$0\leqslant x\leqslant 27$,

由题意可知 $y>3.75$,

$$y=-\frac{1}{16}(x-13)^2+\frac{49}{4}>3.75,$$

整理可得 $(x-13)^2<136$,

解得 $13-2\sqrt{34}<x<13+2\sqrt{34}$.

当标枪飞出来的距离在 $(13-2\sqrt{34}, 13+2\sqrt{34})$ 时，标枪距离地面的高度超过 3.75 m.

习题 2.5

水平一

1. 设扩建后仓库的总面积为 y，则由题意可知 $y=100+x(x+10)$，$x>0$，

要使得仓库的总面积不小于 300 m²，则 $y\geqslant 300$，

$y=100+x(x+10)\geqslant 300$，$x>0$，

整理可得 $x^2+10x-200\geqslant 0$，

解得 $x\geqslant 10$ 或 $x\leqslant -20$，

因为 $x>0$，所以取 $x\geqslant 10$，

当 $x\geqslant 10$ 时，仓库的总面积不小于 300 m².

2. 设平台的总面积为 y，

由题意可知 $y=(3+2x)(6+2x)-18$，$x>0$，

整理得 $y=4x^2+18x$，$x>0$，

要使得平台的总面积不超过 22 m²，则 $y\leqslant 22$，

则有 $y=4x^2+18x\leqslant 22$，

整理可得 $2x^2+9x-11\leqslant 0$，

解得 $-\dfrac{11}{2}\leqslant x\leqslant 1$，

因为 $x>0$，所以 $0<x\leqslant 1$，

要使得平台的总面积不超过 22 m²，x 应该在 0 m 到 1 m 之间.

3. 已知总利润 y 与销售单价 x 的关系式为 $y=-10x^2+1\,500x-50\,000$，$x>0$，

由题意可知 $y>0$，

则有 $y=-10x^2+1\,500x-50\,000>0$，

整理可得 $x^2-150x+5\,000<0$，

解得 $50<x<100$.

当单价在 50 元到 100 元之间的时候，利润会大于零.

4. 假设台布四边垂下的长度为 x m，则

$$(3+2x)(2+2x)\leqslant 2\times 3\times 2,$$

即

$$2x^2+5x-3\leqslant 0,$$

垂下的长度 x 所在的区间为 $\left[0, \dfrac{1}{2}\right]$.

水平二

1. 已知这种鱼的身长 L 与出生的天数 x 的关系式为 $y=0.002x^2+0.15x+2.3$，$0\leqslant x\leqslant 40$，

由题意可知 $4<0.002x^2+0.15x+2.3<10$，

整理得 $\begin{cases}0.002x^2+0.15x+2.3<10,\\0.002x^2+0.15x+2.3>4,\end{cases}$

解得 $\begin{cases}0\leqslant x<35,\\x>10,\end{cases}$

即 $10<x<35$.

综上可得，该种鱼出生的天数在 10 天到 35 天的时候身长会在 4～10 cm.

2. 已知索缆和桥面的距离 y 与大桥起点的水平距离 x 的关系式为 $y=0.000\,2(x-890)^2+8$，$0\leqslant x\leqslant 1\,780$，

由题意可知 $0.000\,2(x-890)^2+8>58$，

整理得 $(x-890)^2>250\,000$，

解得 $x>1\,390$，

又因为 $0\leqslant x\leqslant 1\,780$，所以 $1\,390<x\leqslant 1\,780$.

当索缆和桥面的距离大于 58 m 时，这部分桥的总长度在 1 390 m 到 1 780 m 之间.

3. 已知小汽车驾驶员对红绿灯变化的反应时间 y_1 与驾驶员年龄 x 的关系式为 $y_1=0.005x^2-0.2x+22$，$18\leqslant x\leqslant 70$，

对消防车警笛的反应时间 y_2 与驾驶员年龄 x 的关系式为 $y_2=0.005\,1x^2-0.3x+15$，$18\leqslant x\leqslant 70$.

由题意，可得不等式 $y_1>y_2$，

即 $0.005x^2-0.2x+22>0.005\,1x^2-0.3x+15$，

整理，得 $x^2-1\,000x-70\,000<0$，

解得 $x\in(500-400\sqrt{2},\ 500+400\sqrt{2})$.

考虑到 y_1，y_2 成立的要求为 $x\in[18,70]$，

而 $(500-400\sqrt{2},\ 500+400\sqrt{2})\bigcap[18,70]=[18,70]$，

即年龄在 18 岁至 70 岁之间的驾驶员对红绿灯变化的反应时间都会长于对消防车警笛的反应时间.

五、教学评价建议

(一)学业质量要求

根据《课程标准》要求，本单元课程内容学业质量要求见表 2-2.

表 2-2 学业质量要求

课程内容	质量描述	
	水平一	水平二
不等式	在熟悉的单一情境中： 1. 能用作差比较法判断两个数(式)的大小；知道不等式的基本性质； 2. 会在数轴上表示区间，能直观认识数轴上实数绝对值的几何意义； 3. 能求解含绝对值的不等式 $\lvert ax+b\rvert<c$ 和 $\lvert ax+b\rvert>c(c>0)$； 4. 会借助二次函数的图像和一元二次方程的根，求解一元二次不等式； 5. 会通过数学建模，解决与一元二次不等式有关的简单实际问题	在熟悉的关联情境中： 1. 达到水平一的 1～5； 2. 会运用不等式的性质进行简单的推理； 3. 能认识一元二次不等式与二次函数、一元二次方程之间的关系，并会根据三者之间的关系解决有关的数学问题

(二)参考例题与说明

例1 用符号">"或"<"填空.

(1)设 $a>b$,则 $a-5$ _____ $b-5$;

(2)设 $a<b$,则 $-\dfrac{a}{3}$ _____ $-\dfrac{b}{3}$;

(3)设 $a>b$,则 $4-2a$ _____ $4-2b$.

解 (1)因为 $a>b$,根据性质1,有 $a-5>b-5$;

(2)因为 $a<b$,根据性质3,有 $-\dfrac{a}{3}>-\dfrac{b}{3}$;

(3)因为 $a>b$,根据性质3,有 $-2a<-2b$,又根据性质1,有 $4-2a<4-2b$.

说明:本例题为单一情境下正确判断两个数的大小关系,主要考核逻辑推理素养,属于学业水平一.

例2 已知 a 是实数,比较 $2a^2+2a+13$ 与 a^2-4a+3 的大小.

解 因为 $2a^2+2a+13-(a^2-4a+3)$

$$=a^2+6a+10$$
$$=a^2+6a+3^2-3^2+10$$
$$=(a+3)^2+1>0,$$

所以 $2a^2+2a+13>a^2-4a+3$.

说明:本例题为关联情境下用作差比较法比较两个式子的大小,需利用配方法,主要考核学生数学运算和逻辑推理等核心素养,属于学业水平二.

例3 如果不等式 $x^2+ax+4<0$ 的解集为空集,则 a 的取值范围是( ).

A.$[-4,4]$ B.$(-4,4)$

C.$(-\infty,-4]\cup[4,+\infty)$ D.$(-\infty,-4)\cup(4,+\infty)$

解 因为 $x^2+ax+4<0$ 的解集为空集,所以函数 $y=x^2+ax+4$ 的图像是开口向上的抛物线,与 x 轴无交点或只有一个交点.所以方程 $x^2+ax+4=0$ 的判别式 $\Delta\leqslant0$.

所以 $a^2-4\times1\times4\leqslant0\Leftrightarrow(a-4)(a+4)\leqslant0$,得 $-4\leqslant a\leqslant4$.

故选 A.

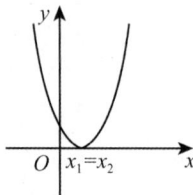

例3图

说明:本例题为关联情境下用已知一元二次不等式的解,利用二次函数图像法,得到相关一元二次方程判别式 $\Delta\leqslant0$,主要考核数学运算、直观想象和逻辑推理等核心素养,属于学业水平二.

例4 当 x 为何值时,二次根式 $\sqrt{x^2-3x-10}$ 有意义.

解 因为要使 $\sqrt{x^2-3x-10}$ 有意义,必须使 $x^2-3x-10\geqslant0$.

由 $x^2-3x-10\geqslant0\Leftrightarrow(x-5)(x+2)\geqslant0$,

所以当 $x\in(-\infty,-2]\cup[5,+\infty)$ 时,$\sqrt{x^2-3x-10}$ 有意义.

说明：本例题为单一情境下正确运用一元二次不等式的因式分解法求解，主要考核数学运算素养，属于学业水平一.

例5　解下列不等式.

(1)$|2-3x|-1<2$；

(2)$|2x+1|>5$.

解　(1)由$|2-3x|-1<2$得$|2-3x|<3$，即$-3<2-3x<3$，

从而$-5<-3x<1$，$-\dfrac{1}{3}<x<\dfrac{5}{3}$.

所以不等式的解集是$\left(-\dfrac{1}{3},\ \dfrac{5}{3}\right)$.

(2)由$|2x+1|>5$得$2x+1>5$或$2x+1<-5$，即$x>2$或$x<-3$.

所以不等式的解集为$(-\infty,\ -3)\bigcup(2,\ +\infty)$.

说明：本例题为单一情境下含绝对值不等式的求解，主要考核数学运算素养，属于学业水平一.

单元检测答案

水平一

1.(1)D；(2)A.

(1)由$x^2-3x-10>0$，因式分解可得

$$(x-5)(x+2)>0,$$

可得$x>5$或$x<-2$.

(2)解不等式$3x-2-x^2<0$，

等价于$x^2-3x+2>0$，

解得$x>2$或$x<1$.

由题意可知，因为集合B属于集合A，

因此$a\leqslant1$，

2.(1)$A\bigcap B=(2,3)$；(2)$\{x\mid x>a^2+1$或$x<-a^2-1\}$.

(1)解集合A中的不等式可得$1<x<3$.

解集合B中的不等式可得$2<x<5$.

因此它们的交集为$(2,3)$.

(2)由$|x|>a^2+1$，

则有$x>a^2+1$或$x<-a^2-1$.

3.(1)运用求根公式可得$x_1=\dfrac{1-\sqrt{10}}{3}$，$x_2=\dfrac{1+\sqrt{10}}{3}$，

则解集为$\left(-\infty,\ \dfrac{1-\sqrt{10}}{3}\right)\bigcup\left(\dfrac{1+\sqrt{10}}{3},\ +\infty\right)$.

(2)原不等式等价于$x^2+2x-3\leqslant0$，

因式分解可得$(x+3)(x-1)\leqslant0$，

则解集为 $[-3,1]$.

4. 由题意可知 $\begin{cases} x^2-2x<8, \\ x^2-2x\geqslant 3, \end{cases}$ 解得 $\begin{cases} -2<x<4, \\ x\geqslant 3 \text{ 或 } x\leqslant -1, \end{cases}$

则整数解的集合为 $\{-1,3\}$.

5. 集合 A 的解集为 $(-6,8)$,

集合 B 的解集为 $(-\infty,-1)\cup(7,+\infty)$.

则 $A\cap B=(-6,-1)\cup(7,8)$.

6. 集合 A 的解集为 $(-8,4)$,

集合 B 的解集为 $\left(\dfrac{1}{4},+\infty\right)$,

则 $A\cap B=\left(\dfrac{1}{4},4\right)$.

7.(1)设涨价 x 元才能使每周的利润不少于 6 240 元,

则由题意可得

$(60+x-40)(300-10x)\geqslant 6\ 240$, $x>0$,

解得 $4\leqslant x\leqslant 6$.

当涨价的范围在 4 元到 6 元时, 利润不少于 6 240 元.

(2)设降价 x 元才能使每周的利润不少于 6 240 元,

则由题意可得 $(60-x-40)(300+20x)\geqslant 6\ 240$, $x>0$,

此不等式无解, 故只要降价就会使每周的利润不少于 6 240 元.

水平二

1. 由 $d^2-6d+5<0$,

解得 $1<d<5$, 因为 $r_1=2$, $r_2=3$,

因此有 $|r_1-r_2|<d<r_1+r_2$,

则两个圆相交.

2. 设花圃与正方形场地的对应边的距离为 x m, 其中 $x>0$,

则花圃的边长为 $a=20-2x$, $0<x<10$,

则花圃的面积为 $S=(20-2x)^2$,

由题意可知 $16\leqslant S\leqslant 36$,

解得 $7\leqslant x\leqslant 8$.

要使得花圃的面积在 16 m² 到 36 m² 之间, 则花圃与正方形场地的对应边的距离应该在 7 m 到 8 m 之间.

3. 集合 A 的解集为 $(-4,4)$,

集合 B 的解集为 $(-\infty,1]\cup[3,+\infty)$,

则 $\complement_R A=(-\infty,-4]\cup[4,+\infty)$, $\complement_R B=(1,3)$.

所以 $(\complement_R A)\cap(\complement_R B)=\varnothing$.

4. 解不等式 $|x-1|\leqslant 2$, 得 $-1\leqslant x\leqslant 3$,

因为两个不等式有相同的解集, 因此 -1 和 3 也是方程 $ax^2+bx-2=0$ 的解.

代入得 $\begin{cases} a-b-2=0, \\ 9a+3b-2=0, \end{cases}$

解得 $a=\dfrac{2}{3}$，$b=-\dfrac{4}{3}$.

5. 以池中心为原点，竖直安装的水管为 y 轴，与水管垂直的直线为 x 轴建立平面直角坐标系，由于在距离池中心的水平距离为 1 时，达到的高度为 3 m，

(1)抛物线的解析式为 $y=a(x-1)^2+3(0\leqslant x\leqslant 3)$，代入点 $(3,0)$，得 $a=-\dfrac{3}{4}$，

因此 $y=-\dfrac{3}{4}(x-1)^2+3(0\leqslant x\leqslant 3)$.

(2)令 $x=0$ 时，$y=\dfrac{9}{4}=2.25$，

故水管长为 2.25 m.

(3)由题意可知 $y\geqslant\dfrac{3}{4}$，

则有 $-\dfrac{3}{4}(x-1)^2+3\geqslant\dfrac{3}{4}$，

解得 $1-\sqrt{3}\leqslant x\leqslant 1+\sqrt{3}$，

当 $y\geqslant\dfrac{3}{4}$ 时，水平距离 x 的取值区间为 $[1-\sqrt{3},1+\sqrt{3}]$.

六、教学资源拓展

(一)教学案例

1. 授课题目：2.3.2 一元二次不等式的基本解法

2. 授课班级：电气设备运行与控制专业高一年级一班

3. 内容分析

本节是北师大版"十四五"职业教育国家规划教材《数学(基础模块上册)》第二单元第三节《一元二次不等式》第二课时的教学内容．一元二次不等式的基本解法是学生学习不等式的性质、区间的概念(基础模块上册)、一元二次不等式的概念后的内容，为后面解含绝对值的不等式、求函数定义域与值域的学习储备知识，这部分内容较好地反映了方程、不等式、函数知识的内在联系与相互转化，特别是一元二次方程、一元二次不等式和一元二次函数之间的关系，蕴含着归纳、转化、数形结合等丰富的数学思想方法，能较好地培养学生的直观想象、数学运算、数形结合以及逻辑推理能力．

4. 学情分析

知识与技能基础：学生已经学会了不等式的性质以及区间的概念，会求二元一次不等式组的解，能解一些简单的一元二次方程，会画简单的二次函数图像，根据函数图像能写出 $y=0$，$y<0$ 及 $y>0$ 时所对应 x 的值或取值范围．

认知与实践基础：中职一年级学生的识图能力有待加强，运算能力不足，上课的

注意力不集中，逻辑思维与抽象思维需提高，但普遍动手能力强，思维发散.

学习特点：有一定的学习热情，课堂活跃，基础知识薄弱，学习数学的兴趣不大.

5. 教学目标

(1)理解方程、不等式、函数的图像之间的联系；掌握一元二次不等式的图像解法；

(2)通过一元二次不等式的学习，有意识地培养学生数学运算、直观想象和逻辑推理等核心素养，进一步体会数形结合的数学思想方法；

(3)通过一元二次不等式的学习，提高学生的学习能力；在讨论与合作交流中形成自主学习和主动参与的意识.

6. 教学重难点

教学重点：理解方程、不等式、函数的图像之间的联系，求解一元二次不等式；

教学难点：求解一元二次不等式.

7. 教法学法

教学方法：问题探究教学法和图示教学法；

学习方法：合作学习法和练习巩固式学习法.

8. 教学资源

多媒体一体机、电子白板，互动学习平台

9. 教学过程

教学环节		教学内容	师生活动	设计意图
课前准备		解一元二次方程； 巩固一元二次函数的图像与性质	1. 发布微课； 2. 发布并完成调查问卷； 3. 检查并点评学生的任务完成情况，学生查看修正后二次上传	为本节课的学习作铺垫，培养独立思考的能力
课中	(一)情境导入	**创设情境，提出问题** 1. 回顾本节开头的问题，如果希望汽车刹车的停车距离不超过 50 m，行驶速度应在哪个范围，最大值为多少？ 2. 不等式 $0.007x^2 + 0.2x - 50 \leqslant 0$ 的特点：不等式只含有一个未知数，并且未知数的最高幂次是2； 一元二次不等式： $ax^2 + bx + c > 0 (\geqslant 0)$ 或 $ax^2 + bx + c < 0 (\leqslant 0)$ a，b，c 为常数$(a \neq 0)$	1. 引导学生根据情境分析列出不等式； 2. 教师在多媒体一体机上呈现一元二次不等式，学生观察此不等式的特点，分组回答，得出一元二次不等式的概念	1. 生活中抽象出数学，激发学生学习兴趣. 2. 由已知概念类比分析，培养学生的观察、归纳能力

续表

教学环节		教学内容	师生活动	设计意图
课中	（二）概念学习	**初步探究、得到概念** 1. 概念 一般地，使一元二次不等式成立的值叫作这个一元二次不等式的解. 一元二次不等式的所有解组成的集合，叫作这个一元二次不等式的解集. 2. 解决情境导入的问题： 解不等式：$0.007x^2+0.2x-50\leqslant0$ 3. 相关知识： 二次函数 $y=0.007x^2+0.2x-50$ 二次方程 $0.007x^2+0.2x-50=0$ 4. 问题转化：求二次函数 $y=0.007x^2+0.2x-50$ 图像上 $y\leqslant0$ 所对应点的 x 的取值范围	1. 学生理解概念； 2. 引导学生发现：问题其实是解出一元二次不等式的解； 3. 提出问题：如何解一元二次不等式？类似的知识我们还学过什么？它们之间有没有联系？ 4. 教师引导，学生回答，引出一元二次函数，一元二次方程，并找到相应的关系； 5. 画一元二次函数图像，带领学生寻找满足一元二次不等式对应的符合实际情况的解集	从具体到抽象，形成概念. 运用概念，引入解法思考；培养学生知识的运用与迁移能力，完成对一元二次不等式解法的初步构建
	（三）概念总结	**深入探究，归纳解法** 1. 由特殊到一般： 一元二次不等式的解与其相应的一元二次方程的根及二次函数图像有关，即由抛物线与 x 轴的交点可以确定对应的一元二次方程的解和对应的一元二次不等式的解集. 2. $a>0$，研究一元二次不等式的解集	1. 通过上述实例，引学生思考一元二次函数与一元二次不等式，一元二次方程的关系； 2. 教师发布任务： ①画 $a>0$ 时一元二次函数的图像(隐藏任务：图像有几种情况得到 $\Delta=b^2-4ac$ 的分类) ②小组合作，分组观察函数图像，形成自己的看法，填写表格并展示讲解； 3. 教师作最后点评，并作梳理总结；引出实例	由特殊到一般，由实例抽象知识，引导学生思考问题 小组合作互助探究，体会数学的分类讨论，培养其数形结合的数学思想和逻辑推理能力. 突出教学重点

方程或不等式	解集		
	$\Delta>0$	$\Delta=0$	$\Delta<0$
函数图像			
$ax^2+bx+c=0$			
$ax^2+bx+c>0$			
$ax^2+bx+c\geqslant0$			
$ax^2+bx+c<0$			
$ax^2+bx+c\leqslant0$			

续表

教学环节		教学内容	师生活动	设计意图
课中	（四）例题讲解	**例题示范、巩固加深** **例 1** 利用二次函数的图像解下列一元二次不等式. (1) $x^2-3x-4>0$； (2) $x^2-9<0$； (3) $x^2-6x+9<0$. **练习** (1) $x^2-3x-4<0$； (2) $x^2-2x+3>0$ **思考拓展：**（可以课后思考） (1) $-x^2+3x+4<0$； (2) $x^2-2x+3>0$	1. 示范解一元二次不等式，学生思考理解； （例题设置：方程有两解与只有一个解） 引导学生学会观察函数图像，利用表格结论. 2. 布置任务：小组完成练习，教师观察指导，发现问题及时指导，抽选演示，对演示的同学进行点评.（在学生展示教学过程中，强化函数图像，利用学生解题时的失误强调易错点，强化一元二次不等式解题步骤） 3. 教师提出思考题，引导学生学会变通，灵活运用知识	示范讲解、规范解题. 实例感知数形结合的数学思想方法解决问题. 通过练习巩固解题步骤，教师指导解惑.抽选演示，发现问题并解决学生难点；突破难点，完成教学目标.思考题突破常规，进一步深化理解知识
	（五）梳理小结	**课堂小结** 1. 总结一元二次不等式解集. 解一元二次不等式的步骤. ①化二次项系数 a 为正数； ②求 $\Delta=b^2-4ac$ 的值； ③求 $ax^2+bx+c=0$ 的实数根； ④结合图像，写一元二次不等式解集（心中有图）. 2. 今天懂的知识，不会或模糊的知识. 3. 我的体会	1. 教师引导学生回忆本节课的内容； 2. 梳理一元二次不等式求解步骤； 3. 学生进行书面整理，标出已掌握与未掌握的知识	总结梳理、形成文字，培养学生总结反思学习过程的能力
	（六）巩固提升	**布置作业** 《学习指导与能力训练》：必做 2.3.2 一元二次不等式水平一； 选做：①完成思考拓展； ②2.3.2 一元二次不等式水平二	播放作业 学生记录作业	分层作业，可以让学生自主选择，加深对一元二次不等式解法的理解
课后拓展		**运用成果，解决实际问题** 举例生活中哪些实际问题可以用一元二次不等式解决	学有余力的学生思考此问题	拓展思考的延伸，训练学生数学思维

10. 教学反思

本节课知识关联性强，需要掌握的前情知识较多，学生学习必须具有主动性，培养学生一元二次函数的画图与读图能力，形成数形结合的数学思想．教学设计从教学过程看，立足教材，首先课前做好基础知识准备工作，课中以引导、提问串联教学，适当点评、及时纠正，适时归纳总结，分层作业与拓展更具合理性，过程完整．从学生学习过程来看，相对教师的"讲"，更注重学生的"学"，放手让学生探讨、分析问题，培养学生利用已有的知识和方法来解决新问题的能力，这有利于学生学习方法与思维习惯的养成．小组合作，知识互补，合作交流，形成严谨的知识体系的同时，又增加团队意识．反思归纳总结，培养学生分析、总结、概括的能力．从教学方法与策略来看，借助二次函数、一元二次方程和一元二次不等式的关系，渗透数形结合的数学思想，将抽象的数学概念建立在直观的形象思维上，培养学生逻辑推理、直观想象等核心素养．从教学效果来看，本节课学生学习积极性强，教学目标完成情况较好，重点明确，难点突破，学生直观体会到数学的实际作用．

有待改进：1. 总体来说教学设计还是比较传统，学生不够大胆，可能会导致课堂任务完成度和效果不同，因此不同班级在时间安排上需要有所变化；2. 如果基础知识理解不够，则不同层次的学生进一步理解利用图像法解一元二次不等式的效果不同，一次性让所有学生掌握一元二次方程的解法很难实现，关注全部学生也很难做到，基于此，前期的知识准备工作要充分，学生多练习一元二次函数图像的画法与一元二次方程的求解．

（二）文献资源参考

1. 参考书目

[1]中华人民共和国教育部. 中等职业学校数学课程标准（2020 年版）[M]. 北京：高等教育出版社，2020.

[2]彭翕成，杨春波，程汉波. 不等式探秘[M]. 长沙：湖南科学技术出版社，2015.

2. 参考文章

[1]朱婷婷，黄智华. 类比探究 提升素养——以"不等式的基本性质"为例[J]. 中学数学教学参考，2021(19)：45-47.

[2]张琦，郭文华，胡慧慧. 初高中内容衔接视角下的数学核心素养培养策略——以"二次函数与一元二次方程、不等式"的教学为例[J]. 中小学数学（高中版），2021(12)：11-15.

[3]简单的一元二次不等式恒成立问题[J]. 新世纪智能，2021(86)：43-44.

[4]简单的一元二次不等式有解问题[J]. 新世纪智能，2021(86)：45-46.

[5]郭芳丽. 绕开分类讨论 优化解题过程——例说绝对值不等式的几种巧解方法[J]. 高中数学教与学，2022(1)：29-30.

[6]邓超. 如何求解含绝对值的不等式问题[J]. 语数外学习（高中版上旬），2021(6)：41.

[7]焦宇. 浅数学建模进入中学数学课堂的思考[J]. 中学数学教学参考. 2019(1)：16－18.

3. 参考数字化资源网站

[1]中国数学资源网.

[2] 网易公开课.

[3] GeoGebra-数学教学软件官方网站.

(三)数学文化拓展

世界上最大的单位：无穷大[①][②]

无穷大或无限大，数学符号为∞. 来自拉丁文的"infinitas"，即"没有边界"的意思. 在数学方面，无穷与下述的主题或概念相关：数学的极限、阿列夫数、集合论中的类、戴德金的无限群、罗素悖论、超实数、射影几何、扩展的实数轴以及绝对无限. 最早关于无限的记载出现在印度的夜柔吠陀(前1200—前900). 书中说："如果你从无限中移走或添加一部分，剩下的还是无限."印度耆那教的经书《Surya Prajnapti》把数分作三类："可计的""不可计的"及"无限". 每一类再细分作三序分：可计的，含小的、中的与大的；不可计的，含接近不可计的、真正不可计的与计无可计的；无限的，含接近无限、真正无限与无穷无尽. 这是在人类记载上第一次出现无限也可以分类这一个说法.

古希腊哲学家亚里士多德(Aristotle，前384—前322)认为，无穷大可能是存在的，因为一个有限量是无限可分的，是不能达到极点的，但是无限是世界上公认不能达到的. 但是极端在理论上是科学所接触不到的. 约10个世纪以前，一位印度的数学家布哈斯克拉正式提出了无穷大的概念，并且将其进一步理论化. 之后，英国人沃利斯设计出了无穷大的符号，并将其作为单位.

莫比乌斯带经常被认为是无穷大符号的创新来源. 1858年，德国数学家莫比乌斯(Mobius，1790—1868)和约翰·李斯丁发现：把一根纸条扭转180°后，两头再粘接起来做成的纸带圈，具有魔术般的性质. 普通纸带具有两个面(即双侧曲面)，一个正面，一个反面，两个面可以涂成不同的颜色；而这样的纸带只有一个面(即单侧曲面)，一只小虫可以爬遍整个曲面而不必跨过它的边缘. 这种纸带被称为"莫比乌斯带". (也就是说，它的曲面只有一个)

对无穷大符号"∞"，现在的人们赋予了更多的文化：一路走下去，永不停止，这种美好的解读被运用于珠宝设计中，寓意永无穷尽的爱情——钻戒；建筑师以设计一个可持续性的建筑结构为目标，来挑战传统的建筑建造思维，并试图突破既有的设计和建筑形态定式；企业持续发展的美好愿景；产品品质的无限坚持；对客户做到尽心服务；对消费者做到永恒承诺——企业Logo.

无穷大符号的不同寓意

---

① [美]乔治·伽莫夫/著，陈子鹏/译：《从一到无穷大》，3-29页，广州：广东科技出版社，2021.

② 程小红，刘效丽，林玲，刘月艳：《沃利斯的〈无穷算术〉研究》，载《数学的实践与认识》，2012(24).

第三单元　函　数

一、课程定位

(一)主题介绍

中等职业学校数学课程基础模块由基础知识和三个主题知识(函数、几何与代数、概率与统计)构成,其中函数主题是学习基础知识的拓展延伸内容,它贯穿了整个中职数学课程,是进一步学习数学的重要基础内容.函数主题包含函数、指数函数与对数函数、三角函数三个单元,能有效衔接小学、初中与中职的数学学习.函数是基础模块中函数主题的基本内容,如图 3-1 所示.

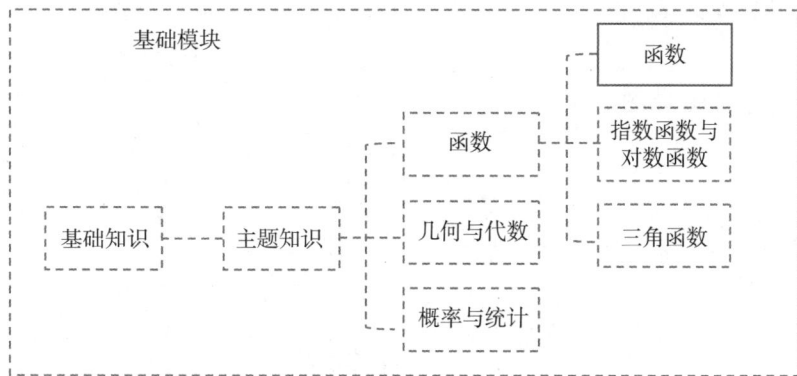

图 3-1　数学课程基础模块知识结构

(二)单元定位

函数是描述客观世界中变量关系和规律的最基本的数学语言和工具.函数是现代数学中最基本的概念,是贯穿中职数学课程的主线,本单元的内容是中职数学函数主线的基础内容,是后续学习指数函数、对数函数和三角函数等函数的基本.本单元的学习能帮助学生:建立完整的函数概念,用集合语言和对应关系刻画函数,并根据具体问题情境的需要选择恰当的方法表示函数,用数学语言定量刻画函数的性质;了解研究函数的内容和思想方法,用函数模型解决简单的实际问题,不断积累发现问题、提出问题、分析和解决问题的活动经验.函数贯穿小学、初中和中职整个数学体系,该部分内容通过函数概念的抽象概括、函数概念的理解、表示方法的合理选用、性质的刻画以及函数的应用学习,培养和提升学生数学抽象、直观想象、逻辑推理、数学运算、数学建模等核心素养.

二、教学要求

本单元内容包含函数的概念、函数的表示方法、函数的单调性及奇偶性和函数的应用. 完成教学约需 12 学时，具体要求和学时分配建议见表 3-1.

表 3-1　具体要求和学时分配建议

主要内容	内容要求	学时分配
3.1 函数的概念	理解用集合语言和对应关系定义的函数概念	2 学时
3.2 函数的表示方法	理解函数表示的解析法、列表法和图像法； 理解分段函数的概念	3 学时
3.3 函数的单调性和奇偶性	理解增函数、减函数、奇函数、偶函数的定义与函数图像的几何特征； 初步掌握函数单调性和奇偶性的判定方法	4 学时
3.4 函数的应用	初步掌握从实际问题中抽象出分段函数模型解决简单实际问题的方法	2 学时
灵活安排	复习与小结	1 学时

三、教材分析

(一)单元知识导图

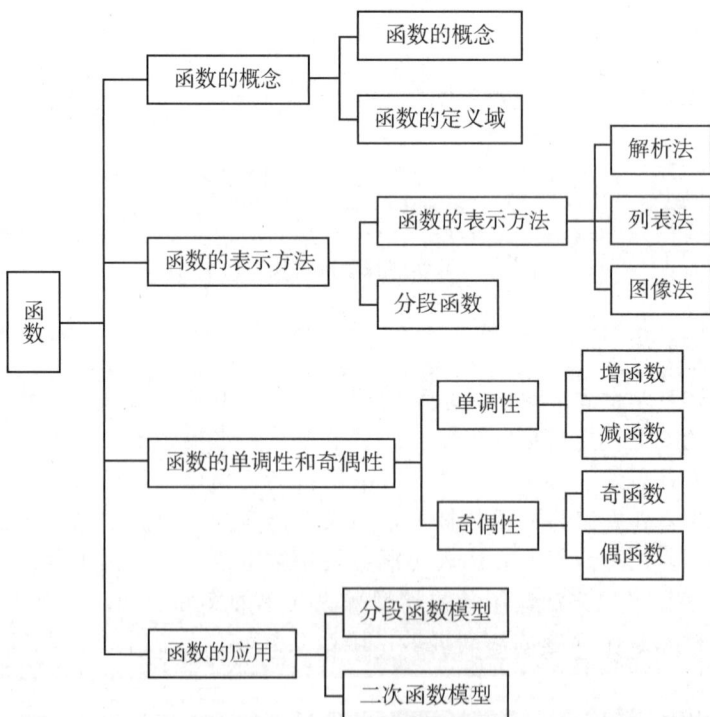

图 3-2　第三单元知识导图

(二)教材编写思路

教材对函数单元内容的编排,体现了学习函数的基本方法和路径,即以"现实情境—抽象函数概念—函数的表示方法—函数的性质—函数的应用—函数知识拓展—函数知识小结—函数知识检测"为主线.教材从我国发射北斗导航卫星、中国高铁建设总里程、体温变化、商品销售等多个现实生活情境入手,从集合和对应关系的视角分析、归纳共性,逐步抽象概括函数的概念,认识构成函数的三个要素(定义域、对应关系和值域),介绍函数的定义域和值域;通过生活实例引导学生体会函数的三种表示方法(解析法、列表法和图像法)的不同特点,能根据不同的问题情境选择恰当的方法表示函数,通过城市地铁收费理解分段函数的概念,以我国阶梯电价收费来了解分段函数的简单应用;分析具体的函数图像变化规律,逐步抽象出函数单调性、奇偶性的概念,使学生逐步从能用文字语言、图表语言描述过渡到用符号语言刻画函数的单调性、奇偶性,建立函数"形"与"数"的联系,从定性过渡到定量的刻画,类比研究、学习函数的单调性和奇偶性,体会从具体到抽象、从特殊到一般的研究函数的路径和思想方法;通过生活实例研究分段函数模型和二次函数模型的实际应用,让学生体验建立数学模型解决实际问题的过程与方法,逐步积累用函数的思想方法发现问题、分析问题和解决数学问题的活动经验;"数学园地"栏目讲述了函数概念及符号的形成与发展历史,从中学生可以了解函数概念由"变量说"到"集合的对应说"以及符号的演变过程,沁润数学文化教育;单元小结通过学习导图,总结归纳函数单元知识内容,对函数的概念、函数的表示方法、函数的单调性和奇偶性以及函数的实际应用等重点内容进行学习指导;最后教师可通过两种水平的单元检测题来评价学生的学业质量.

(三)单元教学目标

知识目标:在用变量之间的依赖关系描述函数的基础上,理解用集合的对应关系定义的函数概念,了解构成函数的三要素,能求简单函数的定义域;能结合生活实例认识函数的三种表示方法,并能根据不同的情境选择恰当的方法表示函数关系;通过具体实例理解分段函数的概念,了解分段函数的简单应用;能借助函数的图像认识函数的单调性和奇偶性,并能用函数的单调性和奇偶性的定义判断函数的性质;能根据具体的情境,选择恰当的函数模型表达函数关系,并通过运算、推理得出的结论解决情境中的实际问题.

能力目标:经历从具体问题中抽象出函数的相关概念、函数的三种表示方法,函数的性质研究以及函数的应用等过程,逐步习惯于使用数学语言表达数学问题、用图形表示客观事物的变化规律,体会从具体到抽象、从特殊到一般的研究函数的过程和方法,体会从感性到理性的升华,感受数学的语言美、简洁美、逻辑美,提升思维能力和语言表达能力;借助函数图像理解函数的单调性和奇偶性,利用直观图形表达抽象的数学对象、研究函数"数"与"形"的关系,提高数学抽象、直观想象、数学运算、逻辑推理等核心素养;能在实际问题中表示函数关系,并应用函数的思想方法解决实际问题，提高数学建模素养.

素养目标：结合生活实例，选择适当的数学模型解决实际生活问题，培养数学的应用意识和应用能力，通过对教材中融入的中国经济建设和科技发展、能源节约等方面素材的阅读，感受祖国的日渐强大，树立民族自豪感，培养热爱祖国、懂得感恩、乐于助人的道德情操，养成勤俭节约的好习惯和求真务实的科学精神.

(四)单元重难点

重点：理解函数的概念，求函数的定义域；掌握函数的表示方法，理解分段函数的概念；理解函数的单调性和奇偶性的概念并掌握它们的判定方法；应用分段函数和二次函数模型解决实际问题.

难点：对函数符号 $y = f(x)$ 的理解，对分段函数概念的理解，用函数的单调性和奇偶性的定义判断函数的单调性和奇偶性，二次函数模型求最值的实际应用.

四、教材教学建议

3.1 函数的概念

(一)教学准备

1. 教师授课前，学生应储备以下知识：初中函数的概念、函数的定义域；求代数式的值；分式和偶次根式有意义的条件；实数的运算法则；集合的表示方法.

2. 教师授课前准备生产生活中学生熟悉的函数案例素材，例如：截至 2020 年 7 月我国每年发射的北斗卫星、果农从电商平台销售水果、蓄水池注水、和谐号动车组列车运行等视频；本城市某天 24 h 的气温变化图、全国 GDP 等图片. 建议收集反映时代发展、国富民强等及与生活实际或专业学习相结合的素材. 准备可绘制初中正比例函数、反比例函数、一次函数、二次函数等图像的计算机绘图软件或几何画板.

(二)教学内容

本节主要内容是函数的概念及符号表示、函数的三要素、任意自变量的函数值和函数的定义域.

(三)教学目标

1. 在初中函数的概念基础上从集合之间元素的对应关系的视角进一步认识函数的概念，能辨别一个对应关系是不是函数，并能举例说明生活中的函数实例.

2. 认识构成函数的三要素，理解函数符号 $y = f(x)$ 的含义.

3. 能根据函数的对应关系求函数的值，会求简单函数的定义域、值域，掌握求函数定义域的方法和步骤.

4. 经历从多个具体情境中归纳共性，体会用集合语言和对应关系描述函数概念的过程和方法,培养抽象概括能力,提升数学抽象素养,树立求真务实的思维品质和遵循规则的意识.

(四)教学重难点

重点:理解用集合语言和对应关系定义的函数概念,求函数的定义域.

难点:理解函数符号 $y=f(x)$ 的含义.

(五)教学提示

序号	教学提示
1	函数概念是初等数学的重要概念之一,函数思想方法是现代数学研究客观事物的重要思想方法,函数是描述规律的基本模型,也是解决很多问题的重要工具,它在日常生活、工作和生产实践中有着广泛应用. 在小学阶段,数学教材中虽没正式出现变量和函数的概念,但在工程问题、行程问题、销售问题、周长、面积等已渗透函数的思想;在初中阶段,引入常量与变量的概念,从具体的情境中认识函数,建立变量依赖关系的函数概念;中职阶段,用集合语言和对应关系来刻画函数的概念. 在教学时,教师应注重初中与中职阶段知识的衔接,帮助学生建立学习自信,引导学生积极参与,提高学习效率. 教师可以结合数学园地或其他文献资料帮助学生了解函数的发展史,了解函数概念从几何、代数、对应关系、集合的角度不断被赋予新的思想,教师可以结合其他文献资料帮助学生深入了解函数的概念,落实数学文化的教育
2	教材章头图和序言主要包含四部分内容. 一是给出了截至 2020 年 7 月我国发射的北斗卫星、脱贫攻坚、中国高铁、生活中购物等熟悉的案例,既是作为一个重要素材发现这些客观事物变化的共同特征,感知函数. 也是融入爱国主义教育、感恩教育等的思政素材;二是介绍了函数知识的学科地位以及特点,概括起来是重要基础内容、重要语言工具、函数的思想方法、函数知识应用的重要性和广泛性;三是介绍本单元主要内容以及数学育人价值,重点体现在培育数学直观想象、数学抽象、数学运算、数学建模、逻辑推理等核心素养;四是依据课程标准明确本单元学习目标,分为了解、理解、初步掌握和掌握四个层次
3	在初中阶段,函数的概念是从变量之间的依赖关系的视角,对简单实例中的数量关系和变化规律进行归纳概括得到的,也称"变量说"的概念;在中职阶段,函数的概念是从集合间的对应关系的视角重新定义的概念,它赋予了函数概念新的含义. 教材通过观察 3 个情境案例,让学生自主发现它们的共性,并归纳:一是都包含两个非空数集,可用 A,B 表示;二是数集之间存在一个对应关系;三是对于集合 A 中的每一个数在集合 B 中都有唯一确定的数与之对应,突出"每一个"和"唯一确定"的关键词,然后用集合语言从对

序号	教学提示
	应关系的角度重新抽象概括函数的概念. 教材引导学生结合初中的函数概念,用文字语言对函数概念进行描述:"一般地,设 A,B 是非空数集,如果存在一个对应关系 f,使对于集合 A 中的每一个数 x,在集合 B 中都有唯一确定的数 y 和它对应,那么就把对应关系 f 称为定义在集合 A 上的一个函数". 在教学时,教师应注重初高中知识衔接,帮助学生建立学习自信,引导学生积极参与,提高学习效率. 教材第 3.1 节中,例 1 是帮助学生用函数的概念描述函数关系的实例,教师可多举生活中的函数的案例,或者让学生用集合的语言描述小学、初中已经学习过的函数或生活中的函数实例,使学生对函数概念有进一步的理解,提高学生的语言表达能力和抽象思维能力
4	引导学生体会函数概念由文字语言转化为符号语言表示的过程,深入理解函数的数学符号"$y=f(x)$,$x\in A$",这部分内容也是学生理解的一个难点,建议教师在教学时可从以下几个方面引导学生理解:(1)符号"$y=f(x)$,$x\in A$"中的 f 只是一个函数的符号而已,表示的是对应关系,而不同的对应关系可用另外的字母 h,m 等表示;(2)$y=f(x)$,$x\in A$ 与 $y=g(x)$,$x\in A$ 表示不同的函数对应关系,表示不同的函数;(3)区别 $f(a)$ 与 $f(x)$,前者表示自变量 a 对应的函数值 $f(a)$,是一个常数值,而后者是自变量 x 的函数,一般情况下它是一个变化的值;(4)区别 $f(2)=3$ 与 $f(x)=3$,前者表示自变量为 2 所对应的函数值是 3,后者表示自变量 x 无论取何值,都只有唯一的对应结果 3,教师可追问 $f(x^2)=?$,使学生加深对函数概念的理解
5	教材第 3.1 节中,例 2 根据函数对应关系求函数的值,与初中求代数式的值类似,旨在使学生加深对函数符号 $y=f(x)$ 和函数对应关系的理解,通过计算 $f(-x)$,$f(a+1)$,$f(f(-2))$,教材随堂练习和习题旨在使学生进一步理解函数的概念、组成函数的三要素,巩固根据函数对应关系求函数值的方法,初步见识分段函数及有逆向思维和整体代换思想的题,为后面学习函数的性质等作铺垫
6	教材从集合与对应的视角描述函数概念,在探索问题中渗透函数的思想方法,首先是引导学生观察变量之间的对应关系(唯一确定性);其次由实例观察知,这些对应关系建立于两个非空集合之间,分别用等量关系式、表格和图示表示两个数集之间的变化规律,既揭示了函数概念的本质,又蕴含了函数的三种表示法,为后面学习函数的表示方法作铺垫. 建议教师例举初中的正比例函数、反比例函数、一次函数和二次函数,分别说出这些函数的定义域、对应关系和值域. 教材第 3.1 节中,例 3 和随堂练习都有关于描述函数关系的实例,学生通过对实例的练习可加深对函数概念的理解

续表

序号	教学提示
7	教师在教学时可设置问题情境：当定义域相同，对应关系不同时，函数的值域是否相同？当定义域不同，对应关系相同，函数的值域是否相同？引导学生分析理解组成函数的三个要素是定义域、对应关系和值域，并且发现值域是由函数的定义域和对应关系决定的，帮助学生理解函数的概念以及定义域为函数不可缺少的部分，从而学会判断两个函数是否是同一函数的方法，使学生进一步全面理解函数的概念
8	求函数的定义域就是求自变量 x 的取值范围．教材第 3.1 节中，前 3 个例题主要是示范求函数定义域的方法和书写规范．例 4 和例 5 是强调求函数定义域时需考虑自变量 x 的客观实际背景或符合实际意义；例 6 主要是强调函数的自变量 x 需满足代数式的运算有意义的取值范围，如(1)分式的分母含有自变量的函数，(2)偶次根式下含有自变量的函数等．而当一个函数里包含有多个限制条件时，所求函数的定义域是各部分自变量取值范围的交集．教师可以例举多个生活中的函数实例，求函数的定义域，也可以引导学生回顾一次函数、反比例函数、二次函数的定义域，以及它们的解析式、图像性质，为后面学习指数函数、对数函数和三角函数等奠定基础
9	习题 3.1 设计分为两种层次，水平一重点检测学生对函数概念的理解、求函数的值和简单函数的定义域学习，提升学生数学抽象和数学运算等核心素养；水平二主要检测学生对函数概念的深入理解、求较复杂些的函数定义域的情况，训练学生灵活运用的函数知识解决问题的能力、巩固解不等式(组)的运算能力，提升学生数学运算素养

(六)课程思政设计

1. 在函数的概念抽象或理解教学中，可设计引入我国发射神舟飞船、北斗导航卫星、高铁建设、脱贫攻坚等体现在中国共产党的领导下，我国经济发展、科技领先、国富民强的素材案例，激发学生的民族自豪感，渗透爱国主义教育．

2. 在理解函数概念三要素教学中，可设计有关遵纪守法、遵守规章制度等的案例，融入自觉遵守国家法律法规、遵守学校规校纪，养成良好行为规范、道德情操、爱岗敬业等优良品格，培养职业道德，树立遵从规则的意识．

(七)习题答案

合作交流

将"$a+1$"作为整体代入 $f(x)$ 中得 $f(a+1)=3(a+1)^2-1=3a^2+6a+2$；对于 $f(f(-2))$，则先计算 $f(-2)=3(-2)^2-1=11$，那么 $f(f(-2))=f(11)=3\times11^2-1=362$．

随堂练习

1.$(1)f(2)=2^2-4\times2+3=-1$;$(2)f\left(\dfrac{1}{2}\right)=\sqrt{2\times\dfrac{1}{2}+2}=\sqrt{4}=2$,$f(-1)=\sqrt{2\times(-1)+3}=$ $\sqrt{1}=1$,$f(3)=\sqrt{2\times3+3}=\sqrt{9}=3$;$(3)f(t)=2t-1$,由$f(5)=2\times5-1=9$,得$f(f(5))=f(9)=$ $2\times9-1=17$.

2.是,函数的定义域是$[0,4]$,对应关系是$f(x)=200x$,值域是$[0,800]$.

随堂练习

1.$(1)y=60x$,$\{x\mid x\geqslant0\}$;$(2)y=\pi x^2$,$\{x\mid x>0\}$;$(3)\{0,1,2,3\}$,$\{3,5,7,9\}$.

2. $(1)\left\{x\mid x\neq\dfrac{2}{3}\right\}$;$(2)\{x\mid x\leqslant4\}$;$(3)\{x\mid x\neq\pm3\}$;$(4)$要使原函数有意义,必须满足 $\begin{cases}1-x\geqslant0,\\x+4\geqslant0,\end{cases}$解得$-4\leqslant x\leqslant1$,所以函数的定义域是$\{x\mid-4\leqslant x\leqslant1\}$;$(5)$要使原函数有意义,必须满足 $\begin{cases}3x-6\geqslant0,\\x-5\neq0,\end{cases}$解得$x\geqslant2$且$x\neq5$,所以函数的定义域是$\{x\mid x\geqslant2$且$x\neq5\}$.

3. 由题知$x\in\mathbf{N}$,且$100-3x\geqslant0$,解不等式得$x\leqslant\dfrac{100}{3}$,所以函数的定义域是$\Big\{x\mid x\leqslant\dfrac{100}{3}$,$x\in$ $\mathbf{N}\Big\}$(或写作$\{x\mid x\leqslant33,x\in\mathbf{N}\}$).

习题 3.1

水平一

1.(1)B;(2)A.

2.$(1)5$,$1\,500$;$(2)\{x\mid0\leqslant x\leqslant4\}$,$\{y\mid0\leqslant y\leqslant5\}$;$(3)$①$-27$,②$5$.

3.$(1)x$的变化范围是数集$A=\{1,2,3,4,5,6\}$,y的变化范围是数集$B=\{30,35,37,40,$ $52\}$,对于数集A中的任一月份,根据表3-3所给定的对应关系,在数集B中都有唯一确定的金额数 与之对应,所以手机充值金额是月份的函数.

(2)①$\{x\mid x\neq1\}$;②由$\begin{cases}x+3\geqslant0,\\2-x\geqslant0,\end{cases}$解得$-3\leqslant x\leqslant2$,所以$\{x\mid-3\leqslant x\leqslant2\}$;③由$x^2-5x+6\geqslant$ 0解得$x\leqslant2$或$x\geqslant3$,所以$\{x\mid x\leqslant2$或$x\geqslant3\}$.

水平二

1.(1)由题得$2\times(-1)+b=5$,解得$b=7$;$(2)f(-1)=2-(-1)=3$,$f(f(-1))=f(3)=3^2-3=$ 6;(3)因为$f(t-1)=4t+7=4(t-1)+11$,所以$f(x)=4x+11$,则有$f(2)=4\times2+11=19$.另解: 由$t-1=2$得$t=3$,则$f(2)=4\times3+7=19$.

2.(1)要使原函数有意义,必须满足$x^2-16\geqslant0$,解得$x\leqslant-4$或$x\geqslant4$,所以函数的定义域是$\{x\mid$ $x\leqslant-4$或$x\geqslant4\}$;(2)要使原函数有意义,必须满足$x^2-3x>0$,解得$x<0$或$x>3$,所以函数的定义 域是$\{x\mid x<0$或$x>3\}$;(3)要使原函数有意义,必须满足$\begin{cases}5-\mid3x-1\mid\geqslant0,\\x-2\neq0,\end{cases}$即$\begin{cases}\mid3x-1\mid\leqslant5,\\x\neq2,\end{cases}$解 得$\begin{cases}-\dfrac{4}{3}\leqslant x\leqslant2,\\x\neq2,\end{cases}$所以函数的定义域是$\Big\{x\mid-\dfrac{4}{3}\leqslant x<2\Big\}$.

3.(1)要使原函数有意义,必须满足$x^2-4x+3\geqslant0$,解得$x\leqslant1$或$x\geqslant3$,所以函数的定义域是

$\{x \mid x \leqslant 1 \text{ 或 } x \geqslant 3\}$；(2)因为 $f(5) = \sqrt{5^2 - 4 \times 5 + 3} = \sqrt{8} = 2\sqrt{2}$，$f(3) = \sqrt{3^2 - 4 \times 3 + 3} = 0$，所以 $f(5) > f(3)$；(3)因为 $f(x) = \sqrt{x^2 - 4x + 3} = \sqrt{(x-2)^2 - 1}$，且 $\{x \mid x \leqslant 1 \text{ 或 } x \geqslant 3\}$，所以当 $x = 1$ 或 $x = 3$ 时，函数值最小，且为 $f(1) = f(3) = 0$，函数无最大值. 所以函数的值域是 $[0, +\infty)$.

3.2　函数的表示方法

(一)教学准备

1. 教师授课前，学生应储备以下知识：函数的有关概念，绘制函数图像的方法和步骤，列代数式的方法.

2. 教师授课前准备有关函数关系的案例素材，需预备分别用一种、两种、三种方法均可以表示的函数素材或学生熟悉的简单案例素材，便于学生认识三种表示方法的优势与不足，帮助学生分析理解如何根据不同的情境选用适当的方法表示函数关系.

(二)教学内容

本节主要内容是函数的三种表示方法、分段函数的概念及简单应用.

(三)教学目标

1. 能结合生活情境，从解析式中变量间的依赖关系、表格中数量之间的对应关系和函数图像的几何直观三个方面整体认识函数的概念，学会函数的三种表示方法.

2. 能分析具体情境中数量间的对应关系，并选用恰当的方法表示函数，会用描点法画出给定函数的图像.

3. 能通过实际问题理解分段函数的含义，了解分段函数的定义域和值域以及分段函数的简单实际应用.

4. 会从具体的情境中抽象出数学问题，选用恰当的方法表示函数，培养用数学符号语言、图形语言、表格语言描述函数的能力，提升数学直观想象、数学抽象等核心素养.

(四)教学重难点

重点：能从实际情境中抽象出数学问题，建立变量之间的函数关系，并用恰当的方法表示函数，能用描点法画出简单函数的图像.

难点：理解分段函数的概念.

(五)教学提示

序号	教学提示
1	函数的三种表示方法(解析法、列表法和图像法)分别用数学语言、表格语言和图形语言描述函数，进一步强化函数的概念. 而且这三种表示方法广泛运用于数学领域和实际生活、生产中，是学习、探究函数性质的重要载体；

序号	教学提示
	三种方法各有优势和不足,应根据具体的情境选用恰当的方法表示函数.分段函数是一个在自变量不同的取值范围内有不同的对应关系的函数,把它放在本节,既符合本节函数表示方法的背景,易于让学生认识和理解分段函数的概念,又有利于学生整体认识函数的表示方法,同时也为后面分段函数的实际应用作铺垫
2	教材从第 3.1 节"观察思考"的 3 个情境涉及的变量之间函数关系出发,介绍函数的表示方法:解析法、列表法和图像法.教材在学生初中阶段学过用解析式和图像表达函数关系的基础上,通过熟悉的生活情境帮助学生从分析函数的解析式中变量间的依赖关系、表格中数量之间的对应关系和函数图像的几何直观三个方面整体认识函数的概念,引导学生理解函数 $y=f(x)$,对于定义域内的任意 x,在对应关系 f 作用下得到 $f(x)$,对应关系 f 可用一个代数式表示,也可用表格或图像等表示,引导学生从感性认识到理性认识,体会用数学语言、表格语言、图形语言符号来描述函数的过程,培养学生数学抽象、直观想象等核心素养
3	教材第 3.2.1 节中,例 1 选用学生熟悉的情境,用解析法表示两个变量之间的数量对应关系(汽车直线匀速行驶的路程与时间的函数关系),此时应强调注明定义域,如果没有特别指出,则 x 的取值范围是全体实数,即 $x\in\mathbf{R}$.从而说明函数解析式中自变量 x 需满足实际情境的需要.教学时教师可设计问题情境 1:是否可以用表格或图像表示函数?拓展学生的思维空间,激发学生的学习兴趣,让学生体验到用解析法表示函数关系能简明、准确、完整地反映两个变量之间的关系,感知解析法的优势.教师还可以设计问题情境 2:通过解析式能否直观看出函数的变化规律和求出任意一个自变量所对应的函数值?引导学生学会独立思考,感知解析法中符号语言的简洁美、逻辑美,从而让学生发现解析法表示函数的优势与不足,使学生初步学会建立变量间的函数关系式,为后面建立函数模型奠定基础
4	教材第 3.2.1 节中,例 2 选用与生活息息相关的电商销售案例,旨在用表格直观表示销售额与年份两个变量间的对应关系,一方面体现了表格语言的直视性(优势),另一方面也体现了用表格表示变量关系的局限性(劣势).在初中,用描点法画函数的图像时第一步就是列表,而且每个自变量的函数值是通过函数解析式计算出来.教师通过本案例引导学生分析思考:(1)用表格表示的函数关系是否能用解析式表示变量之间的关系?(2)从表格中能否观察出这个函数的变化规律?感知列表法的直视性,从而让学生感知列表法表示函数的优势与不足,初步认识用列表法表示函数的适用情境,为能用恰当的方法表示函数奠定基础

续表

序号	教学提示
5	函数的图像是表达函数关系的一种特殊语言. 根据函数的定义可知, 与 x 轴垂直的直线, 与函数的图像只能有一个交点, 如果有两个或两个以上的交点, 说明它不是函数的图像. 教师可以借助函数的图像进一步加深学生对函数概念的理解, 培养学生直观想象素养. 教材第 3.2.1 节中, 例 3 是从生活实际情境入手, 通过学生熟悉的超市购物, 一方面引导学生学会用解析法表示函数, 另一方面让学生动手画此函数的图像, 并发现函数图像是由离散的点组成, 让学生观察函数的图像初步感知函数的变化规律. 教学时教师可适当补充函数的图像为折线的、对称性的、重复的连续曲线的案例, 让学生感知不同的函数图像, 为后面学习分段函数、函数的奇偶性、周期性作辅垫. 教学时教师可设计问题情境: (1)用列表法能表示这个函数关系吗? (2)前一节情境 3 中气温 Q 是时刻 t 的函数, 能否分别用解析法、列表法表示? 引导学生发现: 用图像法表示函数的广泛性和重性; 有的函数只能用一种方法表示, 有的函数可用两种或两种以上的方法表示, 进一步加深学生对函数概念的理解. 教师可多举实例, 引导学生充分认识到这三种方法各自的优势和不足, 这样学生才能根据不同的具体情境选用恰当的方法表示函数, 教学时教师还可引导学生复习一次函数、反比例函数、二次函数的图像, 观察这些函数的图像的变化规律, 让学生初步感知函数的函数值随自变量 x 的增大而增大(或减小)变化的规律, 为后面学习函数的单调性作辅垫. 　　在学习中学生能体会到三种方法适用的情境: 解析法能够准确、完整地反映两个变量之间的关系, 通过解析式可求出任一自变量所对应的函数值; 列表法不需要计算就可看出表格中任一自变量所对应的函数值; 图像法能够直观形象地表示函数的局部变化规律, 并可预测它的整体变化趋势. 学生只有充分认识到这三种方法各自的优势和不足才能选用恰当的方法表示函数, 才能在面对实际情境时, 会根据不同的需要选择恰当的方法. 学习函数的表示过程也是渗透数形结合思想, 培养直观想象的重要过程
6	解析法和图像法在平时学习中占有很大的比重, 教材第 3.2.1 节中例 4 是函数图像为线段的案例, 旨在: 一方面让学生学会如何厘清变量间的函数关系列解析式, 为后面数学建模作辅垫; 另一方面说明如何确定自变量 x 需满足实际背景意义的取值范围. 教材随堂练习分别是用三种方法表示函数的练习, 让学生掌握用三种方法表示函数, 第 2 题第(2)问让学生体会函数的图像在实际生活中的应用, 能从函数图像中获取重要信息, 学会"看图说话"
7	分段函数的概念及简单应用部分, 教材以乘坐地铁的现实生活情境素材, 让学生观察思考后发现: 乘坐地铁的票价与乘坐路程之间是一个函数关系, 这种关系却不能用一个解析式来表示. 学生感知分段函数的问题背景和意义, 并抽象出分段函数的定义. 教材借助函数 $y=|x|$ 的图像和解析式用数形结合的方法帮助学生认识分段函数的概念, 培养学生直观想象素养. 教材用"特

教师用书

序号	教学提示
	别提示"帮助学生对分段函数概念进行正确理解，强调分段函数是一个函数，只是在同一个函数的定义域内，不同的取值范围内对应不同的函数关系，它的定义域是各个解析式的自变量取值集合的并集，其图像也比较特殊，有时它的图像不是连续的．在画分段函数的图像时，需根据 x 的取值范围确定端点的取舍（即端点是实心还是空心）．教师可补充出租车营运收费、居民用水和用气分档计费等帮助学生感知分段函数在实际生活中的广泛应用，初步感知用分段函数描述实际问题的意义，体验数学来源生活用于生活
8	教材第3.2.2节中，例1帮助学生进一步理解分段函数的概念，例2是以国家对居民用户施行电价阶梯收费为例，旨在帮助学生理解和解决为何分段、怎么分段的问题．教材以例2为素材，一方面鼓励节约用电，培养环保意识，有效融入课程思政元素；另一方面使学生初步学习分段函数的简单应用，为后面学习分段函数模型的应用作铺垫，分散了学习的难点．在教学时，教师可以结合"阶梯电价、水价、气价"政策或有关视频等资源给学生讲解，帮助学生体会"阶梯"的调节作用，理解分段的含义，强化节约、环保意识，养成良好的社会风尚．在合作交流中，设置了纳税金额的计算问题，帮助学生巩固分段函数知识，引导学生自觉遵守国家法律法规，有自觉依法纳税的意识．教材随堂练习中，第1题是分段函数求函数值的训练，帮助学生进一步理解分段函数，第2、第3题是分段函数的简单应用训练，为后面条件稍复杂的分段函数建模奠定基础
9	学生通过对函数的三种表示方法和分段函数的学习的概念能更全面理解函数的概念．学生通过本节学习初步学会用代数语言、表格语言、图像语言表达函数，强化数学抽象能力、表达能力，增强数学的应用意识和应用能力．教师在教学时，注意与前面函数的概念联系，可进行简单函数建模、解方程等综合的应用，为后续研究函数的性质和函数建模奠定基础
10	习题3.2分别从不同角度体现了解析法、列表法和图像法表示的函数，通过练习巩固三种表示方法和分段函数的概念理解，设计的情境有商品销售、快递运营、公交收费、居民家庭每月水费阶梯付费等，一是让学生体会函数表示方法在生活中的广泛应用性和重要性，二是引导学生强化节约用水的意识，三是分解了分段函数建模和二次函数建模求利润最值的难点

（六）课程思政设计

1. 在三种表示方法教学中，可设计引入我国发射北斗导航卫星、发射神舟飞船、高铁建设、我国基本消除贫困等体现国家经济、科技发展，国富民强的素材案例，渗透爱国主义教育；也可设计引入北京冬奥会、我国在抗击新冠肺炎等展示作为大国的风范以及全国人民的凝聚力的素材，培养学生的爱国情怀；也可以设计艾宾浩斯遗忘曲线、数学测试成绩统计表等素材，启发学生学会分析，合理制订学习和复习计划，养成良好的学习习惯.

2. 在分段函数的简单应用教学中，可设计居民用电、用水、用气等采用阶梯收费的素材，融入节约能源、保护环境的意识教育，引导学生养成勤俭节约、爱护大自然的好习惯. 也可设计在职场中的薪级工资、岗位工资、国家科技进步奖等素材案例，激发学生积极上进，感悟劳动光荣，学习大国工匠的精神.

（七）习题答案

3.2.1 函数的表示方法

合作交流

例 2 中的函数不能用解析法表示，例 3 中的函数可用列表法和解析法表示. 列表法能直观地表示两个变量之间的对应关系，解析法能准确、完整地反映两个变量之间的变化关系，图像法则能直观形象地表示函数的局部变化规律.

随堂练习

1.（1）$y=12x$，$x>0$；（2）$y=50-10x$，$0\leqslant x\leqslant 5$.

2.（1）

x/支	1	2	3	4	5	6	7	8	9	10
y/元	1.5	3	4.5	6	7.5	9	10.5	12	13.5	15

（2）4 h，9.5 h.

3.2.2 分段函数

合作交流

从 2019 年起国家征收个人所得税每月免征额调整为 5 000 元，其税率如表所示.

级数	全月应纳税所得额（计税金额）	税率（%）
1	不超过 3 000 元部分	3
2	3 000 元至 12 000 元的部分	10
3	12 000 元至 25 000 元的部分	20
4	25 000 元至 35 000 元的部分	25
5	35 000 元至 55 000 元的部分	30
6	55 000 元至 80 000 元的部分	35
7	超过 80 000 元的部分	45

如果年收入 12 万且没有其他扣除项，则应纳税所得额是 120 000−5 000×12＝60 000（元），那么个人年所得税税额是 36 000×3%＋24 000×10%＝3 480（元）；如果年收入 15 万且没有其他扣除项，则应纳税所得额是 150 000−5 000×12＝90 000（元），那么个人年所得税税额是 36 000×3%＋

54 000×10％＝6 480(元).

随堂练习

1.(1)$f(0)=0+1=1$, $f(3)=2\times3=6$; (2)$f(-1)=3\times(-1)-1=-4$, $f(4)=\sqrt{4}=2$; (3)$f(-1)=$ 2 020, $f(0)=2\,020$, $f(3)=8$; (4)因为$f(-1)=(-1)^2+3=4$, 所以$f(f(-1))=f(4)=\sqrt{2\times4+1}=$ $\sqrt{9}=3$.

2. (1)$y=6x$; (2)$y=\begin{cases}6x, & x<30\ 且\ x\in\mathbf{N},\\ 5x, & x\geqslant30\ 且\ x\in\mathbf{N}.\end{cases}$

3.(1)$40\times1.98+6\times2.15=92.1$(元)，所以小黄家8月应付燃气费是92.1元；

(2)$y=\begin{cases}1.98x, & 0\leqslant x\leqslant40,\\ 2.15x-6.8, & 40<x\leqslant50,\\ 2.5x-24.3, & x>50,\end{cases}$其图像如图所示.

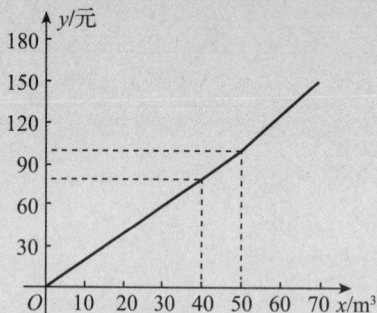

第3(2)题图

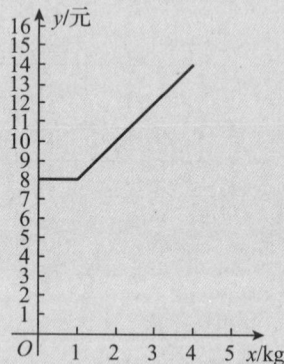

第3(3)题图

习题 3.2

水平一

1.(1)C；(2)C.

2.$y=7.2x$, $x\geqslant0$.

3.(1)$8+1.5\times2=11$(元)；(2)$f(x)=\begin{cases}8, & 0<x\leqslant1,\\ 2x+6, & x>1;\end{cases}$

(3)函数的图像如图所示.

4.(1)函数$y=f(x)$用列表法表示如下.

乘车站数 x/个	1	2	3	4	5	6	7	8	9
车费 y/元	2	2	2	2	2	2	4	4	4

(2)$f(x)=\begin{cases}2, & x\leqslant6\ 且\ x\in\mathbf{N_+},\\ 4, & 6<x\leqslant9\ 且\ x\in\mathbf{N_+};\end{cases}$

(3)函数$y=f(x)$的图像如图所示.

5.(1)$\{x\mid x\leqslant15, x\in\mathbf{N}\}$；(2)$y=0.2x+30$, $x\leqslant15$且 $x\in\mathbf{N}$；(3)$P=20x$, $x\leqslant15$且$x\in\mathbf{N}$.

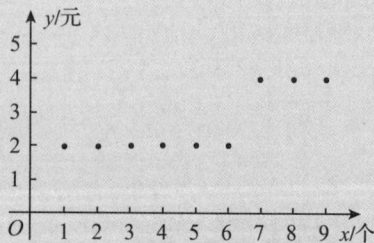

第4(3)题图

水平二

1.(1)因为 $f(0)=0$，$f(4)=12$，所以 $f(0)+f(4)=12$；(2)若 $x+2=3$，则 $x=1$ 与条件 $x\leqslant-1$ 不相符．若 $x^2=3$，则 $x=\pm\sqrt{3}$ 且 $-1<x<2$，则有 $x=\sqrt{3}$．若 $3x=3$，则 $x=1$ 与条件 $x\geqslant2$ 不相符．综上所述 $x=\sqrt{3}$．

2.(1)$10+16\times2=42$(元)；(2)$y=\begin{cases}10, & 0<x\leqslant4,\\2x+2, & x>4;\end{cases}$ (3)函数的图像如图所示．

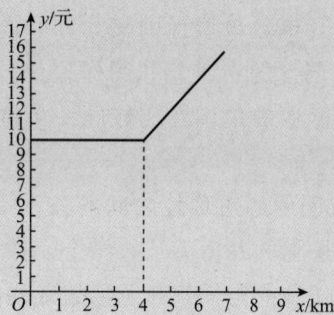

第 2(1) 题图

3.(1)小明家 8 月应付水费 $3.5\times13=45.5$(元)，小王家 8 月应付水费 $3.5\times15+4.5\times1=57$(元)；

(2)$y=\begin{cases}3.5x, & 0\leqslant x\leqslant15,\\4.5x-15, & x>15,\end{cases}$ 其函数图像如图所示；

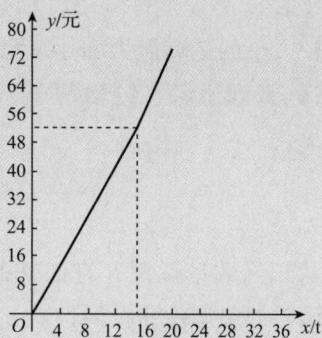

第 3(2) 题图

(3)因为 $66>3.5\times15=52.5$，所以 $4.5x-15=66$，解得 $x=18$，所以小李家 9 月用水量是 18 t．

3.3　函数的单调性和奇偶性

(一)教学准备

1. 教师授课前，学生应储备以下知识：函数的概念及符号表示，求定义域内任意自变量 x 所对应的函数值的方法，作差比较法，对称点的坐标，几何图形的对称性．

2. 教师授课前收集准备生产生活中学生熟悉的函数图像案例素材、计算机绘图软件(几何画板、GeoGebra 绘图软件等)．

(二)教学内容

本节主要内容是函数的单调性和奇偶性.

(三)教学目标

1. 结合函数的图像,经历从感性到理性认识函数单调性的过程,能用准确的文字语言和数学符号语言描述、表达函数单调性的概念,并能根据函数的图像写出这个函数的单调区间;能根据函数单调性的定义,利用作差比较法,通过对函数解析式的分析判断函数的单调性;能利用函数的单调性比较同一单调区间内两个不同自变量所对应的函数值大小.

2. 知道函数奇偶性与函数图像的对称性之间的关系,会根据函数图像判断函数的奇偶性,并能根据奇(偶)函数图像的几何特征,结合函数的部分图像补全函数的图像;能分析函数解析式并用奇(偶)函数的定义判断函数的奇偶性.

3. 能归纳出判断或证明函数单调性和奇偶性的方法和步骤;能重新认识一次函数、反比例函数和二次函数的单调性和奇偶性,初步掌握在具体函数中研究函数一般性质的方法.

4. 能借助函数的图像抽象出函数单调递增、函数单调递减、奇函数、偶函数等概念,能初步用文字语言、图形语言以及数学符号语言描述函数的单调性和奇偶性,能有正确进行函数求值、作差比较大小的运算能力和用函数的性质进行逻辑推理的能力.学习数形结合的数学思想,培养直观想象、数学抽象、逻辑推理、数学运算等核心素养.

(四)教学重难点

重点:经历从感性到理性认识函数单调性和奇偶性的过程,能利用函数单调性和奇偶性的图像特征、定义判断函数的单调性和奇偶性.

难点:利用函数单调性的定义证明函数在给定区间上的单调性,利用函数奇偶性的定义判断函数的奇偶性.

(五)教学提示

序号	教学提示
1	函数的性质包含函数的单调性和函数的奇偶性. 函数的单调性描述函数图像的变化趋势(单调递增或单调递减);函数的奇偶性描述函数图像的对称性(关于 y 轴对称或关于原点中心对称). 结合函数的图像感性认识函数的性质,感知函数单调递增、单调递减、奇函数、偶函数的图像几何特征的直观表达,根据函数的图像分析讨论函数图像的变化规律与数的变化之间的关系,由"形"到"数",由具体到抽象,遵循学生的认知规律,渗透数形结合的数学

续表

序号	教学提示
	思想方法，容易激发学生的学习兴趣，使学生获取新知；研究函数性质的一般方法，并运用函数的性质进行判断、推理，这既能培养学生"看图说话"的能力，又能培养学生的观察能力、文字描述能力、抽象概括能力、数学符号表达能力
2	教材创设"神舟"五号载人飞船发射和着陆的情境激励学生的民族自豪感，浸润爱国教育让学生感知函数的单调性，认识和理解函数单调性的概念．教师在教学时可以让学生动手画出正比例函数 $y=x$，$y=-x$ 和二次函数 $y=x^2$ 的图像，并通过观察后用文字语言描述函数图像的特征，"函数图像从左往右呈上升（或下降）的趋势"，引导学生发现从左往右自变量 x 逐渐增大，函数图像上升则函数值 y 逐渐增大，下降则函数值 y 逐渐减小的规律；让学生结合初中函数学习描述：y 随着自 x 增大而增大（或减小）．学生从"形"感知函数的变化趋势，培养"看图说话"的能力，体验函数值随自变量 x 的增大而增大（或减小）的函数性质，掌握函数单调性的概念
3	借助函数的图像 y 随着自变量 x 增大而增大（或减小）的变化规律，引导学生体验由形到数的转换过程，教学时建议借助计算机绘画工具演示，帮助理解函数值随自变量变化的规律．例如"当 x 增大时，y 也增大"，通过动图发现函数单调递增表现为，当 $x_1<x_2$ 时，对应的函数值 $y_1<y_2$，当 $x_1>x_2$ 时，对应的函数值 $y_1>y_2$，用数学符号可表示为，当 $x_1<x_2$ 时，有 $f(x_1)<f(x_2)$；同理可理解"当 x 增大时，y 反而减小"用数学符号可表示为，当 $x_1<x_2$ 时，有 $f(x_1)>f(x_2)$．教学时，教师可设置问题情境：满足"当 $x_1<x_2$ 时，有 $f(x_1)<f(x_2)$"条件的函数图像是否在定义域内都具有 y 随着 x 的增大而增大的现象呢？让学生观察二次函数的单调性，旨在一方面让学生认识到函数的单调性是一个局部性质，教材对此有特别提示，"函数的单调性是对定义域内某个区间而言的"；另一方面也让学生认识到函数单调性在某一个区间内对所有的两个自变量都有"当 $x_1<x_2$ 时，有 $f(x_1)<f(x_2)$"或"当 $x_1<x_2$ 时，有 $f(x_1)>f(x_2)$"成立．教学时，教师可结合函数的图像例举一两个实例引导学生对任意性的理解，帮助学生理解定义中"任意"二字的含义以及它的重要性，进而抽象出函数单调递增（减）以及增（减）函数、单调区间的概念，从定性到定理刻画函数的性质，让学生经历抽象概括函数单调性的全过程，体会数学的简洁美和逻辑美，培养学生数学抽象素养，也为抽象概括奇（偶）函数的概念积累方法和经验

序号	教学提示
4	帮助学生理解数学符号语言表达函数单调性的概念，同时说明：函数在某个区间上单调，并不意味着函数在整个定义域内都是单调的；一个函数在其定义域内不一定具有单调性，但是在函数定义域内的子区间上可能具有单调性；函数的单调区间一般是指保持函数同一单调性的最大区间，对某一单调区间而言，它的任一子区间都是这个函数的单调区间. 单调区间包含端点或不包含端点都可以，如果端点值不在定义域内，那么单调区间就不含端点. 用数学符号描述的增（减）函数的定义中，教师应抓住概念"对任意 x_1，$x_2 \in D$，当 $x_1 < x_2$ 时，都有 $f(x_1) < f(x_2)$（或 $f(x_1) > f(x_2)$）"的核心信息
5	教材第 3.3.1 节中，例 1 旨在引导学生学会根据函数的图像获取信息，如最大值、最小值、单调区间等. 教材第 3.3.1 节中，例 2 旨在引导学生采用数形结合的方法分析、解决问题，培养学生数形结合的能力，提升学生直观想象素养. 学生通过对函数单调性概念的学习，应能根据函数的图像判断函数的单调性. 教材中的随堂练习旨在使学生巩固对函数单调性概念的理解，为水平一的层次. 教材第 3.3.1 节中，例 3 示范了判断或证明函数单调性的方法和步骤：在定义域内任取两个实数，假设它们的大小关系，由函数解析式求两个自变量对应的函数值（巩固了函数的概念），利用作差比较法比较两个函数值的大小，进而获得结论. 整个过程培养了学生的数学运算和逻辑推理等核心素养. 教师还可引导层次较好的学生用类似的方法推导函数 $f(x) = kx + b$ 在区间 $(-\infty, +\infty)$ 上的单调性，这个过程既有分类讨论，又能形成一次函数的重要性质结论"当 $k > 0$ 时，函数为增函数；当 $k < 0$ 时，函数为减函数"，是综合能力的一次提升
6	教师可用类比函数单调性的方法抽象概括偶函数的概念. 在教学时，教师可从生活中常见的轴对称实例引入，也可以选用建筑、中国剪纸、京剧脸谱、标识等视频或图片（轴对称），旨在让学生感受数学的对称美，可设问：函数的图像有无类似对称性呢？教学时可以让学生动手画出函数 $y = |x|$ 和二次函数 $y = x^2$ 的图像，感知两个函数图像均关于 y 轴对称的几何特征，感性认识偶函数. 结合函数图像和列表中的数字和计算，引导学生观察发现，当自变量取一对相反数时，对应的函数值相等，帮助学生揭示偶函数形与数之间的联系，并让学生用文字语言描述，培养学生"看图说话"的能力，让学生会用"数学的眼光观察世界"，会由具体到抽象、由特殊到一般借助函数的图像抽象概括偶函数的概念. 在教学时，教师可设置多个情境帮助学生认识到函数为偶函数必备的两个条件，如：（1）满足"任意 $x \in D$，都有 $-x \in D$"，但不满足 $f(-x) = f(x)$ 的情况；（2）不满足"任意 $x \in D$，都有 $-x \in D$"，但满足 $f(-x) = f(x)$ 的情况. 从而让学生抽象概括偶函数的定义"对于定义域内任意 $x \in D$，都有 $-x \in D$，且 $f(-x) = f(x)$"，并且认识到第一个条

序号	教学提示
	件函数的定义域关于原点对称是函数为偶函数的首要条件,第二个条件表达的是偶函数定义域内自变量相反时函数值相等,使学生初步具备判断函数是不是偶函数的能力. 从函数图像的几何特征描述的偶函数,是一个整体性质. 教材第 3.3.2 节中,例 1 和例 2 帮助学生从形上进一步理解偶函数的定义,例 3 旨在示范判断函数是否为偶函数的方法和步骤,随堂练习(第 3.3.2 节中的第一个)1,2,3 题帮助学生巩固偶函数的图像特征,随堂练习(第 3.3.2 节中的第一个)4 题则是帮助学生巩固用定义判断函数是否为偶函数的方法
7	教师可采用类比抽象偶函数概念的方法和过程来抽象概括奇函数的概念. 帮助学生理解"对于定义域内任意 $x \in D$,都有 $-x \in D$,且 $f(-x) = -f(x)$". 同理,第一个条件与偶函数相同,函数的定义域关于原点对称是函数为奇函数的首要条件,第二个条件表达的是定义域内自变量相反时函数值相反. 学生通过对概念的学习,初步具备判断函数是不是奇函数的能力. 教材第 3.3.2 节中,例 4 和例 5 帮助学生从形上进一步理解奇函数的定义,随堂练习(第 3.3.2 节中的第二个)1,2 题帮助学生巩固奇函数的图像特征,例 6 旨在示范判断函数是否为奇函数的方法和步骤,随堂练习(第 3.3.2 节中的第二个)3 题则是巩固用定义判断函数是否为奇函数的方法
8	抽象概括奇(偶)函数概念的过程,是学生直观想象、数学抽象、数学运算、逻辑推理等核心素养的提升过程. 在此过程中,学生易掌握用图像法判定函数的奇偶性,当没有图像或不能作图时,可以根据函数解析式用定义法进行判定. 第 3.3.2 节中,例 7 旨在示范用定义判断函数奇偶性的方法和步骤,随堂练习(第 3.3.2 节中的第二个)4,5 题则是帮助学生巩固用定义判断函数的奇偶性的方法
9	在教学函数的单调性和奇偶性概念时,应让学生明白单调性是描述函数图像变化趋势的性质,而奇偶性是描述函数图像对称的性质;函数的单调性和奇偶性概念的类比学习过程,是由图形语言→文字语言→符号语语言的表达转换过程,教师是从定性过渡到定量刻画的过程. 教师应注意讲清楚关键词"任意""都有""且"的含义,并帮助学生理解"任意 $x \in D$,都有 $-x \in D$""任意 x_1,$x_2 \in D$,当 $x_1 < x_2$ 时,都有 $f(x_1) < f(x_2)$(或 $f(x_1) > f(x_2)$)",教师可适当补充不符合以上任一条件的函数图像加以说明,帮助学生更全面、深入地理解概念
10	研究函数的单调性和奇偶性的过程中,列表(在列表中进行数学的运算,再把点的坐标在坐标系中标出,最后连线成图,这是由数到形的生成过程,然后再通过图形的特点知,函数单调递增是函数值随着自变量的增大而增大,函数单调递减是函数值随着自变量的增大而减小,这个过程由形到数,沁润着研究函数的思想方法——数形结合法. 由抽象到具体、由特殊到一般研究函数的过程可以提升学生数学思想方法的应用意识和能力. 教师可以利用计

序号	教学提示
	算机绘图软件画出一次函数、反比例函数、二次函数,让学生认识这些函数的单调性或写出单调区间、奇偶性,也可用计算机绘图软件画出指数函数、对数函数、正弦函数、余弦函数等,让学生写出这些数图像的单调区间,为后面的学习作铺垫.学生对函数知识的理解是一个循序渐进、螺旋上升的过程,不可过度地加深或拔高

(六)课程思政设计

1. 在函数单调性概念教学中,可设计"神舟"十三号载人飞船发射和着陆的视频、中国高铁发展建设的视频等素材,让学生感受祖国日益强大,培养爱国情操;也可设计沙漠植树公益活动、全球气候变暖等素材的案例,激发学生热爱大自然的情感,树立学生的环保意识.

2. 教材第3.3.1节例1的教学中,可设计讨论活动:如何面对困难和挫折?启发学生面对生活、学习或工作中的得失,用辩证的思维来思考问题,不骄不躁,勇敢面对挫折或困难,树立正确的人生观、价值观.

3. 在奇偶性的教学中,可设计北京天安门、天坛、长城等展现我国宏伟建筑的视频或图片素材,让学生感悟我国著名建筑的对称美,培养学生的审美情趣;也可设计我国的剪纸艺术、京剧脸谱等体现我国传统文化的素材,传承国粹的教育,让学生体会艺术之美;也可设计寻找对称性的汉字的活动,让学生感知我国汉字的博大精深和文字美.

(七)习题答案

3.3.1 函数的单调性

随堂练习

1.(1)1.5,5.4,2.4;(2)[1,+∞),[−1,1];(3)增,>;减,<.

2.(1)函数 $y=-3x+6$ 的图像如图所示.

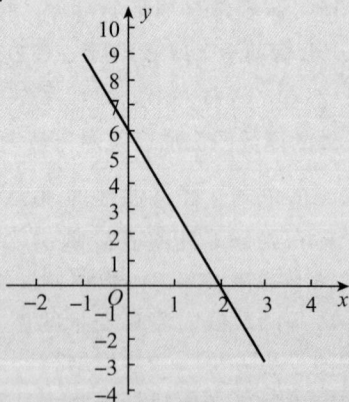

第2(1)题图

所以，函数在区间$(-\infty，+\infty)$上是减函数；

(2)函数$y=2x$的图像如图所示.

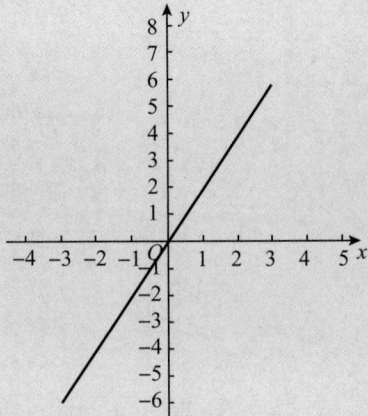

第2(2)题图

所以，函数在区间$(-\infty，+\infty)$上是增函数；

(3)函数$y=x^2-1$的图像如图所示.

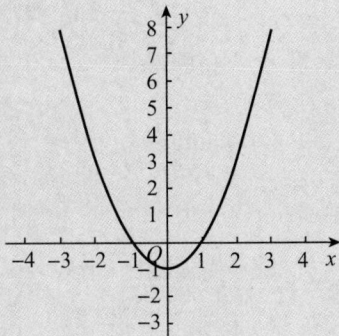

第2(3)题图

所以，函数在区间$(-\infty，0]$上是减函数，函数在区间$[0，+\infty)$上是增函数.

3. 证明：函数$f(x)=3x-1$的定义域是$(-\infty，+\infty)$，在区间$(-\infty，+\infty)$上任取两个实数x_1，x_2，假设$x_1<x_2$，因为$f(x_1)=3x_1-1$，$f(x_2)=3x_2-1$，所以$f(x_1)-f(x_2)=3x_1-1-(3x_2-1)=3x_1-3x_2=3(x_1-x_2)$，又因为$x_1<x_2$，所以$x_1-x_2<0$，则$3(x_1-x_2)<0$，所以$f(x_1)<f(x_2)$，故函数$f(x)=3x-1$是增函数.

4.(1)由题知函数的对称轴是$x=-2$，当$x=-2$时，$y=(-2)^2+4\times(-2)=-4$，所以函数的对称轴方程是$x=-2$，顶点坐标是$(-2，-4)$；(2)函数的单调区间是$(-\infty，-2]$和$[-2，+\infty)$，且函数在区间$(-\infty，-2]$上单调递减，在区间$[-2，+\infty)$上单调递增；(3)当$x\in[-1，1]$时，根据函数图像得当$x=-1$时，函数值最小为-3，当$x=1$时，函数值最大为$1^2+4\times1=5$，所以函数在区间$[-1，1]$的最大值是5，最小值是-3.

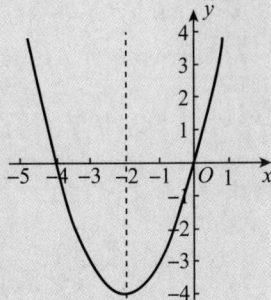

第4题图

3.3.2 函数的奇偶性

合作交流

因为$f(x)$，$g(x)$都是定义域为D的偶函数，所以对任意一个$x\in$

D，都有 $-x \in D$ 且 $f(-x)=f(x)$，$g(-x)=g(x)$，从而 $f(-x)+g(-x)=f(x)+g(x)$，$f(-x)g(-x)=f(x)g(x)$，故 $f(x)+g(x)$ 和 $f(x)g(x)$ 仍是偶函数.

随堂练习

1. (1)(−3，−1)；(2)−3.

2. B.

3. 图略.

4. (1)函数 $f(x)=2x$ 的定义域是 **R**，对任意一个 $x \in$ **R**，都有 $-x \in$ **R** 且 $f(-x)=2 \times(-x)=-2x \neq f(x)$，所以函数 $f(x)=2x$ 不是偶函数；

(2)函数 $f(x)=\dfrac{1}{x}$ 的定义域是 $D=\{x \mid x \neq 0\}$，对任意一个 $x \in D$，都有 $-x \in D$ 且 $f(-x)=\dfrac{1}{-x}=-\dfrac{1}{x} \neq f(x)$，所以函数 $f(x)=\dfrac{1}{x}$ 不是偶函数；

(3)函数 $f(x)=x^2-x$ 的定义域是 **R**，对任意一个 $x \in$ **R**，都有 $-x \in$ **R** 且 $f(-x)=(-x)^2-(-x)=x^2+x \neq f(x)$，所以函数 $f(x)=x^2-x$ 不是偶函数；

(4)函数 $f(x)=5$ 的定义域是 **R**，对任意一个 $x \in$ **R**，都有 $-x \in$ **R** 且 $f(-x)=5=f(x)$，所以函数 $f(x)=5$，$x \in$ **R** 是偶函数.

合作交流

因为 $f(x)$，$g(x)$ 都是定义域为 D 的奇函数，所以对任意一个 $x \in D$，都有 $-x \in D$ 且 $f(-x)=-f(x)$，$g(-x)=-g(x)$，从而 $f(-x)+g(-x)=-f(x)-g(x)=-(f(x)+g(x))$，$f(-x)g(-x)=(-f(x)) \cdot(-g(x)) \neq-f(x)g(x)$，故 $f(x)+g(x)$ 是奇函数，而 $f(x)g(x)$ 不是奇函数.

合作交流

因为奇函数 $f(x)$ 和偶函数 $g(x)$ 的定义域为 D，所以对任意一个 $x \in D$，都有 $-x \in D$ 且 $f(-x)=-f(x)$，$g(-x)=g(x)$，从而 $f(-x)+g(-x)=-f(x)+g(x) \neq-(f(x)+g(x))$ 且 $f(-x)+g(-x) \neq f(x)+g(x)$，所以 $f(x)+g(x)$ 既不是奇函数也不是偶函数；$f(-x)g(-x)=(-f(x)) \cdot g(x)=-f(x)g(x)$，所以 $f(x)g(x)$ 是奇函数.

随堂练习

1. −7.

2. 图略.

3. (1)函数 $f(x)=x \mid x \mid$ 的定义域是 **R**，对任意一个 $x \in$ **R**，都有 $-x \in$ **R** 且 $f(-x)=(-x) \cdot \mid -x \mid=-x \mid x \mid=-f(x)$，所以函数 $f(x)=x \mid x \mid$ 是奇函数；

(2)函数 $f(x)=3x-5$ 的定义域是 **R**，对任意一个 $x \in$ **R**，都有 $-x \in$ **R** 且 $f(-x)=-3x-5 \neq-f(x)$，所以函数 $f(x)=3x-5$ 不是奇函数；

(3)函数 $f(x)=\dfrac{x}{x^2-1}$ 的定义域是 $D=\{x \mid x \neq \pm 1\}$，对任意一个 $x \in D$，都有 $-x \in D$ 且 $f(-x)=\dfrac{-x}{(-x)^2-1}=\dfrac{-x}{x^2-1}=-\dfrac{x}{x^2-1}=-f(x)$，所以函数 $f(x)=\dfrac{x}{x^2-1}$ 是奇函数；

(4)函数 $f(x)=-\dfrac{1}{x}$ 的定义域是 $D=\{x \mid x \neq 0\}$，对任意一个 $x \in D$，都有 $-x \in D$ 且 $f(-x)=-\dfrac{1}{-x}=\dfrac{1}{x}=-f(x)$，所以函数 $f(x)=-\dfrac{1}{x}$ 是奇函数.

4.(1)函数 $f(x)=\dfrac{1}{x^2-1}$ 的定义域是 $D=\{x\mid x\neq\pm1\}$，对任意一个 $x\in D$，都有 $-x\in D$ 且 $f(-x)=\dfrac{1}{(-x)^2-1}=\dfrac{1}{x^2-1}=f(x)$，所以函数 $f(x)=\dfrac{1}{x^2-1}$ 是偶函数.

(2)函数 $f(x)=x^3-2x$ 的定义域是 $\mathbf{R}$，对任意一个 $x\in\mathbf{R}$，都有 $-x\in\mathbf{R}$ 且 $f(-x)=(-x)^3-2(-x)=-x^3+2x=-f(x)$，所以函数 $f(x)=x^3-2x$ 是奇函数.

(3)函数 $f(x)=2x-4$ 的定义域是 $\mathbf{R}$，对任意一个 $x\in\mathbf{R}$，都有 $-x\in\mathbf{R}$ 且 $f(-x)=2(-x)-4=-2x-4\neq f(x)$，且 $f(-x)=-2x-4\neq-f(x)$，所以函数 $f(x)=2x-4$ 既不是奇函数也不是偶函数.

(4)函数 $f(x)=\dfrac{1}{x+3}$ 的定义域是 $D=\{x\mid x\neq-3\}$，对任意一个 $x\in D$，不都有 $-x\in D$，所以函数 $f(x)=\dfrac{1}{x+3}$ 既不是奇函数也不是偶函数.

5.(1)函数 $f(x)=x^2-1$ 的定义域是 $\mathbf{R}$，对任意一个 $x\in\mathbf{R}$，都有 $-x\in\mathbf{R}$ 且 $f(-x)=(-x)^2-1=x^2-1=f(x)$，所以函数 $f(x)=x^2-1$ 是偶函数；

(2) $f(-5)=(-5)^2-1=24$，$f(2)=2^2-1=3$，所以 $f(-5)>f(2)$.

习题 3.3

水平一

1.(1)C；(2)B.

2.(1)>；(2)<；(3)-4；(4)3.

3. 图略.

4.(1)函数 $f(x)=2x^2+3$ 的定义域是 $\mathbf{R}$，对任意一个 $x\in\mathbf{R}$，都有 $-x\in\mathbf{R}$ 且 $f(-x)=2(-x)^2+3=2x^2+3=f(x)$，所以函数 $f(x)=2x^2+3$ 是偶函数；

(2)函数的单调区间是 $(-\infty,0]$ 和 $[0,+\infty)$，函数在区间 $[0,+\infty)$ 上单调递增，在区间 $(-\infty,0]$ 上单调递减.

5.(1)函数 $f(x)=-|x|$ 的定义域是 $\mathbf{R}$，对任意一个 $x\in\mathbf{R}$，都有 $-x\in\mathbf{R}$ 且 $f(-x)=-|-x|=-|x|=f(x)$，所以函数 $f(x)=-|x|$ 是偶函数；

(2)函数 $f(x)=x^2+2x$ 的定义域是 $\mathbf{R}$，对任意一个 $x\in\mathbf{R}$，都有 $-x\in\mathbf{R}$，从而 $f(-x)=(-x)^2+2(-x)=x^2-2x\neq f(x)$，又因为 $f(-x)\neq-f(x)$，所以函数 $f(x)=x^2+2x$ 既不是奇函数也不是偶函数；

(3)函数 $f(x)=\dfrac{2}{x-1}$ 的定义域是 $D=\{x\mid x\neq1\}$，对任意一个 $x\in D$，不都有 $-x\in D$，所以函数 $f(x)=\dfrac{2}{x-1}$ 既不是奇函数也不是偶函数；

(4)函数 $f(x)=5$ 的定义域是 $\mathbf{R}$，对任意一个 $x\in\mathbf{R}$，都有 $-x\in\mathbf{R}$ 且 $f(-x)=5=f(x)$，所以函数 $f(x)=5$ 是偶函数；

(5)函数 $f(x)=\sqrt{x}$ 的定义域是 $D=\{x\mid x\geqslant0\}$，对任意一个 $x\in D$，不都有 $-x\in D$，所以函数 $f(x)=\sqrt{x}$ 既不是奇函数也不是偶函数.

水平二

1.(1)由题得 $m-2=0$，解得 $m=2$；(2)由(1)得 $m=2$，则函数 $f(x)=x^2-9$，所以 $f(3)=0$，

$f(-5)=16$，因此 $f(3)<f(-5)$；(3)由 $f(x)>0$，得 $x^2-9>0$，解得 $x<-3$ 或 $x>3$，因此 x 的取值范围是 $\{x\mid x<-3$ 或 $x>3\}$.

2. 在区间 $(0，+\infty)$ 上任取两个实数 x_1，x_2，假设 $x_1<x_2$，因为 $f(x_1)=\dfrac{1}{x_1^2}$，$f(x_2)=\dfrac{1}{x_2^2}$，所以 $f(x_1)-f(x_2)=\dfrac{1}{x_1^2}-\dfrac{1}{x_2^2}=\dfrac{x_2^2-x_1^2}{x_1^2 x_2^2}=\dfrac{(x_2+x_1)(x_2-x_1)}{x_1^2 x_2^2}$，因为 $x_1<x_2$，所以 $x_2-x_1>0$，又因为 x_1，$x_2\in(0，+\infty)$，所以 $x_1+x_2>0$ 且 $x_1^2 x_2^2>0$，故 $\dfrac{(x_2+x_1)(x_2-x_1)}{x_1^2 x_2^2}>0$，所以 $f(x_1)>f(x_2)$，故函数 $f(x)=\dfrac{1}{x^2}$ 在区间 $(0，+\infty)$ 上是减函数.

3. 由题意得 $f(-2)=-f(2)$，则 $m^2-3m=-(6-2m)$，即 $m^2-5m+6=0$，解得 $m=2$ 或 $m=3$.

4.(1)函数 $f(x)=\sqrt{x^2-9}$ 的定义域是 $D=\{x\mid x\leqslant-3$ 或 $x\geqslant3\}$，对任意一个 $x\in D$，都有 $-x\in D$，且 $f(-x)=\sqrt{(-x)^2-9}=\sqrt{x^2-9}=f(x)$，故函数 $f(x)=\sqrt{x^2-9}$ 是偶函数；

(2)函数 $f(x)=x^3-x$ 的定义域是 $\mathbf{R}$，对任意一个 $x\in\mathbf{R}$，都有 $-x\in\mathbf{R}$，且 $f(-x)=(-x)^3-(-x)=-x^3+x=-(x^3-x)=-f(x)$，故函数 $f(x)=x^3-x$ 是奇函数；

(3)函数 $f(x)=(x-2)^2$ 的定义域是 $\mathbf{R}$，对任意一个 $x\in\mathbf{R}$，都有 $-x\in\mathbf{R}$，且 $f(-x)=(-x-2)^2=(x+2)^2$，则 $f(-x)\neq f(x)$ 且 $f(-x)\neq-f(x)$，故函数 $f(x)=(x-2)^2$ 既不是奇函数也不是偶函数；

(4)函数 $f(x)=x^2+\dfrac{2}{x^2}$ 的定义域是 $D=\{x\mid x\neq0\}$，对任意一个 $x\in D$，都有 $-x\in D$，且 $f(-x)=(-x)^2+\dfrac{2}{(-x)^2}=x^2+\dfrac{2}{x^2}=f(x)$，故函数 $f(x)=x^2+\dfrac{2}{x^2}$ 是偶函数；

(5)函数 $f(x)=\sqrt[3]{x}$ 的定义域是 $\mathbf{R}$，对任意一个 $x\in\mathbf{R}$，都有 $-x\in\mathbf{R}$，且 $f(-x)=\sqrt[3]{-x}=-\sqrt[3]{x}=-f(x)$，故函数 $f(x)=\sqrt[3]{x}$ 是奇函数；

(6)函数 $f(x)=0$ 的定义域是 $\mathbf{R}$，对任意一个 $x\in\mathbf{R}$，都有 $-x\in\mathbf{R}$，且 $f(-x)=0=f(x)$ 且 $f(-x)=0=-f(x)$，故函数 $f(x)=0$ 既是奇函数又是偶函数.

5.(1)由题意得 $a=0$；(2)由题意得 $a^2-2a-3=0$ 且 $a\neq0$，解得 $a=-1$ 或 $a=3$.

3.4　函数的应用

(一)教学准备

1. 教师授课前，学生应储备以下知识：函数的表示方法，一次函数和二次函数的解析式，二次函数配方法或公式法求最值，方程(组)、不等式(组)，分段函数的概念，数学建模的一般步骤.

2. 教师授课前准备有关分段函数、二次函数关系的案例素材.

(二)教学内容

本节主要内容是一次函数模型、分段函数模型和二次函数模型的建立.

(三)教学目标

1. 能根据具体的情境,选择恰当的函数模型表达问题中的函数关系,通过运算、推理得出结论来解释情境中的相关问题.

2. 能进一步明确数学建模的一般步骤,有运用简单数学模型处理相关问题的意识和习惯.

3. 会从具体的情境中选择恰当的函数模型分析、解决实际问题,培养学生数学抽象、数学建模等核心素养.

(四)教学重难点

重点:选择恰当的函数模型解决实际问题.

难点:建立函数模型和解决二次函数模型的最值问题.

(五)教学提示

序号	教学提示
1	函数的应用主要是利用函数的概念及其蕴含的数学思想方法解决简单的实际问题,数学建模是中职数学的核心素养之一,本节是建立在初中方程模型和第二单元不等式模型的基础上的函数应用,在函数的概念、一次函数、二次函数及分段函数基础上,运用函数知识分析和解决实际问题,帮助学生完善函数的思想,激发学生应用数学的意识和能力,培养学生数学抽象、数学建模等核心素养
2	教材从学生熟悉的生活情境中引入一次函数、二次函数、分段函数的模型,引导学生感知函数是描述客观世界规律的基本数学模型,其中,分段函数实际是用一次函数建立的简单函数模型.教材在学生已有的函数知识的基础上分析问题、解决问题,帮助学生理解函数的思想,激发学生应用函数知识解决问题的意识,培养学生分析问题和解决问题的能力.教材选用了一个分段函数模型和两个二次函数模型(最大面积和最大利润问题).教学中,教材应注意引导学生体会应用函数知识解决实际问题的过程和方法
3	教材第3.4节中,例1选用学生熟悉的路程问题情境,旨在引导学生体会用分段函数模型解决实际问题的过程和方法.从前面分段函数概念的学习,学生能发现这个函数只能用分段函数来表达.教师可先引导学生分析问题情境中存在几个变量,合理设未知量,厘清各种变量之间的关系,结合分段函数的概念,感悟函数关系为何分段,怎么分段,体验分段函数模型建立的过程.然后在教学时可设计问题情境1:小李从 A 城出发到达 B 城用时多少?他和 A 城的距离与时间的对应关系是什么?问题情境2:小李从 B 城返回 A 城用时多少?他和 A 城的距离与时间的对应关系是什么?引导学生确定小李和 A 城的距离 $y(\text{km})$ 与出发后的时间 $x(\text{h})$ 的函数关系以及自变量 x 的取值范围. 从而分析:第一段,小李从 A 城到 B 城,随着时间的变化小李与 A 城

的距离越来越远,明确这是一次函数的应用,且用时为 2.5 h $\left(\dfrac{200}{80}\,\text{h}\right)$,所以当自变量 x 的取值范围为 $\{x \mid 0 < x \leqslant 2.5\}$ 时,y 与 x 的对应关系是 $y = 80x$;

续表

序号	教学提示
3	第二段,小李到达 B 城后停留 3 小时,这时小李与 A 城的距离是不变的,是一个常值,也解读了分段的意义,即当自变量 x 的取值范围为 $\{x \mid 2.5 < x \leqslant 5.5\}$ 时,y 与 x 的对应关系是 $y = 200$;第三段,小李从 B 城返回 A 城,很明显随着时间的变化小李与 A 城的距离越来越近,明确是一次函数的应用,但函数关系与前两部分也不同,且用时为 2 h $\left(\dfrac{200}{100} \text{h}\right)$,所以当自变量 x 的取值范围为 $\{x \mid 5.5 < x \leqslant 7.5\}$ 时,y 与 x 的对应关系是 $y = -100x + 750$. 这个函数的定义域是这三段自变量 x 的取值范围的并集,即 $\{x \mid 0 < x \leqslant 2.5\} \cup \{x \mid 2.5 < x \leqslant 5.5\} \cup \{x \mid 5.5 < x \leqslant 7.5\} = \{x \mid 0 < x \leqslant 7.5\}$. 教师通过不同的问题情境,引导学生根据自变量不同的取值范围确定变量之间的对应关系,体验建立分段函数模型的方法与步骤,理解这个分段函数是一个函数,进一步巩固分段函数的概念,让学生在经历为何分段和如何分段的过程中,初步掌握分段函数模型建立的方法和步骤;通过第 3 个小问让学生体验应用函数模型解决实际问题. 这个例子也说明我们只是借助函数模型来分析实际问题,是接近于实际问题的抽象和模拟,它和实际情况有着本质区别,比如现实中车辆不会匀速行驶,没有考虑天气、路况等影因素. 函数模型是建立在理想背景下的实际应用模型. 随堂练习 1,2,3 题和习题 3.4 水平一 1(2),2,3,4,5 题都是跟我们生活息息相关的分段函数模型的练习
4	教材 3.4 节中,例 2、例 3 是二次函数模型的应用,这是本节的教学难点,是水平二层次的要求. 例 2 是运用二次函数解决几何图形的最大面积问题,需要利用几何图形的信息和问题中的数据建立函数模型,建模的方法和步骤与分段函数相似. 教师可先引导学生厘清各种变量之间的关系,可设计问题情境:存在哪些变量?矩形 $ABCD$ 的面积公式是什么?矩形的长、宽各是多少?再引导学生分析问题情境中 AB 的长度、BC 的长度和矩形 $ABCD$ 的面积三个变量,结合问题中的关键词"面积",根据矩形的面积=长×宽(即是求 $AB \times BC$ 的值),让学生发现需要设一个未知数,设 AB 或 BC,如果设 AB 的长度为 x(m),矩形的面积为 y(m^2),则需求出 BC 的长度,学生会发现需要明确 6 000 块砖能修建围墙总长度是多少的问题,从而可计算 6 000 块砖能修建围墙的总长为 $\dfrac{6\,000}{200} = 30$(m),结合几何图形发现 $3 \mid AB \mid + \mid BC \mid = 30$,则 $\mid BC \mid = 30 - 3 \mid AB \mid = 30 - 3x$(m),建立矩形的面积 y(m^2)与 AB 的长度 x(m)的函数关系式:$y = x(30 - 3x)$,$0 < x < 10$,这是一个二次函数模型,利用二次函数求最大(小)值的题型,教材介绍的是配方法,也可用公式法求解. 建模的过程是学生积累发现问题、提出问题、分析问题和解决问题的方法和活动经验的过程,教材随堂练习 3,4 题和习题 3.4 水平二的 3 题都是帮助学生巩固练习二次函数模型的简单应用题

序号	教学提示
5	教材第3.4节中，例3是运用二次函数解决销售问题中的最大(小)利润问题，需要利用问题中的数据或图形信息建立函数模型，也是对函数的表示方法的巩固，同例2相同，教师可先引导学生厘清各种变量之间的关系，根据每月所获利润＝(销售单价－进价)×每月销售量，明确进价为30元/kg，销售单价为x(元)、销售量为y(kg)、利润为w(元)，结合图形信息用待定系数法可得销售量y(kg)与销售单价x(元)的函数关系是$y=-20x+1\,200$，$30\leqslant x\leqslant60$，则可建立利润w(元)与销售单价x(元)之间的函数关系$w=-20x^2+1\,800x-36\,000$，$30\leqslant x\leqslant60$，用公式法或配方法求解. 教材随堂练习5题和习题3.4水平二1，2，4题都是此类模型应用的巩固练习
6	二次函数模型应用是本节的教学难点，教学时教师应注意初中知识的衔接，做好为学生搭梯子、扶梯子的服务，以降低学生学习的难度，可以在课前复习二次函数的相关知识，教会学生用配方法(或公式法)求最大(小)值. 习题3.4水平一1(1)题的练习涉及指数函数模型，让学生初步感知还有很多其他函数模型，为后面学习指数函数等模型作铺垫
7	本节让学生体会了从实际生活情境中抽象出数学函数模型解决生活、工作中的问题的过程与方法，探索了建立数学函数模型解决问题的一般方法，体验到了函数是描述客观事物变化规律的基本数学模型，对函数的概念有了整体的理解. 教材通过数学建模、释模的过程培养学生发现问题、提出问题、分析问题和解决问题的能力，让学生体会函数的思想方法，提升学生分析、解决问题的能力，培养了学生数学建模、数学运算、逻辑推理等核心素养. 函数的应用是在函数的概念、函数的表示方法、函数的性质的基础上，应用函数知识建立分段函数模型、一次函数模型和二次函数函数模型. 教学时，教师应注意它与解方程、解不等式(组)等知识的综合运用

(六)课程思政设计

1. 在分段函数建模教学中，可设计出租车营运收费与公交车收费作比较的素材，倡导绿色出行，树立学生的节约意识、环保意识；可设计城市地铁建设为老百姓提供了便利的素材，渗透爱国主义教育，结合专业学习激发学生参与国家建设的热情.

2. 在二次函数的建模教学中，可设计帮助农户销售水果、茶叶等农产品，对农户进行帮扶的素材，让学生树立为实现共同富裕做贡献的目标；也可设计商场打折优惠的素材，引导学生学会用数学的眼光观察世界，用数学的方法分析思考客观事物的变化，培养学生求实务实的精神.

(七)习题答案

随堂练习

1.(1)11 元;(2)出租车行驶了 3 km 以后又行驶了 3.8 km,按 3.5 km 计费,所以最后的费用为 $11+\dfrac{3.5}{0.5}\times 0.9=11+6.30=17.30$(元).

2.(1)小张从家到公司开车需 $\dfrac{30}{50}=0.6$(h),从公司返回家需 $\dfrac{30}{60}=0.5$(h),用解析法表示函数为

$$y=\begin{cases}50x, & 0\leqslant x\leqslant 0.6,\\ 60(x-0.6)+30, & 0.6<x\leqslant 1.1,\end{cases} \quad 即\ y=\begin{cases}50x, & 0\leqslant x\leqslant 0.6,\\ 60x-6, & 0.6<x\leqslant 1.1.\end{cases}$$

(2)函数的图像如图所示.

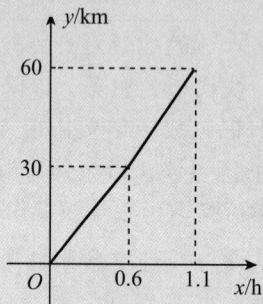

第 2(2)题图

3.(1)$y=\begin{cases}x, & 0<x\leqslant 5,\\ 1.5x, & x>5;\end{cases}$ (2)由题意得 $x=6$,所以应付费用为 $1.5\times 6=9$(元).

4.(1)$L=\dfrac{36-2x}{2}$,$0<x<18$,即 $L=-x+18$,$0<x<18$;

(2)由题意得 $y=Lx$,$0<x<18$,因为 $L=-x+18$,所以 $y=-x^2+18x$,$0<x<18$;

(3)因为 $y=-x^2+18x$,$0<x<18$,所以 $y=-(x-9)^2+81$,$0<x<18$,故当矩形的长为 9 m、宽为 9 m 时,矩形的面积最大,最大面积是 81 m².

5.(1)由题知 $x=300$,则有 $L=-300^2+1\,000\times 300-83\,000=127\,000$(元),所以当产量为 300 kg 时,该茶场总利润是 127 000 元;

(2)$L=-x^2+1\,000x-83\,000=-(x-500)^2+167\,000$,所以当产量为 500 kg 时,该茶场的总利润最大,最大利润是 167 000 元.

习题 3.4

水平一

1.(1)C;(2)D.

2.(1)0.8,0.8,1.6,(40,60];(2)$y=\begin{cases}0, & 0\leqslant x\leqslant 30,\\ 2x-60, & x>30.\end{cases}$

3.设购买 x 个茶杯,付费 y 元,若到甲商店购买,则 y 与 x 的函数关系是 $y=4\times 20+(x-4)\times 5$,即 $y=5x+60$;若到乙商店购买,则 y 与 x 的函数关系是 $y=(4\times 20+5x)\times 92\%$,即 $y=4.6x+$

73.6，由 $5x+60=4.6x+73.6$ 得，$x=34$．当购买的茶杯数为 34 时，两家商店收费相同；当购买的茶杯数量少于 34 时，到甲商店购买更实惠，当购买的茶杯数量大于 34 时，到乙商店购买更实惠．

4.(1)小玲 10 月的薪资为 $2\,800+20\times6=2\,920$（元），小芳 10 月的薪资为 $2\,800+30\times15=3\,250$（元）；

(2)$y=\begin{cases}20x+2\,800, & x<10\text{ 且 }x\in\mathbf{N},\\ 30x+2\,800, & 10\leqslant x\leqslant30\text{ 且 }x\in\mathbf{N}.\end{cases}$

5.(1)当 $0<x\leqslant20$ 时，$y=3.5x$；当 $20<x\leqslant30$ 时，$y=3.5\times20+4.2\times(x-20)$，即 $y=4.2x-14$；当 $x>30$ 时，$y=3.5\times20+4.2\times10+6\times(x-30)$，即 $y=6x-68$．

综上得 y 与 x 的函数关系为 $y=\begin{cases}3.5x, & 0<x\leqslant20,\\ 4.2x-14, & 20<x\leqslant30,\\ 6x-68, & x>30.\end{cases}$

(2)老李家 11 月用水量为 23 m³，则应付水费为 $4.2\times23-14=82.6$（元）．

水平二

1.(1)2018 年之前市场销售量逐渐增长，从 2019 年开始市场销售量逐渐下降；

(2)观察图像发现从 2019 年开始销售量下滑而生产量却在不断增加，这样会导致产品积压，建议：①减少该产品的年生产量；②拓展销售渠道；③更新该产品进行生产．

2.(1)若提价 x 元后商品的单价为 $(60+x)$ 元，销售量为 $(600-20x)$ 件，那么 1 件商品获利 $(10+x)$ 元，从而 $y=(10+x)(600-20x)$，即 $y=-20x^2+400x+6\,000$，其中 $x<30$ 且 $x\in\mathbf{N}$，所以利润 y 与 x 的函数关系式是 $y=-20x^2+400x+6\,000$，则 x 的取值范围是 $\{x\mid x<30,x\in\mathbf{N}\}$；

(2)设商品提价 x 元，则所获利润为 $y=-20x^2+400x+6\,000=-20(x-10)^2+8\,000$，所以当提价 10 元时，所获利润最大为 8 000 元，故当售价为 70 元时，该商店一个月能获得最大利润，最大利润是 8 000 元．

3.(1)如图所示，由题意得 AB 为 $(6-x)$ m，因为 $\angle ABC=120°$，过点 B 作 BE 垂直 DC 于点 E，所以 $EC=\dfrac{1}{2}x$ m，$EB=\dfrac{\sqrt{3}}{2}x$ m，$DE=AB$，那么 $DC=6-x+\dfrac{1}{2}x=6-\dfrac{1}{2}x$（m），因此 y 与 x 之间的函数关系式是

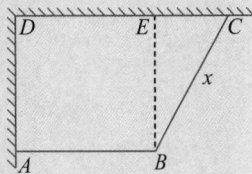

第 3(1)题图

$y=\dfrac{\left(6-\dfrac{1}{2}x+6-x\right)\times\dfrac{\sqrt{3}}{2}x}{2}=-\dfrac{3\sqrt{3}}{8}x^2+3\sqrt{3}x$，要使函数有意义，必须满足 $\begin{cases}6-\dfrac{1}{2}x>0,\\ 6-x>0,\\ \dfrac{\sqrt{3}}{2}x>0,\end{cases}$ 解得 $0<x<6$，即 $y=-\dfrac{3\sqrt{3}}{8}x^2+3\sqrt{3}x$，$0<x<6$；

(2)由(1)$y=-\dfrac{3\sqrt{3}}{8}x^2+3\sqrt{3}x$，$0<x<6$ 得 $y=-\dfrac{3\sqrt{3}}{8}(x-4)^2+6\sqrt{3}$，所以当 $x=4$ 时，梯形的面积最大．故当 AB 的长度为 2 m 时，梯形鸡舍的面积最大，最大面积是 $6\sqrt{3}$ m²．

4.(1)由题意得 $-3x+240>0$ 且 $x\geqslant48$，解得 $48\leqslant x<80$，所以函数的定义域是 $\{x\mid48\leqslant x<80\}$；

(2)设该零食每盒售价为 x 元时，获得的利润为 y 元，则 $y=(x-48)P=(x-48)(-3x+240)$，

即 $y=-3x^2+384x-11\,520$，$48\leqslant x<80$；

(3)由(2)中 $y=-3x^2+384x-11\,520$，$48\leqslant x<80$ 配方得 $y=-3(x-64)^2+768$，所以当 $x=64$ 时，利润最大为 768 元. 故当每盒零食的销售价为 64 元时，该超市可以获得最大利润，最大利润是 768 元.

单元检测参考答案

水平一

1.(1)B；(2)D；(3)A；(4)C.

2.(1)1；(2)$\{x\mid x\geqslant 3\}$；(3)-1；(4)$[1.5，4.5]$.

3.(1)$\{x\mid x\leqslant 5，x\in \mathbf{N}_+\}$. (2)用解析法表示该函数为 $y=25x$，$x\leqslant 5$ 且 $x\in \mathbf{N}_+$.

用列表法表示该函数如下.

购买牙膏数 x/支	1	2	3	4	5
付费 y/元	25	50	75	100	125

用图像法表示函数如图所示.

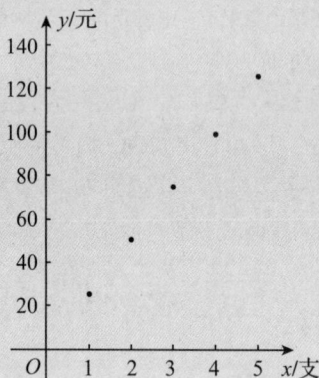

第 3(1)题图

4.(1)函数 $f(x)=-2x+1$ 的图像如图所示.

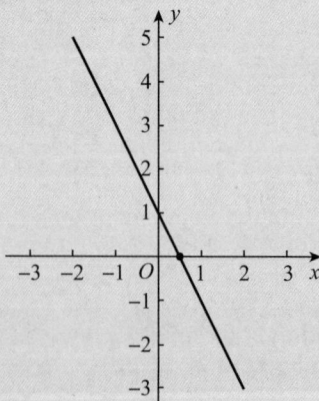

第 4(1)题图

(2)观察函数图像得当 $x \geqslant \frac{1}{2}$ 时，$f(x) \leqslant 0$，所以当 $f(x) \leqslant 0$ 时，x 的取值范围是 $\left\{ x \mid x \geqslant \frac{1}{2} \right\}$；

(3)因为函数的定义域为 **R**，且函数为减函数，而 $[-1，4] \subset \mathbf{R}$，所以函数在区间 $[-1，4]$ 上为减函数，故 $f(x)$ 的最大值是 $f(-1) = 3$，最小值是 $f(4) = -7$.

5.(1)$y = \begin{cases} 10，& 0 < x < 3， \\ 11，& 3 \leqslant x < 3.5， \\ 11.9，& 3.5 \leqslant x < 4， \\ 12.8，& 4 \leqslant x < 4.5， \\ 13.7，& 4.5 \leqslant x < 5， \\ 14.6，& x = 5； \end{cases}$ (2)$11 + \frac{20.5}{0.5} \times 0.9 = 47.9$（元）.

水平二

1.(1)± 2；(2)1，$\{x \mid -3 \leqslant x \leqslant 2\}$；(3)$22$，$-3$.

2.(1)$f(7) = \sqrt{7^2 - 7 - 6} = 6$；(2)要使函数有意义，必须满足 $x^2 - x - 6 \geqslant 0$，解得 $x \leqslant -2$ 或 $x \geqslant 3$，所以函数的定义域是 $\{x \mid x \leqslant -2$ 或 $x \geqslant 3\}$.

3.(1)既不是奇函数，也不是偶函数；(2)既不是奇函数也不是偶函数；(3)奇函数；(4)既不是奇函数也不是偶函数.

4.(1)由题意得 BC 为 $(36 - 4x)$ m，所以 $y = x(36 - 4x)$，即 $y = -4x^2 + 36x$，又因为 $\begin{cases} x > 0， \\ 36 - 4x > 0， \end{cases}$ 解得 $0 < x < 9$，所以 y 与 x 的函数关系式为 $y = -4x^2 + 36x$，x 的取值范围是 $\{x \mid 0 < x < 9\}$；(2)设 AB 为 x m 时，矩形花园 $ABCD$ 面积为 y m²，则有 $y = -4x^2 + 36x$，$0 < x < 9$，因此 $y = -4(x - 4.5)^2 + 81$，故当 AB 的长度为 4.5 m，BC 的长度为 18 m 时，矩形花园 $ABCD$ 的面积最大，最大面积是 81 m².

5.(1)由题意得 $w = f(x) - 100x - 20\,000$，因为 $f(x) = \begin{cases} -\frac{1}{2}x^2 + 400x，& 0 \leqslant x \leqslant 400， \\ 80\,000，& x > 400， \end{cases}$

所以 $w = \begin{cases} -\frac{1}{2}x^2 + 400x - 100x - 20\,000，& 0 \leqslant x \leqslant 400， \\ 80\,000 - 100x - 20\,000，& x > 400， \end{cases}$

化简得 $w = \begin{cases} -\frac{1}{2}x^2 + 300x - 20\,000，& 0 \leqslant x \leqslant 400， \\ -100x + 60\,000，& x > 400； \end{cases}$

(2)当 $0 \leqslant x \leqslant 400$ 时，$w = -\frac{1}{2}x^2 + 300x - 20\,000$，即 $w = -\frac{1}{2}(x - 300)^2 + 25\,000$，所以当 $x = 300$ 时利润最大，最大为 $25\,000$ 元；当 $x > 400$ 时，$w = -100x + 60\,000$，则 $w < 20\,000$. 故当月产量为 300 台时，企业所获利润最大，最大利润是 $25\,000$ 元.

五、教学评价建议

(一)学业质量要求

本单元课程内容的学业质量要求见表 3-2.

表 3-2 学业质量要求

课程内容	质量描述	
	水平一	水平二
函数	在熟悉的单一情境中： 1. 能体会变量之间对应关系的抽象过程，会用集合语言描述函数及有关概念； 2. 会求函数的定义域，会根据对应法则求函数值； 3. 会运用恰当的方法(解析法、列表法、图像法)表示函数； 4. 会借助函数图像判断函数的单调性和奇偶性； 5. 能通过数学建模，解决简单的与分段函数有关的实际问题	在熟悉的关联情境中： 1. 达到水平一的1~5； 2. 会用定义证明函数的单调性和奇偶性； 3. 会用函数的单调性和奇偶性描述函数的图像特征，对函数的性质进行推理和证明； 4. 能通过数学建模，解决与二次函数有关的实际问题

(二)参考例题与说明

例 1 已知函数 $f(x)=2x^2-3x$，则 $f(-1)=$ _____.

解 $f(-1)=2\times(-1)^2-3\times(-1)=2+3=5$.

说明：本例题为在单一情境下根据函数的解析式求函数值，主要考核数学抽象、数学运算等核心素养，属于学业水平一.

例 2 函数 $f(x)$ 在区间 $(0,+\infty)$ 上单调递减，则 $f(2)$ _____ $f(5)$. (填"$<$""$>$"或"$=$")

解 因为 $2,5\in(0,+\infty)$，且 $2<5$，所以 $f(2)>f(5)$，故填"$>$".

说明：本例题为在单一情境下借助函数单调性比较大小，主要考核数学抽象、直观想象等核心素养，属于学业水平一.

例 3 设奇函数 $f(x)$ 的定义域是 $(-\infty,+\infty)$，且在区间 $(0,+\infty)$ 上单调递增，满足此条件的函数是(   ).

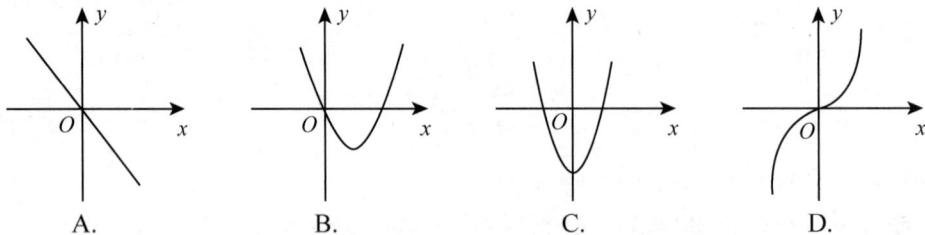

A.   B.   C.   D.

解 因为 $f(x)$ 是定义域为 $(-\infty,+\infty)$ 的奇函数，所以它的图像关于原点对称，又因为在区间 $(0,+\infty)$ 上单调递增，所以只有选项 D 符合条件. 故选 D.

说明：本例题为在单一情境下借助函数的图像判断函数的单调性和奇偶性，主要考核数学抽象、直观想象等核心素养，属于学业水平一.

例4 若函数 $f(x) = \begin{cases} x+3, & x \leqslant 0, \\ x^2, & x > 0, \end{cases}$ 则 $f(-1) = (\quad)$.

A. -1 B. 1   C. 2   D. 3

解 因为 $-1 < 0$，所以 $f(-1) = -1 + 3 = 2$. 故选 C.

说明：本例题为在关联情境下求分段函数的函数值，主要考核数学抽象、数学运算、逻辑推理等核心素养，属于学业水平二.

例5 用函数的奇偶性定义判断下列函数的奇偶性.

(1) $f(x) = |x| + 3$;   (2) $g(x) = 2x - 5$;   (3) $h(x) = x + \dfrac{1}{x}$.

解 (1) 函数 $f(x)$ 的定义域为 $(-\infty, +\infty)$，对于任意的 $x \in (-\infty, +\infty)$，都有 $-x \in (-\infty, +\infty)$，且

$$f(-x) = |-x| + 3 = |x| + 3 = f(x),$$

所以函数 $f(x) = |x| + 3$ 为偶函数.

(2) 函数 $g(x)$ 的定义域为 $(-\infty, +\infty)$，对于任意的 $x \in (-\infty, +\infty)$，都有 $-x \in (-\infty, +\infty)$，则

$$g(-x) = 2 \times (-x) - 5 = -2x - 5 \neq g(x),$$

又因为

$$-g(x) = -(2x - 5) = -2x + 5,$$

所以 $g(-x) \neq -g(x)$，即 $g(-x) \neq g(x)$ 且 $g(-x) \neq -g(x)$，所以函数 $g(x) = 2x - 5$ 既不是奇函数也不是偶函数.

(3) 函数 $h(x)$ 的定义域为 $D = \{x \mid x \neq 0\}$，对于任意的 $x \in D$，都有 $-x \in D$，且

$$h(-x) = -x + \dfrac{1}{-x} = -x - \dfrac{1}{x} = -h(x),$$

所以函数 $h(x) = x + \dfrac{1}{x}$ 是奇函数.

说明：本例题为在关联情境下用函数奇偶性的定义判断函数的奇偶性，主要考核数学运算、逻辑推理等核心素养，属于学业水平二.

例6 如图所示，用 16 m 长的铝材做一个"目"形窗框. (1) 若 AB 的长度为 x m，BC 的长度为 y m，写出 y 与 x 的函数关系；(2) 当 AB 长为何值时，窗户的透光面积最大？最大面积是多少？

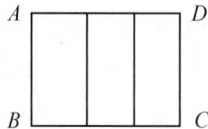

例6 题图

解 (1) 由题意得 $4x + 2y = 16$，所以 $y = \dfrac{16 - 4x}{2} = 8 - 2x$，

又因为 $\begin{cases} x > 0, \\ 8 - 2x > 0, \end{cases}$ 解得 $0 < x < 4$.

所以 y 与 x 的函数关系是 $y = 8 - 2x$，$0 < x < 4$.

(2) 由题知窗户的透光面积等于窗框 $ABCD$ 的面积，设 AB 的长度为 x m，窗框 $ABCD$ 的面积为 $S(\mathrm{m}^2)$，由(1)知 BC 的长为 $(8 - 2x)$ m，则

$$S = x(8-2x) = -2x^2 + 8x = -2(x-2)^2 + 8,\ \text{且}\ 0 < x < 4,$$

所以当 $x=2$ 时，$S_{max}=8$.

所以当 AB 长为 2 m 时，窗户的透光面积最大，最大面积是 8 m^2.

说明：本例题第(1)小问为单一情境下一次函数的模型，主要考核学生数学抽象和数学建模等核心素养，属于学业水平一；第(2)小问为关联情境下二次函数的模型，主要考核数学抽象、数学建模、数学运算等核心素养，属于学业水平二.

六、教学资源拓展

(一)教学案例

1. 授课题目：二次函数的应用

2. 授课班级：电子商务专业高一年级二班

3. 内容分析

"函数的应用"是北师大版"十四五"职业教育国家规划教材《数学(基础模块上册)》第三单元第四节的内容．"二次函数的应用"是《函数的应用》第二课时的教学内容，是在学习了二次函数的图像与性质后，应用所学函数知识解决实际问题的综合运用．本节内容体现了《课程标准》的要求：能通过数学建模，解决与二次函数有关的实际问题．其中利用二次函数知识解决最值问题又是生活中很常见且有实际应用价值的问题之一，因此教材在处理二次函数的应用上设置了两个典型例题——最大面积问题和最大利润问题，由浅入深展开．本节在函数的概念、函数的表示方法、函数的性质基础之上，学习运用函数知识解决实际问题，让学生体会数学抽象、数学建模的过程，逐步掌握数学建模的方法和步骤，培养学生发现问题、提出问题、分析和解决问题的能力，为今后对比学习其他函数、体会函数思想奠定基础和积累经验．同时本节的素材也是落实数学与生活、数学与行业结合及课程思政的良好题材.

4. 学情分析

知识与技能基础：学生已经掌握了二次函数的图像和性质，学习了分段函数的应用，对数学建模的思想已有了初步认识，对分析问题的方法会初步模仿，但在变量超过两个的实际问题中，还不能熟练地应用知识解决问题.

认知与实践基础：学生思维活跃，尝试欲望强烈，但注意力容易分散.

学习特点：学习态度端正，目的明确，对专业相关的内容感兴趣，部分学生对数学学习有畏难情绪.

5. 教学目标

(1)知识目标：学生通过本课的学习，能从实际问题中抽象出二次函数模型，并能应用二次函数的相关性质解决最大面积和最大利润等问题.

(2)能力目标：学生在教师引导下，提高发现问题、提出问题、分析问题和解决问题的能力，培养数学建模、数学运算等核心素养，为后续学习奠定基础.

(3)素养目标：通过课堂交流，让学生学会表达、倾听、分享，培养学生主动探索、勇于发现的求知精神，通过从生活、专业学习、职场情境中抽象的数学问题，有效融入思政元素，激发学生的民族自信，培养学生精益求精的工作态度，使学生养成一丝不苟、勤于反思的品格.

6. 教学重难点

重点：①用二次函数解析式表示实际问题；

②用二次函数知识求实际应用中的最值问题.

难点：将实际问题转化为数学问题.

7. 教法学法

教学方法：启发式教学法、情境教学法.

学习方法：讨论式学习法、小组合作学习法.

8. 教学资源

教学资源有电商促销广告和"神舟"十三号返回视频、PPT 课件、课前学案、多媒体(一体机)等.

9. 教学过程

教学环节		教学内容	师生活动	设计意图
课前准备		复习二次函数的图像和性质	发布完成课前学案	培养学生自主学习的优秀品质
课中	一、情境导入	播放电商促销广告视频，提出问题：商场为了促销对商品进行打折或降价，广告"减到最低点！跳楼价！亏本价！"，是真的亏本吗？怎样调整价格才能让利润最大化呢	带领学生思考问题，展示本课的学习目标	通过与学生专业及日常生产生活相关的实际问题引出课题，激发学生挑战自我精神
	二、温故知新	(一)知识梳理 归纳二次函数的图像和性质. (二)课前检测 (1)用配方法和公式法计算二次函数 $y=-x^2+20x+1$ 的顶点坐标. (2)二次函数 $y=-x^2+20x+1$ 的图像是一条 _____，图像开口 _____，顶点坐标是 _____，它的对称轴是 _____，当 $x=$ _____ 时，函数有最大值为 _____. (3)你能画出函数 $y=-x^2+20x+1$ 的大致图形吗	学生独立完成后，交流答案，并展示完成情况，教师适时进行纠错指导	从学生已有的知识体系出发，通过二次函数最大值的计算，为学习例 1 做好铺垫，将后续知识点进行分解，避免了学生产生畏难情绪

教师用书

续表

教学环节		教学内容	师生活动	设计意图
课中	三、新课探究、应用举例	（一）新知体验 **例1** 在举国欢庆"神舟"十三号载人飞船平安返航之际，学校航模兴趣小组设计制作了一枚火箭模型．已知制作的火箭的升空高度 $y(s)$ 与飞行时间 $x(m)$ 的关系是 $y=-x^2+20x+1(x \geqslant 0)$，经过多长时间，火箭模型到达它的最高点？最高点的高度是多少	引导学生分析，并用函数模型解决问题，教师完整板书解答过程	将简单的实际问题转化为数学问题，实现了旧知到新知的顺利过渡．为了激发学生的爱国热情和民族自豪感，本课选材我国航天航空事业
		（二）师生协作、探索问题 **例2** 某农户要用6 000块砖建造三间面积相等的矩形饲养室围墙，如图所示，三间饲养室两面靠墙，每修筑长度1 m 的围墙需要200块砖．问当宽 AB 为多长时，修建的三间饲养室总面积最大？并求出最大面积． 1. 审题． 2. 小组合作完成下表，通过小组讨论自定义 AB 的值，比较哪个组得到的矩形面积最大．	学生分组完成，教师点评． 组织学生小组讨论． 学生思考并回答问题，形成初步的解题思路．由师生协力，共同完成本题．	本题是一道求最大面积的题，对学生来说是身边的问题，体现了"数学源于生活"的教学理念． 1. 让学生形成细致而有序的审题习惯，是帮助学生解决实际问题的首要环节和前提． 2. 本题采用任务驱动、让学生主动发现题中已知量与已知量、已知量与未知量的关系． 3. 教师通过一系列问题，给学生搭一把梯子，引导学生持续思考，积极探索，"多阶梯，小步走"，把复杂问题简单化． 4. 整个教学过程让学生从整体上直观形象

AB	2	7	11	自定义	x
BC					
面积					

3. 讨论并回答下列问题．
(1)矩形面积公式是什么？
(2)若设 $AB=x$ m，怎样用 x 表示 BC？
(3)如何求 x 的取值范围？
(4)若设矩形面积为 $y(m^2)$，怎样用 x 表示 y？
(5)你能在定义域内求出函数的最大值吗？
4. 解答过程(略)．
5. 数形结合

续表

教学环节		教学内容	师生活动	设计意图
课中	三、新课探究、应用举例	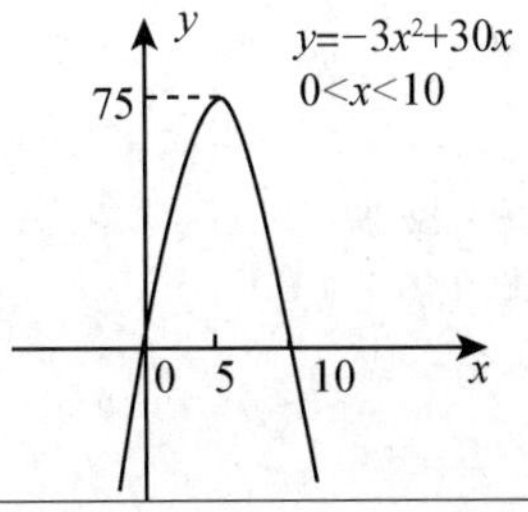	教师展示函数图形	地感受函数的变化，体现了数形结合的思想
课中	三、新课探究、应用举例	练习 1 广告公司接到了一笔业务，设计一块边框长为 12 m 的广告牌，如图所示．由于公司一般根据广告牌面积的大小收取制作设计费．如果你是该公司的设计员，为确保公司效益的最大化，你应该怎样设计广告牌 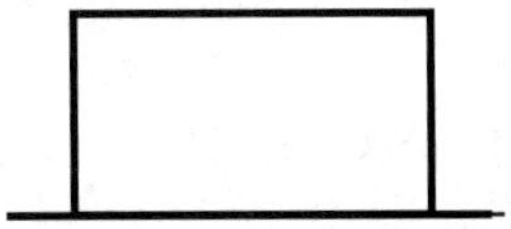	小组合作完成，并由每组派代表上台展示，教师点评	练习 1 与学生专业学习联系，并使学生对二次函数解决最大值的问题加深了理解，同时也积累了解决此类题的经验
课中	四、反馈练习、解决问题	合作探究　举一反三： **例 3**　某批发商购入一批 30 元/kg 的绿色食品，不低于购入价进行销售，若以 40 元/kg 销售，则每月可批发销售 400 kg，由批发销售经验知道，每月销售量 y(kg)是销售单价 x(元)的一次函数，其图像如图所示． (1)用解析法表示函数 $y=f(x)$． (2)设该批发商每月销售这批绿色食品可获得利润为 w(元)，用解析法表示函数 $w=g(x)$． (3)当销售单价为多少时，该批发商每月可获得最大利润？最大利润是多少	要求学生通过类比求最大面积，参照例 2 的问题串，自己设计问题，教师完整板书解答过程，学生思考为主，教师引导为辅	让学生在不断探究中悟出利用二次函数知识解决问题的一套思路和方法．该实例说明了数学知识可以将职场中较复杂的问题简单化，体现了数学源于生活，并用于生活、生产、工作中，体现了二次函数应用的广泛性
课中	四、反馈练习、解决问题	(三)合作交流、提炼方法 用二次函数知识解决实际问题的步骤是什么？在解题过程中，你认为有哪些地方需要提醒同学注意的	以小组为单位，学生自主探索，合作交流，总结展示出的解题步骤，教师要耐心引导，对学生的探究成果给予肯定，予以鼓励，关注学生的情感体验	培养学生归纳、总结、反思学习过程的能力，使学生从敢说到会说，并逐步过渡到用规范准确的数学语言表达

续表

教学环节		教学内容	师生活动	设计意图
课中	四、反馈练习、解决问题	练习2 端午节,五月五,吃粽子,赛龙舟,挂艾草.在端午节来临之际,某电子商务专业学生购进一种品牌的粽子在网上直播销售,每盒进价60元,根据以往的销售经验发现,当售价定为104元时,每天可以卖出20盒,每盒售价每降低一元,其销售量就增加5盒. (1)当售价定为104元时,一天的利润为多少元? (2)如果你是该生,你将如何制定价格,才能使每天利润最大?并预算出最大利润	学生独立完成,教师观察指导,发现问题及时指导,请一名同学进行板演,之后师生共同点评	本题选材我国传统节日端午节,传承和弘扬了我国的传统文化,并与学生专业学习联系.进一步巩固用二次函数知识解决最大利润问题的方法,也为后面的解决问题环节提供了依据
		(四)学以致用、解决问题 我们去商场买商品时,售货员一般都鼓励顾客多买,这样可以给顾客打折或降价,相应的每件商品的利润就少了,但是老板的收入会受到影响吗?你认为商家为了促销,打出广告"减到最低点!跳楼价!亏本价!"是真的赔本吗?怎样调整价格才能让利益最大化呢	组织学生分小组进行讨论,教师提醒学生结合二次函数图形以及利润公式进行回答	培养学生发现问题、提出问题、分析问题和解决问题的能力,让学生明白"学以致用"的道理,体验成功解决问题的喜悦
	五、梳理总结	课堂小结 1. 收获: (1)你学会了什么? (2)你感受到了什么? (3)你体会到了什么? 2. 知识小结 (1)解题思路 (2)解题步骤 (3)主要题型	让学生谈谈这节课学习的体会和收获,各抒己见,教师对学生的回答给予帮助,让语言表达更准确.教师用思维导图从解题思路、解题步骤、主要题型三方面直观展示解二次函数应用题的相关知识	1. 让学生分享收获,鼓励学生自己谈收获,培养学生的口头表达能力,使他们从中学会独立思考,学会归纳总结,学会倾听,学会分享. 2. 指导学生把知识联系起来进行简单的梳理,形成知识结构,引导学生透过现象看本质,找到知识的精华所在

续表

教学环节		教学内容	师生活动	设计意图
课中	六、巩固提升	布置作业 必做题：1.随堂练习第4，5题. 2.《学习指导与能力训练》水平一. 选做题：《学习指导与能力训练》水平二	播放作业， 学生记录作业	分层作业，学生自主选择，既面向全体学生，又适应学生个性发展的需要
课后拓展		佳句赏析： 人生就像一个二次函数， 或许会因为奋发向上而达到人生的顶峰， 也或许会因为一点挫折而跌入低谷， 但哪怕走到了最低点， 也不能轻言放弃， 因为此时无论你如何前进， 都是上坡路	学生齐读，并感悟其中的道理	数学是科学的基础，也是哲学的源头，该段文字给二次函数赋予了新的含义，使之充满人生哲理和丰富的寓意美，鼓励学生勇于攀登、永不放弃

10. 教学反思

二次函数模型的应用是教学的难点之一．我从生活实际出发教会学生如何用数学的眼光观察身边的事物或现象，用数学的知识去解释生活中的现象，揭示事物的本质，学会用数学的思维思考问题．通过本课使学生理解并初步掌握数学建模的方法和步骤，培养学生用数学知识解答实际问题的能力，提升学生数学建模、数学抽象、逻辑推理等核心素养．

本节课我积极挖掘素材，让数学走入生活，结合专业学习，渗透德育．通过数学活动，让学生对所学知识进行内化与迁移，让学生发现新知与旧知的联系，学会利用数学建模思想解决实际问题．通过一系列问题，给学生搭梯子，引导学生持续思考、积极探索，"多阶梯，小步走"，把复杂问题简单化，帮助学生顺利地渡过"难关"，层层铺垫降低学生学习难度，让他们在攀登过程中获得成功的体验，发展了学生的思维，培养了学生的能力．以由浅入深的提问和开放式的讨论，引导学生积极参与课堂．教师与学生、学生与学生的课堂交流，使学生的学习动机、情感态度与价值观都能得到不同程度的激励或培养．

（二）文献资源参考

1. 参考书目

[1]中华人民共和国教育部.中等职业学校数学课程标准（2020年版）[M].北京：高等教育出版社，2020.

[2]龙文中.函数[M].北京：电子工业出版社，2018.

[3]朱华伟,程汉波. 函数与函数思想[M]. 合肥:中国科学技术大学出版社,2016.

2. 参考文章

[1]顾硕. 数形结合方法在初中数学教学中应用体会[J]. 新教育时代电子杂志(教师版),2015(29):97.

[2]陈东伟. 初中生利用数形结合思想数学解题能力的培养分析[J]. 文理导航(教育研究与实践),2014(7):146.

[3]黄瑜乐. 给学生学好数学搭把"梯"[J]. 陕西教育,2015(4):43.

[4]张静. 论高中数学"函数思想"的教学及意义[J]. 教育教学论坛,2010(34):131.

[5]杨悦. 高中函数教学的研究[D]. 大连,辽宁师范大学,2005.

[6]金家庆. 数形结合思想在高中数学教学中的应用策略探究[J]. 考试周刊,2020(75):53-54.

[7]张明文. 中职数学课堂教学设计的原理与策略[J]. 职业,2020(8):83-86.

[8]周建涛. 浅谈二次函数在高中阶段的应用[J]. 数学教学通讯,2005(2):24-25.

3. 参考数字化资源网站

[1]中小学数字化教学.

[2]数学资源网.

[3]学科网.

(三)数学文化拓展

函数的发展史①②

17 世纪,伽俐略的《两门新科学》一书中,使用了包含函数或称为变量关系的概念,伽俐略用文字和比例的语言表达了函数的关系. 1637 年前后,笛卡儿在他的解析几何中,已注意到一个变量对另一个变量的依赖关系,但因当时尚未意识到要提炼函数概念,因此直到 17 世纪后期牛顿、莱布尼茨建立微积分时还没有人明确函数的一般意义,大部分函数是被当作曲线来研究的.

1673 年,莱布尼茨首次使用"function"(函数)表示"幂",后来他用该词表示曲线上点的横坐标、纵坐标、切线长等曲线上点的有关几何量. 与此同时,牛顿在微积分的讨论中,使用"流量"来表示变量间的关系.

1718 年,瑞士数学家约翰·伯努利在莱布尼茨函数概念的基础上对函数概念进行了定义:"由任一变量和常数的任一形式所构成的量". 他的意思是凡变量 x 和常量构成的式子都叫作 x 的函数,并强调函数要用公式来表示,用 φx 表示 x 的函数.

---

① 徐品方:《函数概念的产生与发展》,载《数学教师》,1994(1).
② 李鹏奇:《函数概念 300 年》,载《自然辩证法研究》,2001(3).

1734 年，瑞士数学家欧拉首先使用字母 f 表示函数，他在其著作中用 $f\left(\dfrac{x}{a}+c\right)$ 表示 $\dfrac{x}{a}+c$ 的任意函数，这是数学史上首次用 $f(x)$ 表示 x 的函数，一直沿用至今. 1748 年，欧拉在其《无穷分析引论》一书中首次用"解析式"来定义函数："一个变量的函数是由该变量的一些常数以任何方式构成的解析表达式". 1755 年，欧拉给出了另一个定义："如果某些变量，以某一种方式依赖于另一些变量，即当后面这些变量变化时，前面这些变量也随着变化，则把前面的一些变量称为后面一些变量的函数". 人们称欧拉的定义为函数的"变量说".

1837 年，德国数学家狄利克雷改进了法国数学家傅立叶的定义，给出定义：如果对于给定区间上的每一个 x 值，有唯一有限的 y 的值与它对应，那么 y 就是 x 的一个函数. 他放弃了当时普遍接受的函数是用数学符号和运算组成的表达式的观点. 1851 年，黎曼给出的函数定义为：假定 z 是一个变量，它可以逐次取所有可能的实数值，若对它的每一个值，都有不定量 w 的唯一的值与之对应，则称 w 为 z 的函数. 他们都采用了"唯一的一个值与之对应"，这样的定义逐渐演变为"对应说".

1859 年，我国清代数学家、天文学家、翻译家和教育家李善兰和英国传教士伟烈亚力合译《代数学》《代微积拾级》时，第一次将"function"译成函数，这一名词一直沿用至今.

1874 年，康托尔开创了集合论，函数的定义又以集合对应的方式重新定义.

1893 年，意大利数学家皮亚诺开始采用符号 $y=f(x)$ 表示函数，这就是我们今天见到的函数符号！后来，数学家们用集合语言和对应关系给出了近代函数的概念，赋予了函数新的含义.

第四单元　指数函数与对数函数

一、课程定位

(一)主题介绍

函数是描述客观世界变化规律的重要数学模型,不同的变化规律需要不同的函数模型,指数函数和对数函数是两类重要的、应用广泛的基本初等函数. 如图 4-1 所示.

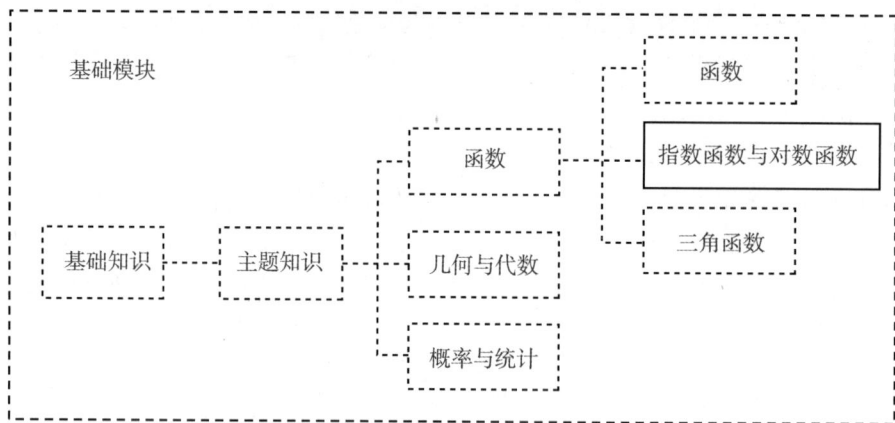

图 4-1　数学课程基础模块知识结构

(二)单元定位

本单元通过建立指数函数、对数函数模型解决简单的实际问题,使学生进一步理解函数模型是描述客观世界中变量关系和规律的重要数学语言和工具. 学生在第三单元研究函数的一般方法的指引下,学习指数函数和对数函数,进一步理解函数的变化思想、对应思想,领会研究函数的基本思路和方法. 本单元的内容能帮助学生学会用函数图像和代数运算的方法研究指数函数和对数函数的性质,理解这两类函数中蕴含的变化规律,可以培养和提升学生数学运算、直观想象、数学抽象和数学建模等核心素养.

二、教学要求

本单元内容包含实数指数幂、指数函数、对数、对数函数、指数函数与对数函数的实际应用. 完成教学约需 14 学时，具体要求和学时分配建议见表 4-1.

表 4-1　具体要求和学时分配建议

主要内容	内容要求	学时分配
4.1 实数指数幂	了解 n 次根式、分数指数幂、有理数指数幂及实数指数幂的概念，了解实数指数幂的运算法则	2 学时
4.2 指数函数	了解指数函数的定义，理解指数函数的图像和性质	2 学时
4.3 对数	了解对数的概念及性质，了解常用对数与自然对数的表示方法，了解指数与对数的关系，了解积、商、幂的对数及运算法则	4 学时
4.4 对数函数	了解对数函数的定义、图像和性质	3 学时
4.5 指数函数与对数函数的实际应用	初步掌握从实际情境中抽象出指数函数、对数函数模型解决简单实际问题的方法	1 学时
灵活安排	复习与小结	2 学时

三、教材分析

(一)单元知识导图

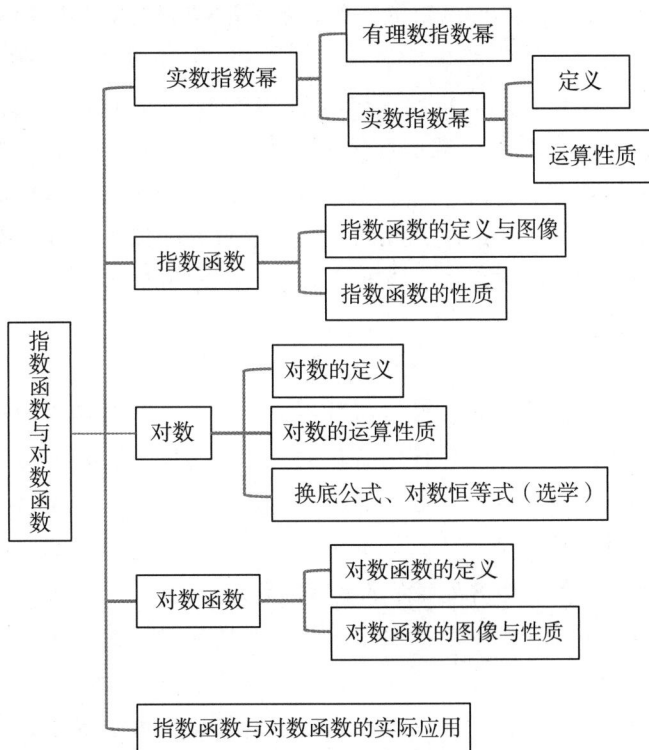

图 4-2　第四单元知识导图

(二)教材编写思路

数及其运算是函数的基础,函数是数及其运算的延伸和发展.教材引导学生经历从整数指数幂到有理数指数幂再到实数指数幂的拓展过程,建立实数指数幂的概念,并将整数指数幂的运算性质推广到实数指数幂的运算性质,为指数函数的学习奠定基础.对数则是指数幂中指数的等价表示形式,因此对数运算与指数幂运算紧密相连,它们的运算实质是统一的.

在用描点法绘制指数函数、对数函数的图像以及用代数方法研究指数函数、对数函数的性质时,都是通过指数幂和对数的运算,求得与自变量 x 对应的函数值 a^x 和 $\log_a x$,从而发现其变化规律.

教材按照"背景—概念—图像和性质—应用"的路径介绍指数函数和对数函数,体现了研究函数的一般思路.对于指数函数,教材以"一尺之棰,日取其半,万世不竭"和细胞分裂两个情境为例,引入指数函数,突出指数函数爆炸性增长(衰减)的变化规律,体现学习指数函数的必要性,然后归纳其共性得到指数函数的一般表达式.对于对数函数的概念,教材先从另外一个角度研究细胞分裂问题,利用对数运算与指数幂运算之间的关系,通过运算推理得到某个解析式,然后从特殊到一般给出对数函数的一般表达式.对于两个函数性质的研究,教材都是类比以前学习函数的经验,按照利用函数图像研究函数性质的"三步曲"进行:先通过列表、描点、连线作出具体函数的图像;然后通过观察,比较不同函数的图像;最后归纳它们的共同特征,并用数学语言加以表达.

本单元最后一节是在第三单元"函数的应用"的基础上,根据问题情境,确立实际问题的一次函数、指数函数与对数函数模型,体会"直线上升""指数爆炸"和"对数增长"的差异,并通过函数模型反映实际问题的变化规律,从而分析和解决实际问题,使学生进一步理解建立函数模型解决实际问题的一般过程.以上过程也都体现了建立函数概念、研究函数的性质、应用函数解决问题的一般思路和方法.

(三)单元教学目标

在整数指数幂的基础上认识指数、指数函数、对数和对数函数的相关概念;能运用实数指数幂和对数的运算性质进行化简和求值;会用描点法画出具体指数函数和对数函数的图像,并根据底数 $0<a<1$ 及 $a>1$ 描述其图像特征;能结合图像认识指数函数和对数函数的性质,用图像与性质解决相关数学问题;能结合具体问题情境,利用计算工具,合理选择函数模型解决简单的实际问题.

通过具体情境,由特殊到一般抽象出指数、指数函数、对数和对数函数的概念以及它们之间的逻辑关系,提升数学抽象素养;依据所学概念、运算性质、函数性质合理选择运算方法和程序,进行恒等变形、化简求值和比较大小等运算,逐步提高逻辑推理和数学运算等核心素养;借助指数函数和对数函数的图像特征研究它们的基本性质和变化规律,形成数形结合的思想,发展直观想象素养;依托指数函数和对数函数建立函数模型，对有关的实际问题进行分析、整理，表达数学建模的过程和结果，培养数学建模素养.

教师结合教材中"细胞分裂""人口增长""压强海拔测量""碳 14 的衰减"等实例和习题培养学生用数学的眼光观察世界的意识和能力. 通过教材中"拉面绝活""创业贷款"等素材培育学生的工匠精神和创业精神. 结合教材中《庄子·天下篇》的情境，展示我国古人对人类文明史的贡献，增强学生的民族自豪感；让学生通过阅读"数学园地"栏目中的旅游人数的指数增长问题，感受我国的经济发展、社会进步，激发学生的爱国情怀. 在从整数指数幂到有理数指数幂再到实数指数幂的推广过程中，在指数函数和对数函数等内容的学习过程中，让学生体会事物从特殊到一般，从低级到高级的发展规律，树立辩证唯物主义观点，养成实事求是的科学态度和思维方式.

（四）单元重难点

重点：实数指数幂及其运算，对数及其运算，指数函数和对数函数的概念、图像、性质及其应用.

难点：抽象、概括指数函数与对数函数的概念和性质.

四、教材教学建议

4.1　实数指数幂

（一）教学准备

1. 教师授课前，学生应储备以下知识：有理数、无理数、实数的含义，实数的四则运算，整数指数幂的运算性质，平方根、立方根的概念及性质.

2. 教师授课前准备现实生活中指数增长的案例素材，如拉面视频、细胞分裂的图片等，收集数的起源和发展历史的素材.

（二）教学内容

本节的主要内容有根式和分数指数幂的概念、分数指数幂和根式之间的互化、分数指数幂的运算性质、实数指数幂的意义、实数指数幂的运算性质.

（三）教学目标

1. 能类比整数指数幂，结合根式的概念初步认识有理数指数幂的意义；能认识实数指数幂是有理数指数幂的进一步扩充，初步认识实数指数幂的意义.

2. 能根据分数指数幂的意义熟练进行根式与指数幂的互化，能根据整数指数幂的运算性质导出实数指数幂的运算性质，并能运用实数指数幂的运算性质进行化简和求值.

3. 通过根式与分数指数幂的互化，体会"转化"的数学思想；经历从整数指数幂到有理数指数幂再到实数指数幂的拓展过程，提升观察分析、抽象类比的能力；运用实数指数幂的运算性质进行化简和求值，发展数学运算素养.

(四)教学重难点

重点：实数指数幂的运算性质及应用.

难点：无理数指数幂的意义.

(五)教学提示

序号	教学提示
1	本单元开篇分为四个内容. 一是从拉面大王的例子指出其所蕴含的指数函数类型，渗透工匠精神，又列举了其他背景实例，让学生体会数学与现实的联系，说明学习新函数类型的必要性. 二是介绍本单元内容的育人价值，指出指数函数与对数函数是两类基本初等函数，是提高数学运算能力、培养数形结合思想和数学建模能力的重要内容. 三是说明本单元要学习的主要内容，包括指数幂运算和对数运算，指数函数和对数函数图像、基本性质和应用. 四是依据课程标准从内容要求和学业质量要求的角度阐明本单元的学习目标
2	指数函数是以指数为自变量，其定义域为实数集的一类函数. 本节把指数运算的范围从整数指数幂推广到有理数指数幂，然后推广到实数指数幂，为学习指数函数奠定了基础. 在指数运算的推广过程中，"整数指数幂的运算性质同样适用于有理数指数幂、实数指数幂的运算"是核心
3	教材从回顾初中阶段学生熟悉的运算——平方、开平方、立方、开立方入手，类比平方根、立方根与平方、立方之间的关系，得出 n 次方根的概念. 这种推广以具体的例子为载体，由特殊到一般，由具体到抽象，学生容易理解. 教材通过 n 次方根的概念，也容易得到其性质. 进一步根据 n 次方根的意义，把实数的 n 次方根推广到 n 次根式，实现由数到式的推广，而且数的性质也自然地推广到式的性质： 当 n 为奇数时，$\sqrt[n]{a^n}=a$； 当 n 为偶数时，$\sqrt[n]{a^n}=\lvert a\rvert=\begin{cases} a, & a\geq 0, \\ -a, & a<0. \end{cases}$ 根式 $\sqrt[n]{a}$ 的讲解要分 n 是奇数和偶数两种情况来进行，每种情况又分 $a>0$，$a<0$，$a=0$ 三种情况讨论，并结合具体例子讲解
4	第 4.1.1 节中，例1、例2的作用是巩固 n 次方根的概念，以及前面探究得到的关于 $\sqrt[n]{a^n}$ 的性质. 例1都是具体的数，例2涉及字母. 当 n 为偶数时，最后的结果应准确表示并化简. 例1第(5)小题正数开偶次方有两个 n 次方根，例2第(2)小题其结果要用绝对值的形式表示，再根据两个数的大小讨论去绝对值符号化简

续表

序号	教学提示
5	本节以 n 次方根的概念及其性质为基础,进一步研究 n 次方根与分数指数幂的关系.教师可以通过具体的实例,说明当根指数不能整除被开方数的指数时,根式可以表示为分数指数幂的形式.在将 n 次方根表示为分数指数幂的过程中,核心是整数指数幂的运算性质仍然成立.这种兼容性为运算带来了极大的方便,同时说明了 n 次方根表示为分数指数幂的合理性.至于负分数指数幂的意义,类似正整数指数幂到负整数指数幂的推广,根据正分数指数幂的意义,可以规定正数的负分数指数幂的意义: $$a^{-\frac{m}{n}}=\frac{1}{a^{\frac{m}{n}}}=\frac{1}{\sqrt[n]{a^m}}(a>0,\ m,\ n\in\mathbf{N}_+,\ n>1).$$ 　　这种规定的合理性在于它保持了正分数指数幂的运算性质.至此,指数幂 a^x 中的指数的取值范围从整数拓展到了有理数,并且教师可以通过 n 次方根与有理数指数幂的关系给出有理数指数幂的运算性质的证明
6	第 4.1.1 节中,例 3 通过用分数指数幂的形式表示根式的运算,帮助学生巩固分数指数幂和根式的互相转化,进一步理解分数指数幂的意义.第 4.1.1 节中,例 4 需要运用有理数指数幂的运算性质进行化简,目的是帮助学生巩固有理数指数的运算性质
7	有理数指数幂的意义比较明显,它可以看成 n 次方根,但无理数指数幂的意义就没有那么明显,很难有实际背景.在从有理数指数幂推广到实数指数幂的过程中,教材没有通过安排"无理数的不足近似值和过剩近似值,运用夹逼法则认识无理数指数幂的意义"的内容.无理数指数幂的理解是教学的一个难点,没有实际背景,中职阶段无法进行严格的证明,教学中教师可引导学生利用科学计算器计算几个具体的无理数指数幂,知道任何正数的实数指数都是确定的实数即可. 　　需要注意的是,在指数幂 a^x 中,通常要限定 $a>0$ 这个条件,这是为了保证后续的指数函数 $y=a^x$ 对于任意实数 x 都有意义,因为只有正数的任何实数次幂才都有意义
8	对实数指数幂的运算性质可以进行推导,推导的基础是把任何一个实数表示为有理数数列的极限,通过极限运算和有理数指数幂的运算性质进行证明.中职阶段不作要求
9	习题 4.1 水平一和水平二的设计主要检测 n 次根式的化简,根式转化为分数指数幂,运用有理数指数幂的运算性质进行化简和求值.习题体现转化与化归的数学思想,发展学生数学运算素养

(六)课程思政设计

在讲授实数指数幂及其运算法则时，从练习题 $1^{365}=1$，$1.01^{365}\approx37.78$，$0.99^{365}\approx 0.025$，$1.01^{365\times3}\approx53939$，$0.99^{365\times3}\approx10^{-5}$ 中，引出：每天只要多努力一点，一年后就会有明显的进步；每天退步一点，一年后就会落后别人一大段距离；如果在职校三年能坚持刻苦努力，三年后你将有质的飞跃；假如每天随随便便应付，三年后你可能一事无成. 一时的努力谁都能做到，更重要的是坚持和毅力. 引导学生认真对待每一天的学习，在生活小事中注意锻炼个人的毅力，养成不放弃、坚持到底、顽强拼搏的精神.

(七)习题答案

4.1.1　有理数指数幂

随堂练习

1.(1) ±2；(2) 2；(3) $\sqrt[5]{-13}$.

2.(1) -2；(2) 2；(3) $b-a$；(4) $b-3$；(5) $\dfrac{1}{25}$；(6) 2.

3.(1) $9^{\frac{1}{4}}$；(2) $6^{\frac{3}{5}}$；(3) $3^{-\frac{3}{4}}$.

4.(1) 原式 $=a^{\frac{1}{3}+(-\frac{2}{3})+2}=a^{\frac{5}{3}}$；(2) 原式 $=a^{\frac{3}{2}}b^2\cdot a^2b=a^{\frac{7}{2}}b^3$.

4.1.2　实数指数幂

随堂练习

1.(1) 原式 $=(2^4)^{\frac{3}{4}}-(3^{-3})^{\frac{2}{3}}+(10^{-3})^{-\frac{1}{3}}=17\dfrac{8}{9}$；(2) 9；

(3) 原式 $=3^{\frac{1}{2}}\times9^{\frac{1}{3}}\times27^{\frac{1}{4}}=3^{\frac{23}{12}}$.

2.(1) $a-b$；(2) 原式 $=a^2b^{\frac{3}{2}}\times2^4a^{-2}b^{\frac{5}{2}}=16b^4$；

(3) 原式 $=\left(\dfrac{b^2}{a}\right)^{\frac{1}{3}}\cdot a^{\frac{1}{3}}\div(a^3b)^{\frac{1}{2}}=b^{\frac{1}{6}}a^{-\frac{3}{2}}$.

习题 4.1

水平一

1.(1) C；(2) D.

2.(1) -5；(2) 3；(3) $n-m$；(4) $4-\pi$；(5) $\dfrac{27}{125}$；(6) 4；

(7) 原式 $=(2^4)^{-1}\times(2^6)^{\frac{3}{4}}\times(2^5)^{\frac{1}{2}}=8$.

3.(1) 原式 $=a^{\frac{1}{2}}\cdot a^{\frac{2}{3}}\cdot a^{\frac{3}{4}}=a^{\frac{23}{12}}$；(2) 原式 $=a^{-\frac{3}{5}}b^{\frac{2}{5}}\cdot a^{\frac{3}{5}}b^{\frac{3}{5}}=b$；(3) 原式 $=m^{-2}n^{-\frac{2}{3}}\div n^{-\frac{4}{3}}=m^{-2}n^{\frac{2}{3}}$.

水平二

1. (1)原式 $= 2^2 \times 4^{\frac{3}{2}} \times 2^{-2} \times 4^{\frac{5}{2}} = 256$；(2) $\dfrac{1}{9}$；(3)3.

2. 原式 $= \left[y(xy)^{\frac{1}{2}} \right]^3 \cdot (x^2 y)^{\frac{1}{3}} \div (xy^2)^{\frac{1}{3}} = x^{\frac{11}{6}} y^{\frac{25}{6}}$.

4.2　指数函数

(一)教学准备

1. 教师授课前，学生应储备以下知识：实数指数幂的运算、义务教育阶段学习函数的经验、函数的概念与基本性质.

2. 教师授课前准备有关生产生活中的指数函数模型的案例文稿、图片、视频，可以动态演示指数函数图像的课件.

(二)教学内容

本节的主要内容有指数函数的定义、图像、性质及应用.

(三)教学目标

1. 知道指数函数的实际意义，能说出指数函数的定义.

2. 会用描点法、绘图软件画出具体指数函数的图像，会分底数 $0 < a < 1$ 及 $a > 1$ 两种情况描述指数函数的图像特征.

3. 能判别指数函数的单调性与特殊点；能用其单调性比较两个指数幂的大小，能根据指数函数的图像与性质解决一些简单的数学问题.

4. 通过抽象和概括指数函数的概念，发展数学抽象素养；通过图像观察、对比，抽象出不同底数的指数函数的性质的共性与差异，培养分类讨论及数形结合的思想，提升直观想象素养.

(四)教学重难点

重点：指数函数的概念、图像和性质.
难点：指数函数概念及性质的归纳.

(五)教学提示

序号	教学提示
1	情境1是从庄子的"一尺之棰，日取其半，万世不竭"入手，情境2是细胞分裂问题，两个情境贴近生活实际，有利于学生体会函数是刻画实际问题变化规律的数学模型. 情境1反映中国古代对指数函数的认识，展示中国古代"有限与无限辩证统一"的哲学思想，具有一定的数学育人功能. 两个情境

序号	教学提示
	都是经典的指数函数实例,一个是增长问题,另一个是衰减问题,有利于学生从实际出发全面地认识指数函数
2	教材通过情境 1 和情境 2,分三次抽象概括出指数函数的概念. 首先,将情境问题抽象出变量之间的数量对应. 其次,根据数量的对应关系抽象出变量的变化规律,得到函数的解析式. 最后,把两个函数的底数变为字母,抽象概括出指数函数的一般表达式. 整个过程充分体现从特殊到一般、从具体到抽象的认知规律. 抽象和概括指数函数的概念的过程可以帮助学生发展数学抽象素养. 其后的例题是通过指数运算理解指数函数的解析式和对应关系,进一步帮助学生理解指数函数的概念."合作交流"的内容可以帮助学生从形式上熟悉指数函数的解析式的特点
3	观察图像、概括性质是本节教学的重点,教师可以先让学生根据义务教育阶段研究幂函数的经验,结合第三单元的函数理论思考:如何研究一个函数的性质? 研究一个函数的性质主要是研究哪些方面? 　　首先,列表描点作出函数的图像. 由于图像是由点构成的,列表描点可以清楚地反映出各个点的坐标的变化情况,从而由点到线直观地发现函数图像所体现的性质. 从简单的指数函数 $y=2^x$ 开始,再到 $y=\left(\dfrac{1}{2}\right)^x$,在研究了这一对函数之后,再研究具有类似对称关系的其他几对函数,从而概括它们的共同特征. 列表描点作图有两种方式:一是通过人工计算各个点的坐标,然后列表描点作图;二是利用计算工具直接计算各个点的坐标,然后作图. 　　其次,根据图像归纳函数的性质. 教师先让学生根据具体函数的图像观察、归纳其范围、位置、公共点、变化趋势等共性,然后概括具体指数函数的定义城、值域、定点和单调性. 　　最后,由性质进一步认识图像. 在由图像概括出函数的性质后,还可以让学生根据所得性质进一步分析函数的图像,从"以形助数"和"以数助形"两个方面体会数形结合的思想方法
4	列表描点作出有限的几个人为指定的特殊指数函数的图像,然后观察这几个图像来讨论一般指数函数的性质会带来一系列的问题,为什么要画这几个函数的图像? 为什么少量的几个函数图像就可以代表一般的函数图像? 由此得到的性质是否可靠? 为什么要把底数 a 分为 $a>1$ 和 $0<a<1$ 这两类? 只有利用信息技术,学生能通过大量的函数图像看到其共性,从而更容易抽象出一般的指数函数的性质. 　　信息技术在本节的使用主要有以下两方面: 　　(1)在同一平面直角坐标系内画出 a 取任意值时函数 $y=a^x$ 的大量图像. 可以先逐个地取 a 的值,分别作出对应函数的图像,然后通过控制 a 的连续

续表

序号	教学提示
	变化展示对应函数图像的分布情况.
	(2)分析函数 $y=2^x$ 与 $y=\left(\dfrac{1}{2}\right)^x$ 的关系. 分别作出 $y=2^x$ 与 $y=\left(\dfrac{1}{2}\right)^x$ 的图像. 跟踪函数 $y=2^x$ 图像上的点,观察这些点关于 y 轴的对称点,发现所有的对称点均在函数 $y=\left(\dfrac{1}{2}\right)^x$ 的图像上,并由相互对称的点的坐标关系分析函数 $y=2^x$ 与 $y=\left(\dfrac{1}{2}\right)^x$ 的整体图像关系
5	第 4.2.2 节中,例 1 的设计从解析式和图像两方面特征,对比二次幂函数,进一步理解指数函数的概念和图像特征. 例 2 和例 3 是对指数函数单调性的应用,例 2 是直接根据底数大小判别函数的单调性;例 3 的主要目的是利用指数函数的单调性比较两个数的大小,根据问题的特点构造适当的指数函数是关键. 例 3 能够帮助学生进一步熟悉指数函数的性质,并促使他们形成用函数观点解决问题的意识. 三个例子都可以结合图像观察、分析,有意识地向学生渗透数形结合的思想方法,引导学生"以形助数"
6	第 4.2.2 节中,例 4、例 5 是对函数定义域、值域、指数函数的单调性的综合应用,核心是转化,主要目的是进一步熟悉指数函数的图像和性质,进一步促使学生形成用函数观点解决问题的意识
7	随堂练习和习题 4 强调对指数函数概念的理解、图像与性质结合的思维,复习巩固了第三单元的函数的三要素、单调性和奇偶性理论及灵活转化与化归的方法

(六)课程思政设计

从 $y=10^x$ 的函数图像中,学生能感觉到它的上升速度,结合生活实际,教师提问:假设你发出的一条信息有 10 个人看到,他们每人又转发给 10 个人,以此类推,经过 5 次转发,你的信息有多少人看到? 转发 5 次可能只需要 1 min 甚至更少时间,现代社会信息传播非常迅速. 因此不要轻易相信未经核实的网络信息,不要传播谣言,不要随意转发不经核实的信息. 这有助于引导学生树立社会责任意识和法律意识.

(七)习题答案

4.2.1 指数函数的定义与图像

合作交流

指数函数为 $y=4.5^x$,$y=\left(\dfrac{1}{3}\right)^x$,$y=(\sqrt{2})^x$.

4.2.2 指数函数的性质

合作交流

图像关于 y 轴对称.

随堂练习

1.(1)是指数函数,底数为 0.5,指数为 x;(2)不是指数函数;(3)是指数函数,底数为 0.5,指数为 x.

2.$f(0)=3^0=1$,$f(2)=3^2=9$,$f(-2)=3^{-2}=\dfrac{1}{9}$,$f\left(\dfrac{1}{2}\right)=3^{\frac{1}{2}}=\sqrt{3}$.

3.(1)减函数;(2)减函数;(3)增函数.

4.(1)$<$;(2)$<$;(3)$<$;(4)$>$.

5.(1)定义域为 $\{x\mid x\neq 0\}$;(2)定义域为 $\{x\mid x\geqslant 4\}$;(3)定义域为 $\{x\mid x>0\}$.

6.(1)图像过点(3,64),当 $x=3$ 时,$f(3)=64$. 由 $a^3=64$,得 $a=4$,即 $f(x)=4^x$.

(2)$f\left(-\dfrac{1}{2}\right)=4^{-\frac{1}{2}}=\dfrac{1}{2}$.

习题 4.2

水平一

1.(1)D;(2)A;(3)C.

2.(1)$>$;(2)$<$;(3)$<$;(4)$<$.

3.(1)定义域为 $\{x\mid x\neq 0\}$;(2)定义域为 $\{x\mid x\leqslant 2\}$;(3)定义域为 $\{x\mid x\geqslant 0\}$.

4.由函数单调递减,得 $0<a-1<1$,即 $1<a<2$,则 a 的取值范围是(1,2).

5.(1)图像过点 $\left(3,\dfrac{1}{27}\right)$,当 $x=3$ 时,$f(3)=\dfrac{1}{27}$. 由 $a^3=\dfrac{1}{27}$,得 $a=\dfrac{1}{3}$,即 $f(x)=\left(\dfrac{1}{3}\right)^x$.

(2)图像过点(4,16),当 $x=4$ 时,$f(4)=16$. 由 $a^4=16$,得 $a=2$,即 $f(x)=2^x$.

水平二

1.(1)由条件得 $\dfrac{x-2}{2}<\dfrac{2x+1}{2}$,即 $x>-3$,所以 x 的取值范围是 $(-3,+\infty)$.

(2)由条件得 $x<2x-1$,即 $x>1$,所以 x 的取值范围是 $(1,+\infty)$.

2.(1)图像过点 $\left(2,\dfrac{1}{4}\right)$,当 $x=2$ 时,$f(2)=\dfrac{1}{4}$. 由 $a^2=\dfrac{1}{4}$,得 $a=\dfrac{1}{2}$.

(2)由 $\dfrac{1}{2}<1$,得 $x+2>x^2$,即 $-1<x<2$,所以 x 的取值范围是 $(-1,2)$.

3.(1)图像略;(2)单调减区间为 $(-\infty,0)$,单调增区间为 $(0,+\infty)$;(3)最小值为 1;(4)偶函数.

4.3 对数

(一)教学准备

1. 教师授课前,学生应储备以下知识:实数指数幂的相关概念(底数、指数、幂),

实数指数幂的运算性质.

2. 教师授课前制作指数式、对数式及相关概念的卡片，制作第 4.2 节的情境中庄子的"一尺之棰，日取其半，万世不竭"的卡通课件，准备科学计算器.

（二）教学内容

本节主要内容是对数、底数、真数、指数式、对数式、自然对数、常用对数的概念，对数运算的性质，（选学）换底公式、对数恒等式.

（三）教学目标

1. 能说明对数的含义，解释对数的真数、底数的意义及其取值范围；明确对数与指数的关系，并能根据对数的定义进行指数式与对数式的互化；知道自然对数、常用对数的概念及符号.

2. 能类比指数幂的运算性质发现对数的运算性质，并能利用对数的运算性质进行对数式的求值与化简.

3.（选学）知道对数换底公式的作用，会用对数换底公式将已知对数化为常用对数、自然对数或指定底数的对数. 知道对数恒等式，会用对数恒等式结合对数运算性质进行简单的求值和化简.

4. 能从具体情境中抽象出对数的概念；能通过类比、演绎等推理过程，理解对数的运算性质，根据对数的运算性质进行对数运算，解决有关问题，提高推理论证和运算求解的能力.

（四）教学重难点

重点：对数的概念，对数的运算性质.

难点：对数运算性质的推导及应用，对数换底公式的推导（选学）.

（五）教学提示

序号	教学提示
1	教材再次通过庄子："一尺之棰，日取其半，万世不竭"的具体例子，让学生认识到引入与指数幂运算有关的另外一种运算的必要性，抽象出如何从 $\left(\dfrac{1}{2}\right)^x=\dfrac{1}{8}$，$\left(\dfrac{1}{2}\right)^x=N$ 分别求出 x，即已知底数和幂，求指数. 这种运算显然与指数幂的值及底数的值紧密关联，这就要引入新的运算，引入的必要性明确后，教材给出了对数的概念. 　　在对数的概念 $x=\log_a N$ 中，x，a，N 都有确切的含义，"log"是拉丁文 logarithm（对数）的缩写，它只是一个表达符号. 对数是指数幂中指数的等价表示形式：当 $a>0$ 且 $a\neq1$ 时，$a^b=N\Leftrightarrow\log_a N=b$. 为了使学生了解这个概念，可以让学生进行指数表达与对数表达的互换，明确表达式的意义.

序号	教学提示
	根据对数的定义以及对数与指数的对应关系，可以得到对数的有关性质：负数和 0 没有对数，1 的对数为 0，底数与真数相等的对数值为 1. 利用对数与指数的关系，这些结论的证明比较简单，可以由学生合作交流完成
2	数学中有两类常见对数：一是以 10 为底的常用对数 lg N，二是以无理数 e＝2.718 28…为底的自然对数 ln N. 以 10 为底的常用对数学生不难理解，因为科学记数法的底数是 10，符合日常习惯. 以 e 为底的自然对数，在中职阶段很难向学生说清楚它是如何产生的. 事实上，e 和 π 是数学史上伟大的两个数，e 不仅是无理数，还是超越数(不是任何有理系数多项式方程的根). 关于 e 的结论或性质也很多，如 $\lim\limits_{n\to\infty}\left(1+\dfrac{1}{n}\right)^{n}=e$，$e=1+\dfrac{1}{1!}+\dfrac{1}{2!}+\cdots+\dfrac{1}{n!}+\cdots$ 等. 以 e 为底的指数函数可以描述科技、经济及社会生活中众多增长或衰减的变化规律，它是一个与连续变化有着紧密联系的常数. 与之对应的就有以 e 为底的对数 ln N. 随着后续高等数学的学习，学生就可以进一步了解到 e 的来龙去脉及它的很多性质和应用
3	第 4.3.1 节中，例 1、例 2 是关于指数式与对数式互化的问题，其目的是让学生了解两类表达式的意义. 虽然从形式上看，两者不同，但本质上是一致的. 这个一致是指底数、指数(对数)、幂(真数)三者之间的关系的一致. 例 3、例 4、例 5 是通过指数幂运算求对数表达式中真数及对数的具体数值，让学生进一步认识对数运算与指数幂运算之间的关系
4	对于对数的运算性质，教材采用"求值—猜想—抽象—证明"的线索展开，符合学生从特殊到一般、从具体到抽象的认知规律. 对数运算与指数幂运算是两类重要的运算，有了对数的概念和性质后，根据对数与指数幂的对应关系，结合指数的运算性质可以得出对数运算性质. 　　从运算角度看，加减是一级运算，乘、除是二级运算，乘方、开方是三级运算，一般来说，运算的数量级越高，运算的复杂度也越高. 从对数的运算性质可以看出，通过对数运算可以把乘法转化为加法，把除法转化为减法，把乘方转化为乘法. 对数运算降低了运算的级别，简化了运算，在数学发展史上是伟大的成就
5	教材第 4.3.2 节中，例 1、例 2 是直接运用对数的运算性质进行字母和具体数值的计算，学生从中可以体会对数运算把乘方转化为乘法、把乘法转化为加法、把除法转化为减法的作用
6	从历史上看，发明对数完全是计算的需要. 由于对数的运算数量级高、复杂度高，人们无法穷尽所有对数的运算，为了运算的方便，制作了常用对数表和自然对数表，而对于其他底数的对数，可以通过换底公式，转化为自

续表

序号	教学提示
	然对数或常用对数，从而实现其他底数的对数的运算． 在教学中，教师可以先让学生用计算工具计算 $\ln 2$，$\ln 3$ 两个具体的对数值，然后用它们的值求 $\log_2 3$ 的值．解决这个问题的关键是灵活运用对数与指数的关系及对数的定义，教学中教师应加强引导学生"从定义、基本原理出发思考问题"．在上述具体问题及其解决过程的启发下，再利用对数的运算性质推导对数的换底公式" $\log_a b = \dfrac{\log_c b}{\log_c a}\,(a>0$，且 $a\neq1$；$c>0$，且 $c\neq1)$ "就比较容易了，这种从特殊到一般的过程是我们思考和解决问题时常用的方法． 对数的换底公式是对数中非常重要的公式，用自然语言描述就是：一个对数的值等于两个同底的对数的商，其中分子是真数的对数，分母是以原对数的底数为真数的对数．从换底公式的结构和形式上看，很难直观想到这个公式，但是公式的推导并不难，有多种途径．利用对数的换底公式，可以把任意底数的对数的值转化为以 10 或 e 为底的对数，这样就可以利用对数表或科学计算器计算任意底数的对数的值．现在很多计算器，都有以 10 或 e 为底的对数计算的按键，部分计算器还有任意底数的按键，这些都极大地方便了运算
7	教材第 4.3.3 节中，例 1、例 2 是利用换底公式将题目中的对数化为常用对数进行求值和证明，体现转化思想和换底公式的运算功能
8	数学运算是重要的数学核心素养之一．到目前为止，我们学习了加法、减法、乘法、除法、乘方、开方、指数幂、对数等运算．本单元主要涉及计算指数幂、指数运算、计算对数、对数的运算，利用指数函数、对数函数的性质比较一些特殊类型的数．教学时教师要结合本章的相关运算，适当整理和总结，加强学生运算能力的培养，使学生体会运算在数学中的作用
9	习题 4.3 水平一考查学生指数与对数形式的互化，用对数运算性质直接求值；水平二是考查学生对数运算性质的灵活应用，进一步理解对数的概念和运算性质

(六)课程思政设计

1. 课前要求学生查阅对数发展史的资料，思考对数和对数运算的历史意义，课中请学生分享体会．课中展示 1594—1614 年纳皮尔创造的第一个对数表，阐述对数的起源及其在数学和其他科学领域中的作用，让学生看到对数的重大历史意义和实际应用价值，介绍数学史上数学家经过大量的努力，制作了常用对数表和自然对数表，人们只要通过查表、运算就能求出任意正数的常用对数或自然对数，这大大降低了科学家与工程技术人员的工作量．让学生感动于科学家的使命和艰辛，学习数学家们克服困难、孜孜不倦、勇于创新的科研精神.

2. 对数运算的优点是把乘方、开方这些第三级运算转化成乘、除第二级运算，而第二级运算又可转换成加、减第一级运算，大大减少了计算量. 学生在用对数性质解决实际问题的过程中，加深理解应用"指、对数运算"的内在联系与转化，在实践中体会知识的应用价值，体会"普遍联系"与"矛盾转化"的哲学范畴，树立战胜困难的信心.

(七)习题答案

4.3.1 对数的定义

合作交流

略.

随堂练习

1.(1)$\log_3 729=6$；(2)$\log_{\frac{1}{2}}8=-3$；(3)$\log_{25}5=\dfrac{1}{2}$；(4)$\log_{10}1\,000=3$.

2.(1)$4^3=64$；(2)$\left(\dfrac{1}{2}\right)^{-3}=8$；(3)$10^{-1}=0.1$；(4)$e^{\frac{1}{2}}=\sqrt{e}$.

3.(1)9；(2)1；(3)10.

4.(1)2；(2)-1；(3)2；(4)2；(5)1；(6)0；(7)2.

4.3.2 对数的运算性质

合作交流

略.

随堂练习

1. 3，2，-1，2，2，-3，4，-1，1.

2.(1)$2\lg x+\lg y+3\lg z$；(2)$\lg x-\dfrac{1}{3}\lg y+\dfrac{3}{2}\lg z$；(3)$2\lg x-3\lg y-\dfrac{1}{2}\lg z$.

3.(1)原式$=\log_3 27+\log_3 9^2=7$；(2)$\dfrac{1}{2}$；(3)$-\dfrac{3}{2}$；(4)$\dfrac{2}{3}$；(5)2；(6)2；

(7)原式$=\log_2\sqrt{2}-\log_2 4=-\dfrac{3}{2}$；(8)2.

4.3.3 (选学)换底公式、对数恒等式

随堂练习

1.(1)原式$=\dfrac{\lg 49}{\lg 25}\cdot\dfrac{\lg 125}{\lg 7}=\dfrac{\lg 7^2}{\lg 5^2}\cdot\dfrac{\lg 5^3}{\lg 7}=3$.

(2)原式$=\dfrac{\lg\frac{1}{9}}{\lg 4}\cdot\dfrac{\lg\frac{1}{7}}{\lg 3}\cdot\dfrac{\lg\frac{1}{2}}{\lg 49}=\dfrac{-2\lg 3}{2\lg 2}\cdot\dfrac{-\lg 7}{\lg 3}\cdot\dfrac{-\lg 2}{2\lg 7}=-\dfrac{1}{2}$.

2. 证明：$\log_a b\cdot\log_b a=\dfrac{\lg b}{\lg a}\cdot\dfrac{\lg a}{\lg b}=1$.

3. $\log_4 15=\dfrac{\log_2 15}{\log_2 4}=\dfrac{1}{2}(\log_2 3+\log_2 5)=\dfrac{1}{2}(a+b)$.

4.（1）11；（2）原式$=(5^2)^{\log_5 3}=5^{\log_5 3^2}=9$；（3）原式$=7^2\times 7^{\log_7 3}=49\times 3=147$.

习题 4.3

水平一

1.（1）B；（2）B.

2.（1）4；（2）-3；（3）2；（4）0；（5）1；（6）-3.

3. B.

水平二

（1）$\dfrac{3}{2}$；（2）原式$=10^1\times 10^{\lg 3}=10\times 3=30$；（3）3；（4）原式$=\dfrac{\lg 3^{\frac{1}{2}}}{\lg 2}\cdot\dfrac{\lg 8}{\lg 9}=\dfrac{3}{4}$；

（5）原式$=(\lg 5+\lg 2)+(\lg 25+\lg 8^{\frac{2}{3}})=\lg(5\times 2)+\lg(25\times 4)=3$；

（6）原式$=\log_6\dfrac{20}{5}+\log_6 3^2=\log_6(4\times 9)=2$.

4.4 对数函数

(一)教学准备

1. 教师授课前，学生应储备以下知识：指数与对数的对应关系，对数运算，指数函数的概念、图像和性质，研究函数的图像和性质的一般方法与步骤.

2. 教师授课前收集准备生产生活中学生熟悉的对数函数案例素材、作对数函数图像的软件、课件、计算器.

(二)教学内容

本节的主要内容有对数函数的定义、图像、性质及应用.

(三)教学目标

1. 知道对数函数的实际背景，能说出对数函数的定义.

2. 会用描点法、绘图软件画出具体对数函数的图像，会分底数$0<a<1$及$a>1$两种情况描述对数函数的图像特征.

3. 能判别对数函数的单调性与特殊点；能用其单调性比较两个对数的大小，能根据对数函数的图像与性质解释一些简单的数学问题.

4. 通过抽象和概括对数函数的概念，发展数学抽象素养；通过图像观察、对比，抽象出不同底数的对数函数的性质的共性与差异，培养分类讨论及数形结合的思想，提升直观想象素养.

(四)教学重难点

重点：对数函数的概念、图像和性质.

难点：对数函数概念及性质的归纳.

(五)教学提示

序号	教学提示
1	本节一开始从另一个角度继续研究细胞分裂的问题，让学生进一步感受其中的函数模型，不仅可以得到对数函数的概念，还可以通过与指数函数的联系更好地理解对数函数
2	与通过抽象概括出指数函数的概念不同，教材是通过演绎、推理得到对数函数的概念的. 教材利用细胞分裂的问题，经运算、推理得到细胞数量与分裂次数的对应关系式，根据指数与对数的关系，得到本案例的对数表达式，然后从特殊到一般给出对数的一般表达式. 教学中教师应该向学生明确提出问题，让学生通过运算、推理回答问题. 教师在根据指数式和对数式的对应关系，得到解析式中变量的取值范围的基础上，给出对数函数的概念
3	教材第 4.4.1 节中，例 1、例 2 使学生通过求对数函数的解析式、函数值、定义域熟悉对数函数的概念，发展数学运算素养
4	在经历了指数函数的图像和性质的学习后，教师引导学生类比研究指数函数的图像和性质，从以下方面进行探究. 首先，作出函数的图像. 一种方式就是列表描点作图，教学时可以从简单的对数函数 $y=\log_2 x$ 开始，再到 $y=\log_{\frac{1}{2}} x$. 在研究了这一对函数之后，再研究具有类似对称关系的其他几对函数，从而概括它们的共同特点. 列表描点作图也有两种方法：一是通过人工计算各个点的坐标，然后列表描点作图；二是利用计算工具直接计算各个点的坐标并列表，然后作图. 另一种方式就是根据函数解析式，利用具有函数作图功能的绘图软件直接作图. 为了更好地概括函数的性质，应该对函数 $y=\log_a x (a>0$ 且 $a \neq 1)$ 中的底数 a 进行任意取值，作出大量的具体对数函数的图像，并通过跟踪图像上的点，观察点的坐标变化. 其次，根据图像概括函数的性质. 这是让学生根据所作图像的特点，观察、归纳对数函数的范围、位置特征、公共点特征、变化趋势特征，概括对数函数的定义域、值域、定点和单调性. 最后，由性质进一步认识图像. 在由图像概括出函数性质后，还可以让学生根据所得性质进一步分析函数的图像，这样就可以从"以形助数"和"以数助形"两方面体会数形结合的思想方法，培养学生的理性思维

续表

序号	教学提示
5	通过绘图软件可以得到 a 取任意值时，函数 $y=\log_a x\,(a>0$ 且 $a\neq1)$ 的大量图像，由于对指数函数有过类似的探究，将对数函数分为 $a>1$ 和 $0<a<1$ 两类，就会显得自然了．在上述思考和探究的过程中，同样教师要有意识地向学生渗透数形结合的思想方法，引导学生"以形助数"，先观察图像得到图像的特征，然后再将图像特征转化为函数性质，逐步完成教材中的表 4-6
6	教材第 139 页的"合作交流"是让学生观察并获得"函数 $y=\log_2 x$ 的图像与 $y=\log_{\frac{1}{2}} x$ 的图像关于 x 轴对称"的结论．这个结论让学生体会到可以用已知函数图像和对称性来作新函数的图像，该部分的目的是让学生学习用联系的观点看问题、通过逻辑推理得出数学结论
7	教材第 4.4.2 节中，例 1 和例 2 的主要目的是利用对数函数的单调性比较两个数量的大小关系及解不等式，解题时，根据条件构造适当的对数函数是关键，同时应注意底数不同时需要合理转化为相同底数，对数式中的真数大于 0．两个例子能让学生进一步熟悉对数函数的图像和性质，并逐步促使学生形成用函数的观点解决问题的意识
8	第 4.4.2 节中，随堂练习和习题 4.4 主要围绕对数函数求定义域、解析式及函数值、图像公共点及对称性、利用单调性比较大小和解不等式进行考查，进一步复习巩固对数函数的图像和性质，培养学生利用性质解决数学问题的意识，发展和提升学生的直观想象、数学运算、逻辑推理等核心素养

(六)课程思政设计

1. 教师通过分析对数函数与指数函数解析式的转化、对数函数与指数函数图像的对称关系及 $y=\log_a x$ 与 $y=\log_{\frac{1}{a}} x$ 图像的对称关系，让学生学会用哲学的普遍联系观的原理及其方法论认识事物.

学生应明白联系是事物之间及事物内部诸要素之间的相互影响、相互制约和相互作用，不能用孤立的观点看问题．既要看到事物之间的联系，又要看到事物内部诸要素之间的联系，明白联系具有普遍性、客观性、多样性.

2. 教师通过特殊的对数函数图像与性质归纳一般对数函数的图像和性质，让学生体会矛盾的普遍性和特殊性的关系是共性与个性的辩证统一关系：个性是一事物区别于其他事物的特殊性质，共性是个别事物之间的共同本质；共性只能存在于具有个性的具体事物之中，具有个性的具体事物同时又蕴含某种共性．从而树立学生"个人服从集体"的整体观、大局观.

(七)习题答案

4.4.1 对数函数的定义

随堂练习

1.(1)5,$(0, +\infty)$；(2)$f(1)=0$，$f(5)=\log_{\frac{1}{5}}5=-1$，$f(25)=\log_{\frac{1}{5}}25=-2$；

(3)由$\log_2 a=-3$，得$a=2^{-3}=\dfrac{1}{8}$.

2.(1)-1；(2)由$\lg a=-2$，得$a=10^{-2}=\dfrac{1}{100}$.

3.(1)定义域为$\left(-\infty, \dfrac{5}{2}\right)$；(2)定义域为$(-3, 3)$.

4.4.2 对数函数的图像与性质

合作交流

略.

随堂练习

1.定义域为$(0, 2)$.

2.(1)$<$；(2)$>$；(3)$<$；

(4)因为$\log_{\frac{2}{3}}\pi<\log_{\frac{2}{3}}1=0$，$\log_{\frac{3}{2}}\pi>\log_{\frac{3}{2}}1=0$，所以$\log_{\frac{2}{3}}\pi<\log_{\frac{3}{2}}\pi$.

3.(1)不等式的解集为$(4, +\infty)$；(2)$\log_{\frac{1}{3}}x<1=\log_{\frac{1}{3}}\dfrac{1}{3}$，即$x>\dfrac{1}{3}$，所以不等式的解集为

$\left(\dfrac{1}{3}, +\infty\right)$.

习题 4.4

水平一

1.(1)C；(2)A；(3)B；(4)A.

2.(1)$<$；(2)$<$；(3)$>$；(4)$<$.

3.要使函数有意义，则有$2-x>0$且$x\neq-1$，解得$x<2$且$x\neq-1$，所以函数的定义域为$(-\infty, -1)\cup(-1, 2)$.

4.(1)要使函数有意义，则有$\log_3 x\neq0$且$x>0$，解得$x\neq1$且$x>0$，所以函数的定义域为$(0, 1)\cup(1, +\infty)$；

(2)要使函数有意义，则有$1-\lg x\geq0$且$x>0$，解得$0<x\leq10$，所以函数的定义域为$(0, 10]$；

(3)要使函数有意义，则有$\log_{0.5}x>0$且$x>0$，解得$0<x<1$，所以函数的定义域为$(0, 1)$.

水平二

1.(1)C；(2)B；(3)C；(4)D；(5)D.

2.(1)要使函数有意义，则有$1-\log_3 x>0$且$x>0$，解得$0<x<3$，所以函数的定义域为$(0, 3)$；

(2)要使函数有意义，则有$\log_{\frac{1}{4}}x\geq0$且$x>0$，解得$0<x\leq1$，所以函数的定义域为$(0, 1]$.

3. 图像过点 $(9,-2)$，当 $x=9$ 时，$f(9)=-2$. 由 $\log_a 9=-2$，得 $a=\dfrac{1}{3}$，即 $f(x)=\log_{\frac{1}{3}} x$，所以 $f(3)=\log_{\frac{1}{3}} 3=-1$.

4. 设 2021 年我国 GDP 为 m 亿元，经过 x 年，实现 GDP 比 2021 年翻一番，即 $2m$ 亿元，则 $m(1+6\%)^x=2m$，即 $1.06^x=2$.

两边取常用对数，得 $x=\dfrac{\lg 2}{\lg 1.06}=\dfrac{0.301}{0.025}\approx 12$.

4.5　指数函数与对数函数的实际应用

(一)教学准备

1. 教师授课前，学生应储备以下知识：基本初等函数的图像和性质，数与形相结合转化的意识，利用函数知识解决实际问题的方法.

2. 教师授课前收集生产生活中学生熟悉的一次函数、指数型函数、对数型函数等函数模型案例.

(二)教学内容

本节主要内容有利用已知函数模型解决实际问题，选择合适的函数模型解决实际问题.

(三)教学目标

1. 能结合具体的实际问题情境，利用计算工具，比较线性函数、指数函数、对数函数增长的差异，能描述对数增长、线性增长、指数爆炸等术语的现实含义.

2. 能结合已知数据的特征，根据不同函数增长的差异，合理选择函数模型，并利用所建立的函数模型解决相关的实际问题.

3. 在实例探究、解决实际问题的过程中，培养数学运算素养；通过体验函数模型特征的过程，培养数学抽象的核心素养；通过数据、表格等分析过程，建立函数模型，培养数学建模素养.

(四)教学重难点

重点：用函数建立数学模型解决实际问题的基本过程.

难点：依据题目中的情境，建立合适的函数模型，分析和解决实际问题.

(五)教学提示

序号	教学提示
1	学生已经学习过的函数有一次函数、二次函数、反比例函数、指数函数及对数函数. 它们都与现实世界有着密切联系，有着广泛的应用，应用数学知识去解决相关的实际问题是我们学习数学的重要目标之一. 本节内容与现

序号	教学提示
	实问题紧密相关，力图追求情境的真实性与例题设问的典型性，帮助学生从函数的观点认识现实中的数量关系，体会用函数构建数学模型的基本过程，使学生认识数学的价值，提升数学建模素养
2	通常函数应用题文字内容较多、题目较长，需要的函数模型也多种多样，学生要建立起正确的函数模型并不是一件容易的事．教师在授课过程中，要注重分类的思想，帮助学生把数学建模问题分成几类，以方便学生形成自己的知识系统；引导学生由问题入手，逐步分析，设计出一个一个的小问题，最后把这些小问题串起来，把题目中的大问题解决
3	教材第4.5节中，例1是人口问题的线性增长和指数增长模型，引导学生认识"直线上升""指数爆炸"的差异，根据实际情况选择不同的函数模型．在人口问题的指数增长模型中，这个模型的基本条件是增长率保持不变，并将人口数视为连续变化，模型采用了简单化、数学化处理．学生应初步理解当自变量变得很大时，指数函数增长比一次函数增长得快，并借助计算结果与图像直观理解"直线上升""指数爆炸"术语的现实含义．为了减轻比较过程中的运算量，教师可以利用信息技术让学生观察、体会指数函数 $y=141\ 178(1+1\%)^{x}$ 的增长速度．学生通过本例初步体验数学建模的基本步骤
4	教材第4.5节中，例2提供了对数函数模型，可用待定系数法求出解析中的相关参数，整个解题过程重在通过运算、推理求解模型，本例用已知模型解决实际问题，并将得到的函数模型用于描述实际问题的变化规律

5	教学中注意借助教材提供的例题和习题总结用函数建立数学模型解决实际问题的基本过程．
	  (1)观察情境：阅读理解题目文字叙述，认真审题，弄清楚题目的实际背景和意义，设法用数学语言来描述问题．
	  (2)收集与分析数据：理解所给的实际问题之后，领悟背景中反映的实质，需要对问题作必要的简化，有时要给出一些恰当的假设，抽象出问题中关键或主要的数量和变量．
	  (3)数学建模：根据题意建立变量或参数间的数学关系，实现实际问题数学化，引进数学符号，构建数学模型．常用的函数模型有一次函数、二次函数、指数函数、对数函数等．
	  (4)求解模型：以所学的数学性质为工具对建立的数学模型进行求解．
	  (5)检验模型：将所求的结果代回模型之中检验，将模拟的结果与实际情形比较，以确定模型的有效性；如果不满意，要考虑重新建模．
	  (6)评价与应用：如果模型与实际情形比较吻合，要对计算的结果作出解释并给出其实际意义，最后对所建立的模型给出运用范围；如果模型与实际问题有较大出入，则要对模型改进并重复上述步骤

（六）课程思政设计

1. 学生通过阅读"数学园地"栏目中的旅游人数呈指数增长的例子、习题中的 GDP 增长的例子，感受我国的经济发展、社会进步，激发爱国情怀."创业贷款"等素材对学生渗透创业意识，潜移默化地对学生进行职业精神、职业理想的教育.

2. 教材中列举了很多其他背景的实例，如"细胞分裂""人口增长""压强海拔测量" "碳 14 的衰减"等，使学生通过实例和习题体会数学与现实的联系，培养学生用数学的眼光观察世界的意识和能力.

（七）习题答案

随堂练习

1. 三年后其价值为 $4\,650\times(1-30\%)^3\approx1\,595$(元).

2. 函数关系式为 $y=800(1+25\%)^x$；三年后其年产值是原来的 $(1+25\%)^3\approx2$ 倍.

3. 设放射性物质原来的质量为 m，经过 x 年剩留的质量为 $\dfrac{m}{2}$，即 $m90\%^x=\dfrac{m}{2}$，得 $0.9^x=0.5$.

两边取常用对数，得 $x=\dfrac{\lg 0.5}{\lg 0.9}=\dfrac{-0.301\,0}{-0.045\,8}\approx7$.

习题 4.5

水平一

1. 由题意，本金为 a，年利率为 r，则存期 1 年本利和为 $y=a+ar=a(1+r)$(元)，

存期 2 年本利和为 $y=a(1+r)+a(1+r)r=a(1+r)^2$(元)……存期 x 年本利和为 $y=a(1+r)^x$(元). 当 $a=2\,000$，$r=2.25\%$，代入得 $y=2\,000(1+2.25\%)^4\approx2\,186$(元).

2. 设衣服漂洗之前的污垢量为 a，则存留的污垢 y 与漂洗次数 x 的关系为 $y=a\left(\dfrac{1}{4}\right)^x$.

由 $y\leqslant\dfrac{1}{64}a$，得 $a\left(\dfrac{1}{4}\right)^x\leqslant a\cdot\dfrac{1}{64}$，解得 $x\geqslant3$，所以至少漂洗 3 次.

3.（1）由 $15=5\log_2\dfrac{x}{10}$，得 $\dfrac{x}{10}=2^3$，即 $x=80$，它的耗氧量为 80 单位；

（2）由 $x=40$，则 $y=5\log_2\dfrac{40}{10}=5\log_2 4=10$，它的飞行速度为 10 m/s.

水平二

1. 设第 x 天所得回报是 y 元，方案一，$y=40(x\in\mathbf{N}_+)$，方案二，$y=10x(x\in\mathbf{N}_+)$，方案三，$y=0.4\times2^{x-1}(x\in\mathbf{N}_+)$，作三个函数的图像如图所示.

由图可以看出，（1）第一天到第三天，方案一最多.（2）第四天，方案一、方案二一样多，方案三最小.（3）第五天到第八天，方案二最多.（4）从第九天开始，方案三比方案一、方案二多. 所以短期投资可以选择方案一或方案二，长期投资选择方案三.

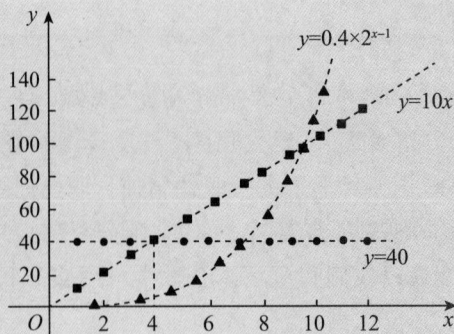

第1题图

计算列出三种方案的累计收益表.

天数	1	2	3	4	5	6	7	8	9	10	11	⋯
方案一累积收益	40	80	120	160	200	240	280	320	360	400	440	⋯
方案二累积收益	10	30	60	100	150	210	280	360	450	550	660	⋯
方案三累积收益	0.4	1.2	2.8	6.0	12.4	25.2	50.8	102	204.4	409.2	818.8	⋯

从收入表分析,投资一天到六天,选方案一;投资七天选方案一、二均可;投资八天到十天应选方案二,投资十一天及以上,应选方案三.

2. 设应在病人注射这种药 x h 后再向病人注射这种药,由题意得

$500 \leqslant 2\,500 \times (1-20\%)^x \leqslant 1\,500$.

整理得 $\dfrac{1}{5} \leqslant \left(\dfrac{4}{5}\right)^x \leqslant \dfrac{3}{5}$,两边取对数,得 $\log_{\frac{4}{5}}\dfrac{3}{5} \leqslant x \leqslant \log_{\frac{4}{5}}\dfrac{1}{5}$.

又 $\log_{\frac{4}{5}}\dfrac{3}{5} = \dfrac{\lg 6-1}{\lg 8-1} = \dfrac{\lg 2+\lg 3-1}{3\lg 2-1} \approx 2.2$,同理 $\log_{\frac{4}{5}}\dfrac{1}{5} \approx 7.0$.

解得 $2.2 \leqslant x \leqslant 7.0$,所以该护士应该在用药 2.2 h 后及 7.0 h 前再向该病人注射这种药.

单元检测

水平一

1. (1)B;(2)D;(3)C;(4)C;(5)A;(6)A;(7)D;(8)C.

2. (1)-4;(2)9;(3)$10^{\frac{2}{3}}$;(4)e^{-2}.

3. (1)$>$;(2)$>$;(3)$<$;(4)$<$.

4. (1)原式 $= \left[\left(\dfrac{4}{3}\right)^2\right]^{-\frac{1}{2}} - 1 + \dfrac{2}{3} = 1$;(2)原式 $= 2 + \lg\left(12 \times \dfrac{25}{3}\right) = 2 + 2 = 4$;

(3)原式 $= \dfrac{1}{2} + \log_3 3^{-3} + \log_6 \dfrac{3}{18} = \dfrac{1}{2} - 3 - 1 = -\dfrac{7}{2}$;

(4)原式 $= \lg 10^2 - (2^{-2})^{-\frac{1}{2}} + \lg\left(15^2 \times \dfrac{4}{9}\right) = 2$.

5. (1)定义域为 $\{x \mid x \neq 2\}$;(2)定义域为 $\mathbf{R}$;(3)要使函数有意义,则有 $3-x-2x^2>0$,解得 $-\dfrac{3}{2}<x<1$,定义域为 $\left(-\dfrac{3}{2}, 1\right)$;(4)要使函数有意义,则有 $2-0.5^x \geqslant 0$,解得 $x \geqslant -1$,定义域为

$[-1,+\infty)$；(5)要使函数有意义，则有 $\log_{0.5}x-1>0$ 且 $x>0$，解得 $0<x<0.5$，定义域为 $(0,0.5)$.

6. 设经过 x 年，该工厂生产的这种产品年产量达到 12 万件，则 $2(1+20\%)^x=12$，即 $1.2^x=6$，两边取常用对数，得 $x=\dfrac{\lg 6}{\lg 1.2}\approx 10$.

水平二

1. (1)C；(2)C；(3)D；(4)B；(5)A；(6)B.

2. (1)原式 $=2-\lg 10^{-1}+(3^{-2})^{-\frac{1}{2}}-\lg 2\times\dfrac{\lg 10}{\lg 2}=2-(-1)+3-1=5$；

(2)原式 $=ab^{\frac{3}{2}}\cdot a^2 b^{\frac{3}{2}}=a^3 b^3$；(3)原式 $=27^{\frac{1}{2}}\times 9^{\frac{1}{3}}\div 3^{\frac{1}{6}}=3^{\frac{3}{2}}\times 3^{\frac{2}{3}}\div 3^{\frac{1}{6}}=9$；

(4)原式 $=\dfrac{1}{2}\lg 10^3+\log_3 3^{\frac{1}{2}}-\log_3 3=\dfrac{3}{2}+\dfrac{1}{2}-1=1$.

3. 由 $\log_6 3=a$，得 $6^a=3$，又 $6^b=5$，所以 $b=\log_6 5$.

(1) $6^{2a-b}=\dfrac{6^{2a}}{6^b}=\dfrac{3^2}{5}=\dfrac{9}{5}$；(2) $\log_6 45=\log_6(5\times 9)=\log_6 5+2\log_6 3=2a+b$.

4. 由 $0.05M_0=M_0\left(\dfrac{1}{2}\right)^{\frac{t}{5\,730}}$，得 $0.05=\left(\dfrac{1}{2}\right)^{\frac{t}{5\,730}}$，两边取常用对数，得 $\lg 0.05=\dfrac{t}{5\,730}\lg\dfrac{1}{2}$，

所以 $t=5\,730\times\dfrac{\lg 0.05}{\lg\dfrac{1}{2}}$，解得 $t\approx 24\,765$（年），所以这棵古树的死亡时间距今大约 24 765 年.

五、教学评价建议

(一)学业质量要求

根据《课程标准》，本单元课程内容的学业质量要求见表 4-2.

表 4-2　学业质量要求

课程内容	质量描述	
	水平一	水平二
指数函数与对数函数	在熟悉的单一情境中： 1. 能体会指数从正整数推广到有理数、实数的过程，知道实数指数幂的运算； 2. 能借助几何直观和代数运算认识指数函数，知道指数函数的定义及性质，会用指数函数的单调性比较同底指数幂的大小； 3. 会用对数的定义进行指数式与对数式的互化；	在熟悉的关联情境中： 1. 达到水平一的 1～5； 2. 会根据对数的性质和运算法则进行对数运算； 3. 会用指数函数、对数函数的图像和性质解决问题； 4. 能通过数学建模，解决简单的与指数函数或对数函数有关的实际问题

课程内容	质量描述	
	水平一	水平二
	4. 能借助几何直观和代数运算认识对数函数，知道对数函数的定义及性质；会用对数函数的单调性比较同底对数值的大小； 5. 会用计算工具求指数幂和对数值	

(二)参考例题与说明

例 1 计算(1)$27^{-\frac{1}{3}}$；(2)$a^{\frac{1}{3}}a^{\frac{1}{2}}$.

解 (1)$27^{-\frac{1}{3}}=(3^3)^{-\frac{1}{3}}=3^{-1}=\dfrac{1}{3}$.

(2)$a^{\frac{1}{3}}a^{\frac{1}{2}}=a^{\frac{1}{3}+\frac{1}{2}}=a^{\frac{5}{6}}$.

说明：本例题为在单一情境下运用实数指数幂的运算性质进行化简和求值，主要考核数学运算素养，属于学业水平一.

例 2 选择题(在每个小题给出的四个备选项中，只有一项是符合题目要求的).

(1)$\log_2 \dfrac{1}{8}=($).

A. -3 　　　B. $-\dfrac{1}{3}$ 　　　C. $\dfrac{1}{3}$ 　　　D. 3

(2)若 $\log_a 8=3$，则实数 $a=($).

A. $\dfrac{1}{2}$ 　　　B. 2 　　　C. 3 　　　D. 4

解 (1)因为 $\log_2 \dfrac{1}{8}=-3$，所以答案选 A.

(2)因为 $\log_a 8=3$，所以 $a^3=8$，所以 $a=2$，答案选 B.

说明：本例题为在单一情境下根据对数的定义进行指数式与对数式的互化求值，主要考核转化思想和数学运算素养，属于学业水平一.

例 3 计算 $\lg 4+\lg 25$.

解 $\lg 4+\lg 25=\lg 4\times25=2$.

说明：本例题为在单一情境下根据对数运算性质求值，主要考核数学运算素养，属于学业水平一.

例 4 若 $m>n$，则 $\left(\dfrac{3}{4}\right)^m$ ＿＿＿＿＿ $\left(\dfrac{3}{4}\right)^n$(用"＞""＜"或"＝"填空).

解 因为指数函数 $y=\left(\dfrac{3}{4}\right)^x$ 是减函数，自变量大的函数值反而小. 所以答案填"＜"符号.

说明：本例题为在单一情境下根据指数函数单调性比较两个数大小，主要考核函数思想和逻辑推理素养，属于学业水平一．

例5　设 $f(x)=\begin{cases}1+\ln x, & x>0,\\ x+1, & x\leqslant 0,\end{cases}$ 则 $f(e^2)=$ _____．

解　因为 $e^2>0$，所以 $f(e^2)=1+\ln e^2=3$．

说明：本例题为在关联情境下根据对数运算性质求分段函数的函数值，主要考核逻辑推理和数学运算等核心素养，属于学业水平二．

例6　设函数 $f(x)=2^{x^2-4x+a}$（其中 a 为常数），且 $f(0)=4$．

(1)求 a 的值；

(2)求 $f(x)$ 在区间 $(-\infty,+\infty)$ 上的最小值．

解　(1)因为 $f(0)=4$，所以 $2^a=4$，解得 $a=2$，所以 a 的值为2．

(2)因为 $t=x^2-4x+2$ 在 $(-\infty,+\infty)$ 有最小值 -2，

又因为函数 $y=2^t$ 在 $(-\infty,+\infty)$ 是增函数，

所以 $f(x)$ 在 $(-\infty,+\infty)$ 有最小值为 $2^{-2}=\dfrac{1}{4}$．

说明：本例题(1)为在关联情境下用代入法求函数值，解指数方程，主要考核方程思想和数学运算素养，属于学业水平二．(2)为在关联情境下用换元法求二次函数与指数函数的复合函数的最值问题，主要考核转化与化归思想和数学运算、逻辑推理等核心素养，属于学业水平二．

六、教学资源拓展

(一)教学案例

1. 授课题目：指数函数的定义与图像

2. 授课班级：计算机专业高一年级二班

3. 内容分析

本节是北师大版"十四五"职业教育国家规划教材《数学（基础模块上册）》第四单元第二节第一课时的教学内容．函数是描述客观世界中变量关系和规律的最基本的数学语言和工具．指数函数刻画的是增长率（衰减率）不变的规律．指数函数这一节是学习完函数的概念及性质后，首次完整地用研究函数的一般思路（背景—概念—图像—性质—应用）来研究基本初等函数．"4.2.1指数函数的定义与图像"是"4.2指数函数"的第1课时，主要通过实际问题建立模型，抽象出指数函数的概念，再结合实例，用从特殊到一般的方法研究指数函数的图像及特征．本小节内容是培养学生数学抽象和直观想象等核心素养的良好素材和载体．

4. 学情分析

知识与技能基础：学生在用"描点法"描绘函数图像的方法方面有一定基础，对第

三单元函数的概念与基本性质基本掌握,通过学习第 4.1 节的内容已经把指数的范围拓展到实数.

认知与实践基础:通过前面的学习,学生对指数函数的概念还是比容易接受,但要从实际问题中抽象出指数函数的概念,根据有限的指数函数图像按 $0<a<1$ 和 $a>1$ 两种情况分类归纳出图像的共同特征有一定的困难.

学习特点:易于感性认识事物,数学抽象思维和归纳能力较弱.

5. 教学目标

(1)知识目标:知道指数函数的实际意义,能说出指数函数的定义;会用描点法、绘图软件画出具体指数函数的图像,会分底数 $0<a<1$ 及 $a>1$ 两种情况描述指数函数的图像特征.

(2)能力目标:通过抽象和概括指数函数的概念,发展数学抽象素养;通过图像观察、对比,抽象出不同底数的指数函数的图像特征,培养分类讨论及数形结合的思想,提升直观想象素养.

(3)素养目标:通过生产、生活实例抽象出指数函数的概念,体会数学源于实践,培养数学应用意识;通过动手画图、识图、归纳图像特征等过程体会研究函数的一般思路,逐步学会用数学的思维思考问题.

6. 教学重难点

重点:指数函数的定义、图像特征.

难点:由不同情境通过数量和数量关系抽象出指数函数的概念,对不同底数的指数函数的图像特征的归纳、概括.

7. 教法学法

教学方法:情景教学法、任务驱动法.

学习方法:分组讨论法、动手操作法.

8. 教学资源

教学资源有 PPT 课件、网络学习平台、科学计算器、计算机绘图软件等.

9. 教学过程

教学环节	教学内容	师生活动	设计意图
课前准备	课前准备活动	教师活动:将学生分组,准备好导学单;准备折叠的纸张. 学生活动:准备好科学计算器	提前分组,并准备好课堂用的导学单,将学习任务、目标及习题清晰地呈现给学生,并为学生准备了课堂用的折叠纸张,让学生准备好科学计算器

续表

教学环节		教学内容	师生活动	设计意图
课中	一、创设情境、分析数据	情境1：《庄子·天下篇》中有一段脍炙人口的话：一尺之棰，日取其半，万世不竭．这里的"一尺之棰"即一尺（长度单位，一尺约为 0.33 m）长的木棍，"日取其半"即每天取它的一半．若一直"日取其半"，则每天剩下的木棍长度是多少？ 情境2：某种细胞分裂时，由 1 个分裂成 2 个，2 个分裂成 4 个……一个这样的细胞分裂 x 次，得到的细胞个数为 y，能写出 x 与 y 的函数关系式吗？ 情境3：取一张 A4 的白纸，沿着纸的中线连续对折，对折的次数 x 与对折后的页数 y 之间有什么关系	教师活动：出示 3 个情境问题；播放相关视频动画；分发纸张，布置任务． 学生活动：任务 1，观看视频课件；任务 2，折纸活动；任务 3，思考情境中的问题	设计意图：（1）这些情境展示了中国古代"有限与无限辩证统一"的哲学思想，将思政教育"润物细无声"地渗透到课堂中．（2）3 个情境贴近生活实际，有利于学生体会函数是刻画实际问题变化规律的数学模型．3 个情境中有增长问题，有衰减问题，有利于学生从实际出发全面地认识指数函数，培养学生用数学的眼光观察世界的意识
	二、发现规律、抽象定义	问题1：你能列表表示每个情境中两个变量之间的数量对应关系吗？ 问题2：你能写出每个情境问题中两个变量之间的数量对应关系（解析式）吗？ 问题3：你能说这几个解析式的共同特点（规律）吗？ 指数函数的概念：一般地，形如 $y=a^x(a>0$，且 $a\neq1)$ 的函数叫作指数函数，其中指数 x 是自变量，定义域是 **R**	教师活动：出示问题、给学生布置分组讨论内容、反馈学生的回答． 学生活动：任务 1，小组讨论，回答 3 个问题；任务 2，总结规律，概括指数函数的概念	让学生通过这 3 个问题将刚刚情境中的数据整合并发现其中的规律．问题 1 完成从情境到数量的抽象，问题 2 完成由具体数量到对应表达式的抽象，问题 3 完成具体函数表达式到一般指数函数解析式的抽象．教师通过阶梯设问分 3 次逐步完成抽象，概括指数函数的一般形式．整个过程充分体现从特殊到一般、从具体到抽象的认知规律．抽象和概括指数函数的概念可以帮助学生发展数学抽象素养
	三、利用模型解决问题	**例1** 函数 $y=4.5^x$，$y=\left(\dfrac{1}{3}\right)^x$，$y=(\sqrt{2})^x$，$y=x^2$，$y=1^x$ 中，哪些是指数函数呢？注意观察、分析指数函数在形式表示上的特点． 在解答后归纳指数函数的结构特性： （1）a^x 的系数为 1； （2）底数 $a>0$ 且 $a\neq1$； （3）指数是自变量．	师生合作完成，学生口述解题过程，教师进行板演	例1让学生从形式上感性认识指数函数的概念．例2通过待定系数法和方程思想让学生去思考本例题．这一环节的主要目标：一是让学生熟悉指数函数的解析式和对应关系．二是让学生学习利用函数解析

教学环节		教学内容	师生活动	设计意图
课中	三、利用模型解决问题	**例2** 已知指数函数 $f(x)=a^x(a>0,$ 且 $a\neq1)$，且 $f(3)=125$. (1)求函数 $f(x)$ 的解析式； (2) 求 $f(0),f(2),f(-2),$ $f\left(\dfrac{1}{2}\right)$ 的值		式列方程求底数 a 的值，引导学生与初中用待定系数法求一次函数和二次函数解析式进行类比. 三是希望通过"学生口述、教师板演"的方法检验学生的掌握情况，同时提高学生答题的规范性，并在知识运用中培养学生数学运算和逻辑推理等核心素养
	四、合作探究、绘图识图	步骤1：分A，B两组手工画出函数 $y=2^x$ 与 $y=\left(\dfrac{1}{2}\right)^x$ 的图像.（第一次数形结合，由数到图） 步骤2：分A，B两组，手工与绘图软件相结合画出函数 $y=3^x$ 与 $y=\left(\dfrac{1}{3}\right)^x$ 的图像，$y=10^x$ 与 $y=\left(\dfrac{1}{10}\right)^x$ 的图像.（第二次数形结合，由数到图） 问题：A组学生你能说出 $y=2^x$，$y=3^x$，$y=10^x$ 图像的共同特点吗？B组学生你能说出 $y=\left(\dfrac{1}{2}\right)^x$，$y=\left(\dfrac{1}{3}\right)^x$，$y=\left(\dfrac{1}{10}\right)^x$ 图像的共同特点吗	教师活动：分组布置作图任务，巡视指导. 学生活动：动手作图，思考问题	这个环节通过由数到图将抽象的符号变成直观的图形，建立数与形的联系；再经过组内归纳、组外比较，观察变化规律，归纳得出几个具体指数函数的图像特征. 学生应有意识地将底数分为 $0<a<1$ 及 $a>1$ 两类情况描述图像特征，从而更形象地归纳其不同点和相同点. 本环节主要渗透数形结合思想和分类讨论思想，发展学生绘图、识图的能力，提高学生直观想象素养
	五、对比归纳图像特征	步骤1：教师利用绘图软件绘制 a 连续变化时($0<a<1$ 及 $a>1$)函数图像的变化规律.（第三次数形结合，由数到图） 步骤2：请学生分组讨论 $y=2^x$ 与 $y=\left(\dfrac{1}{2}\right)^x$ 的图像关系，$y=3^x$ 与 $y=\left(\dfrac{1}{3}\right)^x$ 的图像关系，$y=a^x$ 与 $y=\left(\dfrac{1}{a}\right)^x$ 的图像关系.（第四次数形结合，由图到数） 步骤3：师生总结指数函数的图像特征.（第五次数形结合，由图到数）	教师活动：出示问题，引导讨论，及时反馈. 学生活动：动手操作，分组讨论，归纳小结	1. 这个环节检验刚才归纳的规律是不是对所有的指数函数都适用，整个过程历经由特殊到一般、从具体到抽象的认识一般指数函数的图像变化规律的过程，使学生对图像的认识更深刻、更全面、更理性！ 2. 整个过程经过五次数形结合，归纳指数函数的图像特征，培养学

续表

教学环节	教学内容	师生活动	设计意图
课中			生观察、猜想、类比、归纳等思维能力,提高学生数学抽象和直观想象等核心素养
六、重识概念、理性升华	指数函数概念的三要素(第六次数形结合,由图到数) (1)名称:指数函数. (2)定义:函数 $y=a^x$($a>0$ 且 $a\neq1$)叫作指数函数. (3)属性:①指数函数是从集合 **R** 到集合 **R**$_+$ 之间的一个对应关系,这个对应关系具体为指数运算 $y=a^x$. 即对于任意一个实数 $x\in$ **R**,都有唯一的正数 $y=a^x$($a>0$ 且 $a\neq1$)与之对应,符合函数的定义. ②指数函数的概念有三个要素. 定义域为 **R**;对应关系为 $y=a^x$($a>0$ 且 $a\neq1$);由函数的定义域和对应关系确定的函数值域为 **R**$_+$. 因而,凡是定义域为 **R**,对应关系可以表示为指数运算 a^x 的函数,都是指数函数. (4)范例:课堂例子(木棍取半、细胞分裂等应用题)	教师活动:出示问题表格,引导学生填空. 学生:讨论、归纳、作答	本环节结合图像,从映射和函数三要素两方面重新厘清指数函数概念的本质,为后续学习指数函数的性质、指数函数模型的应用奠定基础. 同时再一次树立数形结合的思想,提升学生的数学抽象素养
课后拓展	1. 书面作业. 2. 实践作业:寻找有关指数函数的生活实例	教师活动:作业布置. 学生活动:完成作业,下节课分享	学生可以通过网络平台拓展视野,通过上网查找资料,完成作业,提高自己运用信息技术的能力

10. 教学反思

(1)运算发现规律,抽象建立模型

本节课紧扣指数函数概念的生成进行设计并展开教学,主线清晰、重点突出. 在规律的发现过程中,教师利用了教材中设置的情境精心设计问题,使学生经历从直观感知到用计算发现规律和用函数关系式表达规律的过程. 建立模型的过程自然充实,抽象出不同研究对象之间的相同规律,进而得到指数函数. 这个过程让学生在具体的情境中理解了指数函数底数的取值范围,发挥了具体实例的作用,使得理论与实例融为一体,相得益彰. 教师对教材的立意理解到位、把握得当.

(2)创设合理情境,彰显人文价值

《课程标准》指出"教学中要合理融入思想政治教育,引导学生增强职业道德修养,提高职业素养". 本节课教师创设 3 个情境引导学生感悟数学的科学价值、应用价值、文化价值，帮助学生更好地感受指数函数模型，促进学生进一步自主去了解中国文化、了解国家的经济发展、关心社会问题，使得数学的育人功能落在实处，彰显了数学的人文价值.

（3）采用问题驱动，凸显核心素养

本节课教师采用问题驱动的形式，将教学目标分解成若干个小问题，通过设问的形式，为学生提供了思考的支架，降低了教学的难度，突破了教学的难点. 整节课学生经历了"直观感知—发现规律—数学表征—实际应用"的认知过程，课程不仅注重新知识的生成过程，更为以后知识的发展作了非常好的铺垫. 此过程提升了学生的数学抽象、逻辑推理、数学运算和数学建模等核心素养.

（4）重视信息技术，提高教学实效

信息技术的高速发展，不仅深刻影响着人类的生活方式和工作方式，而且深刻改变着人类的教育方式、学习方式乃至思维方式.《中等职业学校数学课程标准》指出"教师要重视利用计算机软件或计算工具进行数据的计算、统计和分析，绘制统计图表等". 本节课在绘制指数函数图像及对比不同底数的指数函数图像的关系时都是利用信息技术处理的，这样不仅提高了课堂教学效率，更激发了学生的学习兴趣.

（二）文献资源参考

1. 参考书目

[1]中华人民共和国教育部. 中等职业学校数学课程标准(2020 年版)[M]. 北京：高等教育出版社，2020.

[2]王亚辉. 数学史选讲[M]. 合肥：中国科学技术大学出版社，2011.

[3]弗赖登塔尔. 作为教育任务的数学[M]. 陈昌平，唐瑞芬，等，译. 上海：上海教育出版社，1995.

2. 参考文章

[1]章建跃，王翠巧. 用代数运算和函数图像研究指数函数与对数函数[J]. 中学数学教学参考，2019(34)：18-25.

[2]武湛，李格. 例谈函数单元教学中数学核心素养的培养："指数函数与对数函数"单元教学设计与反思[J]. 中学数学，2021(15)：14-15.

[3]鲍健. 数学核心素养视角下的问题情境探究教学：以"对数函数及其性质"教学为例[J]. 数学教学研究，2020，39(1)：34-37.

[4]谢丽丽，王红权. "指数函数的概念"教学设计、教学反思与点评[J]. 中学数学教学参考，2019(34)：26-30.

[5]王婷，孟红兵. 人教版新、旧教材例习题难度比较研究：以"指数函数、对数函数和幂函数"为例[J]. 中学数学教学参考，2021(30)：31-33.

[6]张丽杰，周莹. 新课标下的高中数学新旧教材比较研究：以章节"指数函数与对数函数"为例[J]. 中学数学研究，2021(7)：4-7.

[7]宋春梅. 重视学习过程　发展核心素养："对数函数及其性质"教学设计与思考

[J]. 中学数学教学参考，2020(9)：18-20.

[8]唐费颖. "双新"背景下，高中生基础知识和基本技能数学素养的实证研究：以幂函数、指数函数和对数函数为例[J]. 数学教学研究，2022，41(1)：7-10.

3. 参考数字化资源网站

[1]中职教学资源网.

[2]中国大学 MOOC(慕课).

(三)数学文化拓展

对数发展简史①②

16 世纪的欧洲随着资本主义的迅速发展，在星体的轨道计算、船只的位置确定、大地的形貌测绘、船舶的结构设计等一系列课题中，人们经常遇到大量精密而又庞大的数值计算，这耗费了科学家们大量的极为宝贵的时间和精力. 于是数学家们急其所难，探寻简捷的数值计算方法.

1544 年，著名的哥尼斯堡大学教授，德国数学家斯蒂费尔(Stiefel，1487—1567 年)，在简化大数计算方面迈出了重要的一步. 在《整数算术》一书中，斯蒂费尔宣布自己发现了一种有关整数的奇妙性质，他认为："为此，人们甚至可以写出整本整本的书……". 那么，斯蒂费尔究竟发现了什么呢？原来他比较了两种数列：等比数列和等差数列(见表 4-3).

表 4-3　比较两种数列

代表者 y	0	1	2	3	4	5	…
原数 x	1	2	4	8	16	32	…

斯蒂费尔把等比数列的各数称为"原数"，而把等差数列的对应数称为"代表者"(即后来的"指数"). 他惊奇地发现：等比数列中的两数相乘，其乘积的"代表者"，刚好等于等差数列中相应两个"代表者"之和；而等比数列中的两数相除，其商的"代表者"，也恰好等于相应两个"代表者"之差. 斯蒂费尔得出的结论是：可以通过如同上面那样的比较，把乘除运算化为加减运算！可以说斯蒂费尔已经走到了一个重大发现的边缘. 因为他所讲的"代表者"y，实际上就是现在以 2 为底 x 的对数. 但他困惑于自己的表格为什么可以算出 $16 \times 256 = 4\ 096$，却算不出更简单的 $16 \times 250 = 4\ 000$. 他最终没能看出在离散中隐含着的连续，而是感叹于自己研究问题的"狭窄"，从而在伟大的发现面前，把脚缩了回去！

正当斯蒂费尔感慨于自己智穷力竭之际，在苏格兰的爱丁堡诞生了一位杰出人物，此人就是对数的发明人纳皮尔(Napier，1550—1617). 纳皮尔出身于贵族家庭，天资聪慧，才思敏捷，从小又受家庭的良好熏陶，13 岁便进入了圣安德鲁斯大学的一个学院

---

① 李文林：《数学珍宝》，244 页，北京，科学出版社，2003.

② 王渝生：《数学史话》，180 页，上海，上海科学技术文献出版社，2019.

学习. 16 岁出国留学, 学识因之大进. 1571 年, 纳皮尔抱志回国, 先是从事天文、机械和数学方面的研究, 并深为复杂的计算所苦恼. 1590 年, 纳皮尔改弦更张, 潜心于简化计算的工作. 他匠心独运, 终于在斯蒂费尔的足迹上, 向前迈出了具有划时代意义的一步!

说来也算简单! 纳皮尔只不过是让任何数都找到了与它对应的"代表者". 这相当于在斯蒂费尔离散的表中, 密密麻麻地插进了许多的中间值, 使人看去宛如无数的纬线穿行于经线之中, 显示出布匹般的连续! 1594 年, 纳皮尔开始精心编制可供实用的对数表. 他发明对数的动机是为寻求球面三角计算的简便方法, 他依据一种非常独特的与质点运动有关的设想构造出所谓的对数方法, 其核心思想表现为算术数列与几何数列之间的联系. 他所制造的"纳皮尔算筹", 化简了乘除法运算, 其原理就是用加减来代替乘除, 在经历了约 7 300 个日日夜夜之后, 一本厚达 200 页的八位对数表终于诞生了! 1614 年, 纳皮尔发表了《关于奇妙的对数法则的说明》一书, 书中阐明了对数原理, 论述了对数的性质, 给出了有关对数表的使用规则和实例. 后人称他发明的对数为纳皮尔对数, 记为 Nap. $\log x$, 它与自然对数的关系为 Nap. $\log x = 10^7 \ln(10^7/x)$. 由此可知, 纳皮尔对数既不是自然对数, 也不是常用对数, 与现今的对数有一定的距离.

瑞士的彪奇(1552—1632)也独立地发现了对数, 可能比纳皮尔更早, 但发表较迟. 1619 年, 伦敦斯彼得所著的《新对数》使对数与自然对数更接近(以 $e = 2.718\ 28\cdots$ 为底). 英国的布里格斯在 1624 年出版了第一本常用对数专著.

最早传入我国的对数著作是《比例与对数》, 它是由波兰的穆尼斯(1611—1656)和我国的薛凤祚在 17 世纪中叶合编而成的. 当时在 $\lg 2 = 0.301\ 0$ 中, 2 叫作"真数", 0.301 0 叫作"假数", 真数与假数对列成表, 故称对数表. 后来将"假数"改为"对数".

对数的发明, 无疑是人类认识史上的一个极大的飞跃和革命, 在人类文明的进程中起了石破天惊的作用. 科学家伽利略(1564—1642)说: "给我时间、空间和对数, 我可以创造出一个宇宙". 数学家拉普拉斯(1749—1827)也提道: "对数用缩短计算的时间来使天文学家的寿命加倍." 恩格斯就曾经将对数、解析几何及微积分这三者并列, 称之为"最重要的数学方法", 并指出: 对于将乘除转化为加减的"这种从一个形态到另一个相反的形态的转变, 并不是一种无聊的游戏, 它是数学科学的最有力的杠杆之一. 如果没有它, 今天就没法去进行一个较为复杂的计算".

第五单元 三角函数

一、课程定位

(一)主题介绍

中等职业学校数学课程基础模块由基础知识和三个主题知识组成.三角函数是基础模块的主题知识.

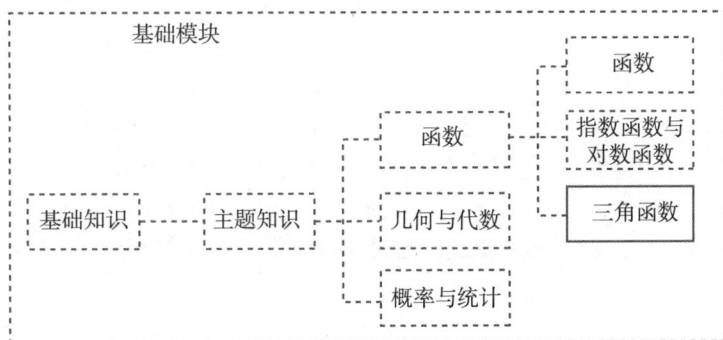

图 5-1 数学课程基础模块知识结构

(二)单元定位

三角函数是研究自然界中周期性现象的重要数学工具,是数学中一类典型的周期函数.三角函数内容是《课程标准》基础模块中继函数、指数函数与对数函数后构成函数整体内容的重要组成部分,是中职数学课程中的必修内容.本单元的学习能够帮助学生理解周期现象,让学生借助几何直观和代数运算逐步习得用三角函数表达简单周期函数的方法,积累一定的数学活动经验.三角函数架起了义务教育阶段与中职阶段的数学知识桥梁,也为学生进一步学习高等数学打下基础,培养和提升学生的数学运算、直观想象、逻辑推理和数学抽象等核心素养.

二、教学要求

本单元内容包含角的概念推广、弧度制、任意角的三角函数、同角三角函数的基本关系式、诱导公式、正(余)弦函数的图像和性质、已知三角函数值求指定范围的角等内容.本单元教学约需要 21 学时.具体要求和学时分配建议见表 5-1.

表 5-1　具体要求和学时分配建议

主要内容	内容要求	学时分配
5.1 角的概念推广	了解正角、负角和零角的含义，了解角所在象限的判定方法，了解终边相同的角的概念及判定方法	2 学时
5.2 弧度制	了解 1 弧度的定义及弧度制，理解角度制与弧度制的互化，了解弧度制下的弧长公式和扇形面积公式	2 学时
5.3 任意角的正弦函数、余弦函数和正切函数	理解任意角的正弦函数、余弦函数和正切函数的定义，理解给定角的正弦值、余弦值和正切值的符号，掌握特殊角的正弦值、余弦值和正切值	3 学时
5.4 同角三角函数的基本关系	理解同角三角函数的平方关系和商数关系	2 课时
5.5 诱导公式	了解终边相同的角、终边关于原点对称的角、终边关于坐标轴对称的角的正弦函数、余弦函数和正切函数的计算公式，了解利用计算工具求任意角三角函数值的方法	4 学时
5.6 正弦函数的图像和性质	了解正弦函数在 $[0，2\pi]$ 上的图像和特征，了解作正弦函数在 $[0，2\pi]$ 上简图的"五点法"，理解正弦函数的单调性与奇偶性，了解正弦函数的图像及周期性	3 学时
5.7 余弦函数的图像和性质	了解余弦函数图像与正弦函数图像的关系；了解作余弦函数在 $[0，2\pi]$ 上简图的"五点法"及余弦函数的性质	2 学时
5.8 已知三角函数值，求指定范围的角	了解由特殊的三角函数值求 $[0，2\pi]$ 范围内的角的方法；了解由三角函数值求符合条件的角的方法	2 学时
灵活安排	复习与小结	1 学时

三、教材分析

(一)单元知识导图

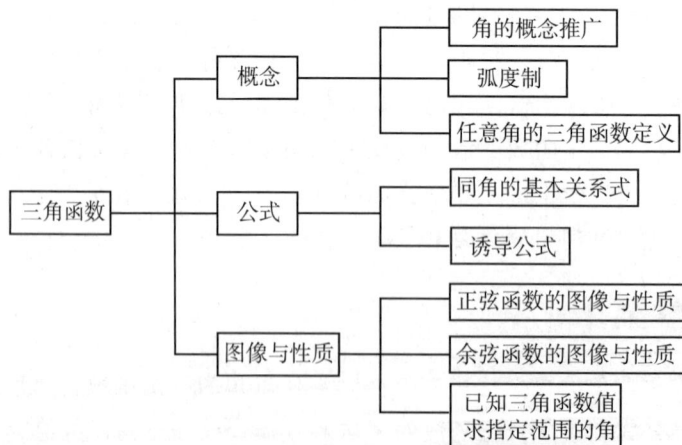

图 5-2　第五单元知识导图

(二)教材编写思路

教材对三角函数单元内容的编排，体现了研究一个数学对象的一般方法和路径，即"现实背景—抽象角的概念—任意角的三角函数—基本公式(基本关系式与诱导公式)—具体函数(正、余弦)的图像和性质—三角函数知值求角—三角函数知识小结—三角函数知识检测"。教材从介绍奥运会中国"梦之队"跳水项目的翻腾动作及环青海湖国际公路自行车赛等入手，通过两个现实生活情境逐步抽象出任意角的概念，以研究旋转方向和旋转量为切入点，研究终边相同的角之间的关系，抽象出终边相同的角的概念；通过"中国天眼"引入衡量距离的不同单位制，进而引出度量角的不同单位制，介绍弧度制的表示及角度与弧度间的互化；通过对学生已学的锐角三角函数进行推广，引出任意角三角函数的定义，分析终边上点的坐标对三角函数值符号的影响，发现三角函数值在各象限的符号分布规律；通过单位圆将圆的几何性质与三角函数之间建立联系，利用推理变换发现同角三角函数的基本关系；利用数形结合的思想，从单位圆上的点关于原点和坐标轴对称出发探究诱导公式，将任意角的三角函数值转化为锐角的三角函数值进行化简求值；借用生活中的日历引入周期及周期函数的概念，突出三角函数的周期性这一重要特点，再以给定范围内熟悉的特殊角及对应的函数值作图，形成三角函数的局部图像，直观想象三角函数图像的整体图形，进而得出三角函数的图像和性质；通过对"知角求值"逆向思考，提出"知值求角"的问题，利用已学的三角函数的图像对指定区间内满足条件的角进行分析，结合诱导公式推导出所求角的值，从熟悉的特殊角出发使学生逐步习得一般的非特殊角的求法，也让学生学习计算工具的使用。此外，教材通过"数学园地"栏目拓展三角学在我国的发展，介绍我国古代数学家在三角研究上不断进行的深入研究及成果，沁润数学文化；设立单元小结，通过学习导图总结归纳三角函数的知识内容，对三角函数的概念、同角三角函数的基本关系、三角函数的图像和性质等重点内容进行学习指导；最后通过两种水平的单元检测题来评价学生的学业质量。教材内容既符合中职学生学习、认知的规律，也满足课程内容的要求。

(三)单元教学目标

知识目标：在已有的学习基础上，知道推广角的意义和任意角所在的象限，能识别终边相同的角；知道引入弧度制的意义，会进行角度和弧度的换算；会根据任意角的三角函数(正弦、余弦和正切)定义，判断角的三角函数值的符号；会根据三角函数的定义或借助单位圆，推导同角三角函数的平方关系和商数关系，能进行有关的化简和计算；知道诱导公式在三角函数求值与化简中的作用；会借助代数运算与几何直观，认识正弦函数、余弦函数的图像和性质；知道运用"五点法"可以画出正弦函数、余弦函数在一个周期上的简图；知道特殊的三角函数值与$[0, 2\pi]$范围内角的对应关系；会用计算工具进行相关的三角计算。

能力目标：能从具体情境中抽象出任意角、弧度制、周期函数等相关概念，逐步习得用自然语言、图形语言和数学语言表达数学对象的能力，实现从具体到抽象、从感性到理性的升华，感受数学的简洁美，提升数学抽象素养；能借助图像建立角度与弧度、任意角终边上点的坐标与对应的函数值的符号分布、同角三角函数之间、任意角的三角函数值与锐角的三角函数值之间的联系等，正确利用逻辑推理进行相关的变换及计算，提升直观想象、逻辑推理和数学运算等核心素养；借助熟悉情境中的周期现象，认识以正弦函数等为代表的三角函数是描述周期现象的重要函数模型，提升数学建模素养.

素养目标：结合教材中融入的素材，培养严谨求实、一丝不苟和科学理性的精神，增强学习自信，树立热爱生活、报效祖国的正确价值观及精益求精的工匠精神.

(四)单元重难点

重点：任意角的概念及推广，任意角的三角函数的定义，特殊角的三角函数值，任意角在各象限的三角函数值的符号，同角三角函数的基本关系式，诱导公式，正(余)弦函数的图像和性质，已知三角函数值求指定范围的角.

难点：任意角的概念，弧度的概念，用集合表示终边相同的角，对任意角的三角函数定义的理解，对三角函数内在联系的认识，利用点的对称性理解诱导公式，对三角函数周期性的理解，已知三角函数值求指定范围的角.

四、教材教学建议

5.1 角的概念推广

(一)教学准备

1. 教师授课前，学生应储备以下知识：初中阶段关于角的定义，平面直角坐标系，集合的描述法，实数的加、减、乘、除运算.

2. 教师授课前准备：学生生活、学习中熟悉的与角的旋转有关的素材，如钟表、带盖瓶子等物品；我国优秀跳水运动员参加各类大赛的精彩视频、自行车行驶的视频等；可绘制任意角的计算机绘图软件.

(二)教学内容

本节的主要内容有任意角的概念、角的推广、象限角与界限角、终边相同的角.

(三)教学目标

1. 能举例说明正角、负角、零角、象限角、终边相同的角等.

2. 能结合图像的旋转量和旋转方向判断角是正角、负角还是零角；知道象限角的概念，并能用集合语言表示；能根据给出的角的度数找到角的终边所在的位置，并能判断角是第几象限角.

3.能用集合表示终边与任意角 α 终边相同的角的集合，并能找出给定范围内与已知角终边相同的角.

4.通过学习角的概念，经历角的推广过程，提升逻辑思维能力，利用图像判断象限角和终边相同的角，并能用集合语言表示终边相同的角的集合，提升归纳概括能力，培养直观想象、数学抽象等核心素养.

(四)教学重点难点

重点：任意角的概念，终边相同的角组成的集合，角所在象限的判断.

难点：终边相同的角的理解和集合表示，角所在象限的判断，各象限角的表示.

(五)教学提示

序号	教学提示
1	在小学初中认识的角有"静态"和"动态"两种定义."静态"定义：具有公共端点的两条射线构成的图形称为角，这个定义形象、直观且便于度量."动态"定义：由一条射线绕其端点旋转所形成的图形称为角.角从"静态"到"动态"定义，角的大小范围由三角形中 0°～180° 扩展到圆内 0°～360°，这对角的理解及解决角在 0°～360° 的问题是非常有用的，学生关于角的认识已形成一定的思维定式.教材以中国跳水队参加跳水比赛"向前翻腾一周半""向后翻腾两周半"旋转形成的角和自行车车轮前进、后退过程中旋转形成的角引入本节内容，这两个案例引导学生感受推广角的概念的必要性与实际意义，同时学生观察可发现：应从旋转量和旋转方向来重新定义角的概念.用旋转变化的思想来认识角对提高学生的数学抽象、逻辑推理等核心素养有非常大的帮助.教师可多列举一些生活实例和专业实例，帮助学生理解角的概念及推广的必要性.角的概念从"静态"定义到"动态"定义的推广，体现了现实促使数学发展的需要，这两种定义的区别在于方向与范围.没有方向，角也就没有正负，这是数学体系中知识的不完整性，而且随着知识的不断深入学习，认识到角的范围也更广泛，"静态"定义的局限性就更加突出."动态"定义解决了角的大小和正负问题，从而把角的范围也推广到了任意角，作为数学知识体系的一环也更完整了，也解决了实际生活中如钟表的指针转动一圈以上、自行车轮子的转动、跳水旋转一周以上、拧动螺钉的扳手方向、机器上的轮盘等旋转所成角的问题，这也充分体现了"动态"角概念的优越性

序号	教学提示
2	为帮助学生理解角的旋转方向对角的符号的影响,加深学生对任意角概念的理解,教材在"问题提出"栏目创设两个问题情境:问题(1),"向前翻腾一周半"和"向后翻腾一周半"两个动作旋转的角度是多少?问题(2),自行车前进和后退时,车轮旋转的角是否一样?创设的情境让学生能够准确描述这些现象,引导学生观察发现角是既有大小又有方向的量,并理解用符号表示"方向"的意义. 逆时针方向为正、顺时针方向为负,这时可以类比正数、负数的规定,说明正、负角是用来表示具有相反意义的旋转量;如果射线没有做任何旋转,则它形成一个零角,正如实数 0 一样无正负. 将正、负角的关系与实数的正、负数进行类比,让学生更准确理解正、负角的概念及角的正、负符号的意义
3	为了便于度量和研究,把角放在直角坐标系中,即角的顶点与坐标原点重合,角的始边与 x 轴的非负半轴重合,从而引出象限角和界限角的概念. 教材第 5.1.1 节中,例 1 让学生在平面直角坐标系中画出 225° 和 −300°,学生通过亲自动手直观感受角的动态形成过程,理解角的两个要素——旋转方向与大小. 教师可以增加多个任意角,为判断象限角和终边相同的角作准备. 让角的始边处于同一个位置,这样便于比较研究各角之间关系
4	教材让学生在平面直角坐标系中分别画出 30°,390°,−330° 的角,通过创设问题情境让学生观察这些终边相同的角的数值关系,引导学生发现终边相同的角的共同特征,指导学生用集合语言描述,最后抽象概括出与任意角 α 终边相同的角的集合表示为 $S=\{\beta \mid \beta=\alpha+k \cdot 360°, k \in \mathbf{Z}\}$. 这里,教师应强调:(1)$\alpha$ 为任意角;(2)k 为任意整数;(3)k 乘的是 360°;(4)α 与 $k \cdot 360°$ 中间是用"+"连接的. 教材利用图像让学生感知相等的角终边一定相同,但终边相同的角不一定相等,终边相同的角有无数多个,它们相差 360° 的整倍数. 学生体会终边相同的角的集合表示方法,也为后面判断终边相同的角和下一节定义任意角的三角函数作准备,为后面学习诱导公式、三角函数的图像性质等作铺垫
5	在义务教育阶段,角主要分为锐角、直角、钝角、平角、周角,我们将角放在直角坐标系中,出现了一个新的概念"象限角". 所以角的概念推广之后需要重新对角进行区分,例如:锐角是第一象限角,但第一象限角不一定是锐角;第二象限的角不一定大于第一象限角;等等. 教师引导学生注意角的几种分类,角所属的集合存在交集时,要准确区分
6	教材第 5.1.2 节中,例 2 分 3 个步骤,最后完成"写出终边在 y 轴上的角的集合",这是为了进一步巩固终边相同的角、界限角等概念,要求较高,为学业水平二层次

序号	教学提示
7	教材设置了 7 道随堂练习题：(1)考查角的旋转方向不同导致的角的变化；(2)为动手题，要求学生作出不同象限的角，并能判断角是第几象限的角；(3)要求学生能准确区分角的不同类别；(4)再次强化象限角的概念；(5)考查终边相同的角的集合表示；(6)判断终边相同的角和象限角；(7)考查界限角的集合表示

(六)课程思政设计

1. 在角的概念相关教学中，可设计引入中国跳水"梦之队"等体现中国精神的素材案例，渗透精益求精的工匠精神和奋斗精神；可设计环青海湖国际公路自行车赛等体现低碳环保的素材案例，渗透绿色低碳发展、人与自然和谐共生的生态理念；也可设计引入神舟飞船绕地球飞行等体现中国科技发展的素材案例，渗透爱国主义教育.

2. 在任意角的分类上，可通过对旋转方向的规定，让学生体会数学对准确性的追求，给学生展现数学学科的科学性特征，潜移默化地传递数学的科学美.

(七)习题答案

5.1.1 角的概念的推广

合作交流

略.

随堂练习

1.(1)675°；(2)−405°.

2.作图略. (1)第二象限；(2)第四象限；(3)第三象限；(4)第二象限.

3.(1)√；(2)×；(3)×；(4)×.

4.(1)一，二，三，四；(2)四，三，二，一.

5.1.2 终边相同的角

随堂练习

1.(1)C；(2)D.

2.(1)310°，四；(2)30°，一；(3)240°，三；(4)80°，一.

3.(1)$\{\beta \mid \beta = k \cdot 360°, k \in \mathbf{Z}\}$；(2)$\{\beta \mid \beta = 180° + k \cdot 360°, k \in \mathbf{Z}\}$；

(3)$\{\beta \mid \beta = k \cdot 180°, k \in \mathbf{Z}\}$.

习题 5.1

水平一

1. C.

2. D.

3. (1) $\{\beta \mid \beta=70°+k \cdot 360°, k\in\mathbf{Z}\}$; (2) $\{\beta \mid \beta=-120°+k \cdot 360°, k\in\mathbf{Z}\}$.

4. (1) 75°,第一象限; (2) 210°,第三象限.

5. (1) $675°=315°+1\times360°$,第四象限; (2) $-520°=200°+(-2)\times360°$,第三象限.

水平二

1. 与 1 200°终边相同的角的集合为 $\{\beta \mid \beta=1\,200°+k \cdot 360°, k\in\mathbf{Z}\}$. 因为 $1\,200°-4\times360°=-240°$,所以与 1 200°角终边相同且绝对值最小的负角为$-240°$.

2. 第一象限或第三象限.

3. (1) 与 125°终边相同的角的集合为 $\{\beta \mid \beta=125°+k \cdot 360°, k\in\mathbf{Z}\}$. 因为 $125°-360°=-235°$,所以满足不等式$-360°<\beta<360°$的角为$-235°$角和 125°角;

(2) 与$-380°$终边相同的角的集合为 $\{\beta \mid \beta=-380°+k \cdot 360°, k\in\mathbf{Z}\}$. 因为$-380°+360°=-20°$, $-380°+2\times360°=340°$. 所以满足不等式$-360°<\beta<360°$的角为$-20°$角和 340°角;

(3) 与 485°终边相同的角的集合为 $\{\beta \mid \beta=485°+k \cdot 360°, k\in\mathbf{Z}\}$. 因为 $485°-360°=125°$, $485°-2\times360°=-235°$,所以满足不等式$-360°<\beta<360°$的角为$-235°$角和 125°角.

5.2 弧度制

(一)教学准备

1. 教师授课前,学生应储备以下知识:角度制的定义,圆的周长和面积公式,圆心角、圆弧、弧长、扇形等概念,弧长、扇形的面积公式.

2. 教师授课前准备:"中国天眼"、航天卫星、中国高速公路高架桥等素材;飞机、轮船等内部安装的仪表仪器工作的视频;弧度制的由来,弧度制的发展史,欧拉对弧度制所作的贡献等相关素材资源;圆、扇形等教具.

(二)教学内容

本节主要内容有 1 rad 角的概念、弧度制、角度与弧度的互化、弧长公式与扇形的面积公式.

(三)教学目标

1. 了解弧度制的产生、发展,了解弧度制表示角的大小的意义,知道引入弧度制的必要性,理解 1 rad 的概念,理解用弧度制表示的任意角的集合与实数集之间的一一对应关系.

2. 能区分角度制与弧度制,能用角度与弧度的换算公式将角度与弧度进行互化;

会用函数型计算器进行角度与弧度的互化.

3. 了解弧度制下弧长公式和扇形面积公式的推导过程，会用公式求弧长和扇形的面积.

4. 经历弧度制的定义、角度制与弧度制的互化及弧长与扇形面积公式的推导过程，提升逻辑推理能力，能进行角度与弧度的互化，会求弧长和扇形的面积，提升运算能力，体会数学的逻辑美.

(四)教学重难点

重点：1 rad 的定义，角度与弧度的互化，弧长与扇形的面积.

难点：对 1 rad 角的定义的理解.

(五)教学提示

序号	教学提示
1	在数学发展的过程中，随着知识概念的扩展，新度量单位的引入是不断且持续的. 教材通过介绍在义务教育阶段所学的长度单位有米、分米、厘米等，面积单位有平方米、公顷等，质量单位有千克、吨等，这些都分别用不同的单位制来表示，从而提出问题：角度大小除了用度来度量外还有没有其他的度量单位？进而自然地引入另一种度量角的大小的单位——弧度. 对于引入弧度制的必要性及其意义，教材没有做过多的阐述，教师可以补充与弧度制的产生、发展等有关的素材，让学生了解引入弧度制的重要性，同时也可以浸润数学文化. 教材以"中国天眼"为例，渗透了爱国主义教育
2	弧度制是本节的重点与难点，本教材在简要回顾角度制概念后，直接引入另一种度量角的大小的单位制——弧度制. 教材用清晰简洁的语言描述"1 rad"角的概念：长度等于半径的圆弧所对的圆心角称为 1 rad 的角. 弧长等于半径的弧所对的圆心角的大小，不随半径的变化而变化，它是一个大小确定的角，这是弧度制概念的关键点，也是弧度制定义的基础
3	教材依据 1 rad 角的定义，得出了在半径为 r 的圆上，弧长为 l 的圆弧所对的圆心角 α 的关系式是 $|\alpha| = \dfrac{l}{r}$，这里应强调：(1) $|\alpha|$ 是圆心角 α 所对弧长与半径的比值，与圆的半径无关；(2) $|\alpha|$ 是表示角 α 大小的一个常数(弧度数)
4	弧度制与角度制是度量角的两种单位制度，类比长度、面积等的不同单位制. 教师应引导学生区分 1° 的角与 1 rad 的角，它们是两个不同的单位概念，表示角的大小也不同，从而使学生理解在表示角的大小时，可以使用其

续表

序号	教学提示
	中任意一种度量单位. 同时还应强调：在进行三角函数的有关计算、证明，以及表示角的集合时，整个表达式采用的度量制必须一致，切不可角度制与弧度制混用
5	角度与弧度的相互转换是本节的重点之一，教材用类比的方法推导出一个周角的弧度数是 2π，由此推导出 $180°=\pi$ rad，度化弧度的公式：$$1°=\frac{\pi}{180}\text{rad}\approx0.01745 \text{ rad}.$$ 弧度化度的公式：$$1 \text{ rad}=\frac{180°}{\pi}\approx57.30°=57°18'.$$ 用弧度表示角的大小时，我们常把弧度数写成多少 π 的形式，如 $\frac{\pi}{12}$，如无特殊要求不必把 π 写成小数，另外"弧度"二字或"rad"也可以省略不写，而表示度的符号"°"不能省略. 学生应熟记特殊角的角度与弧度的互换，教材第5.2.1节中，例1和例2强化了弧度与角度的互化，提升了学生的运算能力
6	角度的进制是六十进制，与我们常见的十进制不一致，为了保持进位制的统一，人们自然地希望也将角的进位制换成十进制. 弧度制是用长度来度量角的，它满足了这一需求，将角度转换成弧度后，每个确定的角都有唯一确定的实数与之对应，这建立了角与实数的一一对应关系，满足了定义任意角的三角函数的概念需要. 这也体现了数学发展过程的一个原则：新知识涵盖原有知识，首先要保证整个系统的无矛盾性
7	教材由弧度制公式引导学生体会弧度之下的弧长公式和扇形面积公式的推导过程. 教师应特别提出：弧长公式 $l=|\alpha|r$ 中，α 是圆心角的弧度数，而不是度数. 教学时，扇形的面积公式可类比三角形的面积公式来理解、记忆
8	教材第5.2.1节中，例1和例2是弧度与角度的互化，讲解时要抓住 $180°=\pi$ rad 这个关键点，要求学生熟记特殊角的角度与弧度的互化，例3是利用科学计算器进行任意角弧度与角度的互化. 第5.2.2节中，两个例题都是解决生活中的实际问题，特别是例1，该例题利用弧长公式求弧形高架桥的转弯半径，是一道很好的生活案例题. 习题5.2安排了两个水平的习题，教师可以根据实际情况使用

(六)课程思政设计

1. 在弧度制这一节，教师可以引入"中国天眼"等体现中国科技实力的素材案例，培养学生的民族自豪感，渗透爱国主义教育；教师可以借助圆的图形在上面进行标注，加深学生对弧度制表示角的理解，渗透数形结合的数学思想；将角度转换成弧度后，每个确定的角都有唯一确定的实数与之对应，建立角与实数的一一对应关系，该部分内容渗透了数学学科的严谨性特征，也体现数学的统一之美.

2. 在弧长公式、扇形面积公式的部分，教材已经在例题中列举了高速公路高架桥案例，体现了中国的基本建设水平和实力，教师还可以结合专业设计（如物料切割等）、贴近学生日常生活生产的实际案例，让学生体会数学服务生活生产的实际作用，加深学生对数学学科的基础性和实用性的理解.

（七）习题答案

5.2.1　弧度制的定义

随堂练习

1. $\dfrac{\pi}{4}$，$60°$，$\dfrac{2\pi}{3}$，$135°$，$\dfrac{5\pi}{6}$，$270°$.

2. (1) $\dfrac{5\pi}{4}$；(2) $-\dfrac{11\pi}{6}$；(3) $405°$；(4) $-150°$.

3. (1) $-171.89°$；(2) 0.21.

5.2.2　弧长公式、扇形的面积公式

随堂练习

1. 1.2.

2. 12.5.

3. $\dfrac{5\pi}{6}$，$\dfrac{25\pi}{12}$.

习题 5.2

水平一

1. 略.

2. (1) $\dfrac{3\pi}{4}$；(2) $-\dfrac{5\pi}{4}$；(3) $-\dfrac{5\pi}{3}$；(4) $120°$；(5) $225°$；(6) $-540°$.

3. (1) 二、一；(2) 三、二.

4. 三角形的三个内角之和为 $180°$，最小内角为 $180°\times\dfrac{1}{6}=30°$，因此最小内角的弧度数为 $\dfrac{\pi}{6}$.

5. 经过 1 h，钟表的时针转过一大格，即一周的 $\dfrac{1}{12}$，所以时针转动的角度为 $-360°\times\dfrac{1}{12}=-30°$，弧度表示为 $-\dfrac{\pi}{6}$；经过 1 h，分针转过一周，所以分针转动的角度为 $-360°$，弧度表示为 -2π.

水平二

1. 因为 $S=2$，$\alpha=4$，代入弧度制下的面积公式 $S=\dfrac{1}{2}\alpha r^2$，得 $2=\dfrac{1}{2}\times 4r^2$，解得 $r=1$. 圆心角

所对的弧长为 $l=\alpha r=4$,所以该扇形的周长为 $C=l+2r=4+2=6$.

2. 由题意可知 $r=100$,$l=112$,所以 $\alpha=\dfrac{l}{r}=\dfrac{112}{100}=1.12(\mathrm{rad})\approx64°$.

3. 由题意可知 $l=50$,$\alpha=200°$,代入角度制下的弧长公式 $l=\dfrac{n\pi r}{180}$,得 $50=\dfrac{200\pi r}{180}$,解得 $r=\dfrac{45}{\pi}\approx$ 14(cm).

5.3 任意角的正弦函数、余弦函数和正切函数

(一)教学准备

1. 教师授课前,学生应储备以下知识:勾股定理;两点间的距离公式;在直角三角形中,锐角的正弦、余弦和正切的定义;特殊角的角度值与弧度值互换;平面直角坐标系中,各象限的点的横纵坐标符号.

2. 教师授课前准备:三角函数名称的来历、三角函数的发展等视频,三角函数在力学、电学、工程学等领域的应用的相关素材,介绍直角三角形边角关系的教学视频,相关教具等.

(二)教学内容

本节的主要内容有任意角的三角函数的定义及其应用、利用单位圆求任意角的三角函数值的方法、特殊角的三角函数值、各象限角的三角函数值符号.

(三)教学目标

1. 在锐角三角函数定义的基础上理解任意角三角函数的定义,知道角 α 的三角函数值与角 α 终边上点的选取无关;能根据角的终边上除原点外的任意一点的坐标求出这个角的正弦值、余弦值和正切值.

2. 学会利用任意角三角函数的定义推断三角函数值在各象限的符号,能通过角的三角函数值符号判断角为第几象限角.

3. 能根据任意角的三角函数的定义推导出角的终边与单位圆的交点坐标与角的正、余弦值的关系;能运用单位圆推导出 0 到 2π 范围内特殊角的正弦值、余弦值和正切值.

4. 经历学习任意角的三角函数概念、象限角的三角函数值符号的推断及计算特殊角的三角函数值的过程,提升抽象概括和演绎推理的能力,培养数学抽象、逻辑推理等核心素养.

(四)教学重难点

重点:任意角的三角函数的定义及应用;在平面直角坐标系中,单位圆上任意角终边的交点的横纵坐标与角的正弦值、余弦值的关系.

难点:任意角三角函数的定义;运用单位圆推导出 0 到 2π 范围内特殊角的正弦

值、余弦值.

（五）教学提示

序号	教学提示
1	三角函数是六种基本初等函数中重要的一种，是一类具有周期变化规律的重要数学模型，它是研究自然界中周期现象的重要数学工具，也是三角计算的重要基础，并广泛应用于电学、力学、工程学等领域. 在初中阶段，学生已学过由直角三角形中的边角关系来刻画的锐角三角函数，教材在此基础上，在直角坐标系中，通过角终边上任意一点（非原点）到原点的距离与其坐标值 x 或 y 之比，或者坐标值 x 与 y 之比得到三角函数的定义，这种定义能够反映三角函数的本质特性，更具有普遍性
2	教材在角的概念推广后重新定义任意角的三角函数，$\sin\alpha=\dfrac{y}{r}$，$\cos\alpha=\dfrac{x}{r}$，$\tan\alpha=\dfrac{y}{x}(x\neq0)$，也就是说对于每一个确定的角 α，其正弦、余弦及正切分别对应一个确定的比值. 即任意角的三角函数值随角 α 的变化而变化，三角函数值只与角 α 的大小有关，与角 α 的终边的点的位置无关. 而且三角函数符号（$\sin$，$\cos$，$\tan$ 等）与 α 不是相乘的关系，$\sin\alpha$，$\cos\alpha$，$\tan\alpha$ 分别是一个整体，不可分离. 教材第 5.3 节中，例 1 旨在示范已知任意角终边上一点的坐标，直接利用三角函数的定义求这个角的三角函数值的方法，加深学生对任意角的三角函数定义的理解
3	教材根据三角函数的定义，结合平面直角坐标系中各象限角终边上的点（不同于原点）的横、纵坐标符号推断出各象限角的三角函数值符号，学生亲历这个过程后发现：各象限角的正弦值符号与点的纵坐标符号相同，余弦值符号与点的横坐标符号相同，正切值符号与比值 $\dfrac{y}{x}$ 的符号相同. 教师引导学生归纳出教材中表 5-3 的各象限角的正弦值、余弦值和正切值的符号，并指导学生理解记忆. 教材第 5.3 节中，例 2 旨在综合应用象限角的概念和三角函数的定义判断任意角的三角函数符号，其中：（2）小题设置了大于 $360°$ 的角，学生可以转化为 $0°\sim360°$ 范围内的终边与之相同的角；（3）小题设置了弧度制表示的角，旨在加强弧度制的应用，如果学生不习惯用弧度制思考角的大小，教师可以加强类似的练习. 这些设计既温习旧知识，又巩固新知识. 第 5.3 节中，例 3 根据角的三角函数值符号，反过来确定角的终边所在的象限，引导学生利用"求交集"的思想方法来分析解决问题，培养学生的逻辑推理能力，但不宜过于加大难度
4	单位圆的引入，可以使三角计算和公式推导变得简洁、形象直观. 教材用语言描述单位圆，建议教师教学时强调单位圆必须满足的条件：（1）在直角坐标系下，且圆心在原点；（2）圆的半径为单位 1

序号	教学提示
5	教材简单阐述了正弦函数、余弦函数和正切函数的定义,学生理解存在一定的困难,教师可以引导学生结合单位圆和三角函数的定义,通过数形结合直观地认识三角函数的定义. 教师还应对学生强调:角 α 的终边与单位圆的交点坐标是 $P(\cos\alpha,\sin\alpha)$,明确交点横、纵坐标与角 α 的正弦函数值、余弦函数值的关系. 强化利用单位圆定义三角函数的思想和方法,为后面推导、诱导公式和研究三角函数图像的性质作铺垫
6	教材示范借助单位圆计算 $180°$ 角的三角函数值,体验利用单位圆求角的正弦、余弦和正切函数值的方法和过程,并引导学生用类比归纳的方法计算出 $0°$, $30°$, $45°$, $60°$, $90°$, $180°$, $270°$, $360°$ 角的三角函数值. 为帮助学生尽快熟记常见特殊角的三角函数值,教材用了两个例题,分别用角度和弧度来完成特殊角的三角函数值的混合运算,强化学生对特殊角的三角函数值记忆
7	各象限三角函数值的符号和特殊角的三角函数值都非常重要,是后面求任意角的三函数值、诱导公式,化简证明中确定三角函数值符号的依据. 教学时教师可引导学生辅以口诀加强记忆

(六)课程思政设计

1. 在引导学生进行正弦、余弦和正切定义的知识回顾中,可将符号语言与图形表示相结合,培养学生数形结合的数学思想;通过对正弦、余弦和正切的释义,加深学生根据数学名词"顾名思义"理解数学概念的能力,可设计"寻踪数学史"的实践活动,渗透数学文化素养的积淀与培育.

2. 在探究任意角的正弦值、余弦值和正切值在各象限内的符号分布时,可引导学生通过对符号列表进行分析,发现取正规律"一全,二正,三切,四余",将纷繁的符号分布表简化为口诀,让学生感受数学"化繁为简"的过程,体现数学口诀的概括性和数学中的简洁美.

(七)习题答案

随堂练习

1. (1)$\sin x$, $\mathbf{R}$;(2)$\cos x$, $\mathbf{R}$;(3)$\tan x$, $\dfrac{\pi}{2}+k\pi(k\in\mathbf{Z})$.

2. $\dfrac{3}{5}$, $-\dfrac{4}{5}$, $-\dfrac{3}{4}$.

3. $\dfrac{12}{13}$, $\dfrac{5}{13}$, $\dfrac{12}{5}$.

随堂练习

1. (1)$>$;(2)$>$;(3)$>$.

2.(1)第一或第二象限或 y 轴的正半轴上；(2)第二或第三象限或 x 轴的负半轴上；(3)一，三.

3. 四.

随堂练习

1.A.

2.-2.

3.11.

<h2 style="text-align:center">习题 5.3</h2>

水平一

1.C.

2.(1)第三或第四象限或 y 轴的负半轴上；(2)第一或第四象限或 x 轴的正半轴上；(3)二，四.

3.(1)$<$；(2)$>$；(3)$>$；(4)$>$.

4.(1)$\sin \alpha = \dfrac{4}{5}$，$\cos \alpha = \dfrac{3}{5}$，$\tan \alpha = \dfrac{4}{3}$；

(2)$\sin \alpha = -\dfrac{5}{13}$，$\cos \alpha = \dfrac{12}{13}$，$\tan \alpha = -\dfrac{5}{12}$.

5.(1)$\dfrac{1}{2}$；(2)2；(3)3.

水平二

1. 因为 $\tan \alpha \cdot \cos \alpha > 0$，则 $\tan \alpha$ 与 $\cos \alpha$ 同号，所以 α 在第一或第二象限. 又因为 $\cos \alpha \cdot \sin \alpha < 0$，则 $\cos \alpha$ 与 $\sin \alpha$ 异号，所以 α 在第二或第四象限. 因此 α 在第二象限.

2. 因为 α 的终边经过点 $P(3，y)$，所以 $\cos \alpha = \dfrac{3}{\sqrt{3^2+y^2}}$. 又因为 $\cos \alpha = \dfrac{3}{5}$，有 $\dfrac{3}{\sqrt{3^2+y^2}} = \dfrac{3}{5}$，即 $3^2+y^2 = 25$，解得 $y = \pm 4$. 当 $y = 4$ 时，$\sin \alpha = \dfrac{y}{r} = \dfrac{4}{5}$，$\tan \alpha = \dfrac{y}{x} = \dfrac{4}{3}$；当 $y = -4$ 时，$\sin \alpha = -\dfrac{4}{5}$，$\tan \alpha = -\dfrac{4}{3}$.

3. 因为 α 的终边经过点 $P(3a，-4a)(a \neq 0)$，有 $r = \sqrt{9a^2+16a^2} = 5|a|$. 又因为 $a \neq 0$，所以，当 $a > 0$ 时，$r = 5a$，有 $\sin \alpha = \dfrac{y}{r} = \dfrac{-4a}{5a} = -\dfrac{4}{5}$，$\cos \alpha = \dfrac{x}{r} = \dfrac{3a}{5a} = \dfrac{3}{5}$，$\tan \alpha = \dfrac{y}{x} = \dfrac{-4a}{3a} = -\dfrac{4}{3}$；当 $a < 0$ 时，$r = -5a$，有 $\sin \alpha = \dfrac{4}{5}$，$\cos \alpha = -\dfrac{3}{5}$，$\tan \alpha = -\dfrac{4}{3}$.

5.4　同角三角函数的基本关系

(一)教学准备

1. 教师授课前，学生应储备以下知识：三角函数的定义，任意角所在象限的三角函数值符号，特殊角的三角函数值，解直角三角形.

2. 教师授课前准备：代入消元法解方程组的有关视频；自制已知角的正弦(或余弦)值，没有角所在象限的条件，求解另外的三角函数值的教学视频；与化归思想有关的素材；相关教具.

(二)教学内容

本节的主要内容有同角三角函数基本关系式的推导,通过任意角的一个三角函数值求它的另外两个三角函数值的方法.

(三)教学目标

1. 经历用单位圆推导同角三角函数的平方关系和商数关系的过程,提升逻辑推理素养.

2. 掌握同角三角函数的基本关系式,并会通过一个三角函数值求出另外两个三角函数值,体会"知一求二".

3. 能运用同角三角函数的基本关系式进行简单的化简与证明,总结提炼出化简与证明的一般方法.

4. 亲历同角三角函数基本关系中公式的推导和应用及三角函数值符号的确定过程,提升逻辑推理、综合应用的能力,培养数学运算、逻辑推理等核心素养.

(四)教学重难点

重点:同角三角函数基本关系式的推导,灵活运用同角三角函数的基本关系式解决相关问题.

难点:已知角的正切函数值求角的正弦值和余弦值,用代入消元法解二元二次方程组的方法.

(五)教学提示

序号	教学提示
1	同角三角函数的基本关系式是三角函数的重要公式,常见于三角计算、化简和证明中,往往与各象限角的符号、特殊角的三角函数值紧密联系,具有一定的综合性,它既是三角函数单元的基础内容,也是重要内容
2	教材从单位圆和三角函数的定义出发,推导同角三角函数的两种基本关系式,建议教师在课前引导学生温习三角函数的定义、各象限角的三角函数值符号、特殊角的三角函数值及求解方程(组)的思想方法,为顺利达成本节课的教学目标作铺垫
3	教师引导学生正确理解同角三角函数的基本关系式时,应强调:(1)两种基本关系一定是对同一个角而言的;(2)注意三角函数的平方写法,如 $\sin^2\alpha=(\sin\alpha)^2$,$\sin^2\alpha\neq\sin\alpha^2$,应让学生明确它们的区别;(3)$\tan\alpha=\dfrac{\sin\alpha}{\cos\alpha}$ 中,$\cos\alpha\neq 0$,当角 α 的终边与 y 轴重合时商数关系无意义,所以此关系式中 $\alpha\neq\dfrac{\pi}{2}+k\pi$,$k\in\mathbf{Z}$

序号	教学提示
4	在教学时，教师要讲清楚这两个关系式的变形式，用方程的思想、分类的思想来解决三角函数的基本问题．教材第 5.4 节中，例 1 示范了如何解决"知弦求切"的问题，教师讲解时应强调一定要根据角所在的象限确定三角函数值的符号，这也是学生在解题过程中很容易忽视的问题，另外还应强调解题的逻辑性和书写的规范性．例 1 是知余弦求正弦和正切，教师可适当补充知正弦求余弦和正切或者变换角所在象限的题型，巩固学生对公式的理解和记忆，也可以通过例 1 启发学生，如果已知条件中没有角所在象限，如何求该角的另外的三角函数值，渗透分类的思想方法
5	教材第 5.4 节中，例 2 示范了如何解决"知切求弦"的问题，这是教学的难点之一．教师应引导学生分析由商数关系式得到一个含有两个未知数的方程，这时是不能直接求解的，再与 $\sin^2\alpha+\cos^2\alpha=1$ 建立方程组来求解，之前学生并没有学过解二元二次方程组，在教学时教师应耐心指导学生体会用代入消元法解二元二次方程组的方法和步骤，可适当增加类似练习加以强化巩固，也为后面解析几何中求解直线与二次曲线的交点问题作铺垫
6	教材第 5.4 节中，例 3、例 4 示范用同角三角函数基本关系进行化简和证明，此类题目灵活多样，对学生的思维和运算等方面要求比较高，是学生学习的难点之一，在教学时不宜加深题目的难度．教材通过两个简单的例子，让学生体会化简、证明的方法和步骤，让学生了解三角恒等式证明的一般方法：(1)由繁化简，即从恒等式较复杂的一边，通过变换推导出等号的另一边；(2)作差比较，由等号左、右两边的式子相减，通过恒等变换推导出差值为零，从而得出左右两边相等的结论，也可采用比值法等；(3)两边化简，分别证明等号左、右两边都等于同一个三角函数式(或数)．此类题目蕴含化归的数学思想方法，可以提升学生演绎推理的能力
7	教材第 5.4 节中，例 5 为"已知 $\tan\theta=-3$，求 $\dfrac{4\sin\theta-2\cos\theta}{5\cos\theta+3\sin\theta}$ 的值"．解决此类问题的方法有两种：一种方法是将"弦化切"，即将三角函数式的分子、分母各项同时除以 $\cos\theta$，将所求三角函数式用已知量 $\tan\theta$ 来表示；另一种方法是将"切化弦"，由 $\tan\theta=-3$ 得 $\sin\theta=-3\cos\theta$，代入所求三角函数式进行化简求值．教师可引导学生感悟数学的形式与逻辑美，浸润美育
8	"知弦求切"或"知切求弦"是关于同角三角函数关系式的重要知识点，教材通过随堂练习中第 1、2 题和习题 5.4 水平一中第 1、3、4 题，帮助学生巩固练习三角函数式的化简和证明，通过随堂练习第 3 题和习题 5.4 水平一中第 5 题，水平二中第 3 题帮助学生进行巩固练习和提升训练

(六)课程思政设计

1. 利用单位圆引导学生推导同角三角函数的平方关系和商数关系，可将三角函数的基本性质与圆的几何性质进行关联，用联系的观点提出问题，获得研究思路，培养学生逻辑推理素养；可设计平方关系的变式训练，蕴含函数与方程的数学思想，引导学生在变形推导的过程中感受数学的变换之趣，体现数学逻辑美的教育引导.

2. 等式的证明过程遵循"由繁到简"的原则，教师可鼓励学生多动脑、多尝试，通过观察、分析、对比等过程总结出多种常用的等式证明方法，在培养学生分析问题、解决问题能力的同时蕴含化归的数学思想方法.

(七)习题答案

随堂练习

1. $-\dfrac{12}{13}$，$-\dfrac{5}{12}$.

2. $-\dfrac{\sqrt{3}}{2}$，$\dfrac{1}{2}$.

3. $\sin \alpha$，$\cos^2 \alpha$.

习题 5.4

水平一

1. D.

2. 1.

3. $-\dfrac{\sqrt{3}}{2}$，$\sqrt{3}$.

4. 由 $\tan \alpha = -1$，得 $\dfrac{\sin \alpha}{\cos \alpha} = -1$，即 $\sin \alpha = -\cos \alpha$，将其代入 $\sin^2 \alpha + \cos^2 \alpha = 1$，得 $\cos^2 \alpha = \dfrac{1}{2}$.

又因为 α 是第四象限角，得 $\cos \alpha = \dfrac{\sqrt{2}}{2}$，所以 $\sin \alpha = -\dfrac{\sqrt{2}}{2}$.

5. $\dfrac{2\cos^2 \alpha - 1}{1 - 2\sin^2 \alpha} = \dfrac{2\cos^2 \alpha - (\sin^2 \alpha + \cos^2 \alpha)}{(\sin^2 \alpha + \cos^2 \alpha) - 2\sin^2 \alpha} = \dfrac{\cos^2 \alpha - \sin^2 \alpha}{\cos^2 \alpha - \sin^2 \alpha} = 1$.

水平二

1. $\cos \alpha = \dfrac{2\sqrt{3}}{3}$，$\tan \alpha = -\dfrac{\sqrt{2}}{4}$.

2. $\dfrac{2\cos \alpha + \sin \alpha}{\cos \alpha - 2\sin \alpha} = \dfrac{\dfrac{2\cos \alpha}{\cos \alpha} + \dfrac{\sin \alpha}{\cos \alpha}}{\dfrac{\cos \alpha}{\cos \alpha} - \dfrac{2\sin \alpha}{\cos \alpha}} = \dfrac{2 + \tan \alpha}{1 - 2\tan \alpha} = \dfrac{2 + 3}{1 - 2 \times 3} = -1$.

3. (1) 原式 $= \sin^2 \alpha(\sin^2 \alpha + \cos^2 \alpha) + \cos^2 \alpha = \sin^2 \alpha + \cos^2 \alpha = 1$；

(2) 要证 $\tan^2 \alpha - \sin^2 \alpha = \tan^2 \alpha \sin^2 \alpha$，即证 $\tan^2 \alpha - \sin^2 \alpha - \tan^2 \alpha \sin^2 \alpha = 0$. 因为 $\tan^2 \alpha - \sin^2 \alpha - \tan^2 \alpha \sin^2 \alpha = \tan^2 \alpha(1 - \sin^2 \alpha) - \sin^2 \alpha = \tan^2 \alpha \cos^2 \alpha - \sin^2 \alpha = \sin^2 \alpha - \sin^2 \alpha = 0$，所以等式成立.

5.5 诱导公式

(一)教学准备

1. 教师授课前，学生应储备以下知识：用三角函数表示角的终边与单位圆相交的点的坐标的方法；终边相同的角的关系；关于坐标轴和原点对称的对称点的坐标；各象限角的三角函数值符号.

2. 教师授课前准备：与诱导公式相关的素材、计算机绘图软件、科学计算器等.

(二)教学内容

本节的主要内容有角 $\alpha+2k\pi(k\in\mathbf{Z})$，$\pi-\alpha$，$\pi+\alpha$，$-\alpha$ 分别与角 α 的三角函数值之间的关系，利用诱导公式求值、化简或证明，使用科学计算器计算任意角的三角函数值.

(三)教学目标

1. 能围绕三角函数的定义，借助单位圆推导出角 $\alpha+2k\pi(k\in\mathbf{Z})$，$\pi-\alpha$，$\pi+\alpha$，$-\alpha$ 分别与角 α 的三角函数值的关系，提升逻辑推理的能力.

2. 能利用诱导公式将任意角的三角函数化为 $[0,2\pi)$ 范围内的角的三角函数，进行求值、化简或简单的证明，提升三角函数的运算能力.

3. 能利用科学计算器计算任意角的三角函数值，习得使用现代工具的能力.

4. 经历诱导公式的推导过程，体会过程中渗透的数形结合的思想方法和探究数学问题的基本途径，提升逻辑推理、直观想象、数学抽象等核心素养.

(四)教学重难点

重点：诱导公式的推导，运用诱导公式解决简单的求值、化简、证明等问题.

难点：诱导公式的推导及其应用.

(五)教学提示

序号	教学提示
1	通过诱导公式可以将任意角的三角函数值转化为锐角的三角函数值，这个过程渗透了化归的数学思想，诱导公式是中职阶段的重要三角函数公式，学生在学习诱导公式的推导和应用诱导公式解决相关问题的过程中培养逻辑推理能力，也为后面的学习奠定基础. 随着科学计算器的普及，学生可以借助科学计算器解决相应的求值问题，因此对诱导公式的要求可以适当降低

序号	教学提示
2	诱导公式的推导是教学中的重点与难点，教师可以结合几何直观让学生感知角 $\alpha+2k\pi(k\in\mathbf{Z})$，$\pi-\alpha$，$\pi+\alpha$，$-\alpha$ 分别与角 α 的终边的位置关系，引导学生观察四类角与单位圆的交点横、纵坐标和角 α 与单位圆的交点横、纵坐标之间的关系．教材根据三角函数的定义，借助单位圆推导出四组诱导公式，由具体的案例创设问题情境，引导学生亲历由特殊到一般抽象概括的过程，渗透了数形结合的思想．在教学时，教师还可以借助数学软件形象直观地演示诱导公式的推导过程，加深学生对公式的理解和记忆
3	根据三角函数的定义，很容易产生"终边相同的角的同名三角函数值相等"的结论，教师可引导学生用数学符号语言进行表达．第 5.5 节中，公式一需强调的是"同名"二字，公式二、公式三和公式四是围绕三角函数的定义，借助单位圆，运用角的终边上的对称点来推导的．在教学中，教师应始终贯穿对称的观点和数形结合的数学思想，推导过程不要求学生必须掌握
4	本节的诱导公式较多，学生容易混淆，教学时教师应注意强调：(1)诱导公式中的角 α 表示的是任意角；(2)三角函数值的符号由各角的终边所在的象限确定，这里的角是指" $\alpha+2k\pi(k\in\mathbf{Z})$，$\pi-\alpha$，$\pi+\alpha$，$-\alpha$"，而不是" α"；(3)诱导公式中前后三角函数名称没有改变．在教学时使用口诀"函数名不变，符号看象限"可帮助学生理解记忆
5	初中学习过 $\dfrac{\pi}{2}-\alpha$ 这类的诱导公式，如 $\sin\left(\dfrac{\pi}{2}-\alpha\right)=\cos\alpha$，前后三角函数名称有改变．对于 $\dfrac{\pi}{2}-\alpha$ 这类很重要的公式，教师可以根据教学班的实际情况考虑是否需要补充
6	教材在每一类诱导公式抽象概括后都有设置有相应的例题和随堂练习，并归纳总结出把任意的三角函数值转化为锐角的三角函数值的一般步骤．学生通过学习理解和掌握诱导公式，培养能灵活运用诱导公式的能力．应用诱导公式求值的教学过程中，教师可以引导学生利用诱导公式三把任意负角的三角函数转化为相应正角的三角函数，再利用终边相同的角的同名三角函数值相等，用 $[0,2\pi)$ 范围内的角的同名三角函数表示，最后再利用诱导公式求锐角的三角函数值，其最终目的是把求任意角的三角函数化为求某个锐角的三角函数．锐角如果为特殊角，可以直接求值；如果为非特殊角，则可以利用科学计算器求值．教学时教师应根据实际需要将计算器调整到角度制或弧度制状态，让学生了解常见型号的计算器的操作方法

(六)课程思政设计

1. 在诱导公式的推导过程中,通过数形结合的方式利用单位圆和图像的对称性相结合,利用对称性的图像特征将任意角转化为锐角三角函数,该过程充分体现了将未知转化为已知的化归思想,贯穿逻辑推理素养的培育,借用对称角的图像直观分析对称角之间的关系,可让学生直观地感受到诱导公式图像中的对称美,实现数学之美的美育教育.

2. 利用诱导公式化简、求值的运算过程可以是灵活多样的,教材给出的运算过程与步骤可依据不同学生的思维脉络进行适当的调整,体现数学对学生个性化思维的尊重,渗透数学人文精神的教育.

(七)习题答案

随堂练习

1. C.　2. D.　3. B.

随堂练习

1. B.　2. A.　3. C.

随堂练习

1. A.　2. B.　3. C.

随堂练习

1. C.　2. A.　3. B.

随堂练习

1.(1)0.65；(2)−0.62；(3)−0.49.

2.(1)>；(2)<；(3)>.

习题 5.5

水平一

1. D.　2. B.

3.(1)$-\dfrac{\sqrt{3}}{2}$；(2)$\dfrac{\sqrt{3}}{2}$；(3)1；(4)$\dfrac{\sqrt{3}}{2}$；(5)$-\dfrac{\sqrt{3}}{2}$；(6)1；(7)0.951；(8)0.223；(9)1.489.

4. 原式$=\sin\dfrac{\pi}{6}+\cos\dfrac{\pi}{3}-\tan\dfrac{\pi}{4}=\dfrac{1}{2}+\dfrac{1}{2}-1=0.$

5. 原式$=\dfrac{\cos\alpha\cdot\tan\alpha\cdot(-\tan\alpha)}{-\sin\alpha}=\tan\alpha.$

水平二

1. 因为 $\sin(-\alpha)=-\sin\alpha=\dfrac{1}{3}$,有 $\sin\alpha=-\dfrac{1}{3}$,所以 $\sin(\pi-\alpha)=\sin\alpha=-\dfrac{1}{3}.$

2. 原式$=\sin240°\cdot\cos210°+\cos60°\cdot\sin30°=\sin60°\cdot\cos30°+\cos60°\cdot\sin30°=1.$

3. 原式$=\dfrac{\sin\alpha\cdot(-\cos\alpha)\cdot(-\tan\alpha)\cdot(-\tan\alpha)}{(-\tan\alpha)\cdot(-\sin\alpha)}=-\sin\alpha.$

5.6 正弦函数的图像和性质

(一)教学准备

1. 教师授课前，学生应储备以下知识：正弦函数的定义，函数图像的描点作图法，函数的单调性和奇偶性.

2. 教师授课前准备：存在周期现象的相关视频，如圆周运动、交流电、音乐、一年四季的变化交替、中国 24 节气等素材；借助单位圆绘制正弦线的动画教学视频；计算机绘图软件、日历等教具.

(二)教学内容

本节的主要内容有用"五点法"画正弦函数在 $[0，2\pi]$ 上的图像、函数周期性的概念、正弦曲线的概念、正弦函数的性质、利用正弦函数的图像性质解决正弦函数的相关问题.

(三)教学目标

1. 掌握描点作图法的一般步骤，并能用"五点法"画出正弦函数在 $[0，2\pi]$ 上的图像.

2. 了解正弦函数周期性的概念，并能根据正弦函数的周期性，把正弦函数的图像由 $[0，2\pi]$ 平移扩展到 $(-\infty，+\infty)$.

3. 通过观察正弦函数 $(-\infty，+\infty)$ 上的图像，分析并归纳正弦函数的性质，并能利用这些性质解决正弦函数的相关问题.

4. 体会分析正弦函数的图像性质的过程，积累分析函数性质的一般方法和经验，能利用正弦函数的图像性质解决相关问题，体会数形结合的思想方法，提升直观想象素养.

(四)教学重难点

重点："五点法"作正弦函数在一个周期内的图像，抽象概括正弦函数的性质，正弦函数图像和性质的应用.

难点：用"五点法"画正弦函数在一个周期内的图像，正弦函数的性质理解和应用.

(五)教学提示

序号	教学提示
1	函数的图像和性质是研究函数的重要内容之一，正弦函数是最基本的周期函数，极具有代表性，研究正弦函数的图像和性质可为后面类比学习余弦函数、正切函数、正弦型函数等三角函数的图像和性质奠定基础

续表

序号	教学提示
2	函数的周期概念是函数的一个重要概念，学生不易理解掌握. 教材从熟悉的日历周期现象引入周期的概念：定义域为 D 的函数 $y = f(x)$，如果存在一个非零常数 T，对于每一个 $x \in D$，都有 $x + T \in D$，且都满足 $f(x + T) = f(x)$，则称函数 $y = f(x)$ 为周期函数，T 为函数的一个周期. 教学时教师可根据教学实际对函数的周期性概念作如下解读：(1)对于函数的自变量中的每一个值，每增加一个定值 $T(T \neq 0)$ 后函数值会重复出现一次；(2)对于函数自变量 x 在定义域内的任何一个值都有 $f(x + T) = f(x)$ 成立；(3)周期函数的周期一般不唯一，如果 $T(T \neq 0)$ 是函数的周期，则 $nT(n \in \mathbf{Z}$，且 $n \neq 0)$ 也是函数的周期；(4)周期函数不一定都有最小正周期，如常值函数 $f(x) = C$，在实数范围内，对于任何实数 $T(T \neq 0)$，都有 $f(x + T) = f(x) = C$，所以 $f(x) = C$ 是周期函数，但没有最小正周期. 教师也可举简单的实例进行讲解，加深学生对函数周期相关概念的理解
3	由诱导公式知 $\sin(x + 2k\pi) = \sin x(k \in \mathbf{Z})$，由周期的概念得出 $\pm 2\pi$，$\pm 4\pi$，…都是正弦函数 $y = \sin x$ 的周期，所以 $2k\pi(k \in \mathbf{Z}$，且 $k \neq 0)$ 是正弦函数的周期，在这些周期中存在一个最小的正数 2π，则称之为正弦函数的最小正周期. 在教学时教师可借助单位圆，展示任意角的终边绕着原点旋转，观察角与单位圆的交点纵坐标(即角的正弦函数值)随着角的变化而变化的规律；也可用绘图软件动画演示，帮助学生了解正弦曲线的精确作图法，让学生直观感知正弦函数图像的变化规律和周期性特征，培养学生的直观想象素养
4	教材采用描点作图法的一般方法画出正弦函数在一个周期内的函数图像. 首先列表，教学时教师可引导学生从 $[0, 2\pi]$ 上选出 13 个特殊角并求出其相应的函数值；其次描点和连线. 教师让学生亲手用描点法画出正弦函数在 $[0, 2\pi]$ 上的图像，引导学生观察这个图像，并找出确定正弦函数图像形状中起关键作用的五个特殊点：$(0, 0)$，$\left(\dfrac{\pi}{2}, 1\right)$，$(\pi, 0)$，$\left(\dfrac{3\pi}{2}, -1\right)$，$(2\pi, 0)$. 这五个点可基本确定正弦函数在一个周期内的图像，让学生体会正弦曲线的对称美，提升归纳总结的能力. 教学时，教师可让学生亲手多次用"五点法"画出正弦函数在一个周期内的图像，加强学生对正弦函数图像的认识和理解. 利用正弦函数的周期，将一个周期的图像平移扩展到整个实数范围，这个过程体现了从特殊到一般的数学思想方法

序号	教学提示
5	正弦函数的性质是本节课的重难点，教材分别从定义域、值域、周期性、奇偶性、单调性五个方面研究正弦函数的性质．教学时，教师可结合正弦函数的图像，引导学生分析归纳正弦函数的性质，培养学生"看图说话"的能力．归纳正弦周期函数的性质时，一般可先研究正弦函数在一个周期内的性质，推广后就可得出它的一般性质．例如正弦函数的单调性，在一个周期 $\left[-\frac{\pi}{2}, \frac{3\pi}{2}\right]$ 内先得出正弦函数的增区间是 $\left[-\frac{\pi}{2}, \frac{\pi}{2}\right]$，减区间是 $\left[\frac{\pi}{2}, \frac{3\pi}{2}\right]$；然后根据函数的周期性可推导出正弦函数在实数范围内的增区间是 $\left[-\frac{\pi}{2}+2k\pi, \frac{\pi}{2}+2k\pi\right](k \in \mathbf{Z})$，减区间是 $\left[\frac{\pi}{2}+2k\pi, \frac{3\pi}{2}+2k\pi\right](k \in \mathbf{Z})$．在此过程中教师应注意培养学生的思维能力、表达能力、抽象概括能力，使学生能用数学语言描述正弦函数的性质，提升学生的数学抽象素养
6	教材第5.6.1节中，例1为用"五点法"画出函数 $y=-\sin x$，$y=1+\sin x$ 在 $[0, 2\pi]$ 内的图像，旨在让学生掌握"五点法"作图的方法和步骤，列表过程应强调要根据具体的函数灵活地找出五个关键点．教材"合作交流"中创设的问题情境，旨在使学生了解函数 $y=-\sin x$ 与 $y=\sin x$，$y=1+\sin x$ 与 $y=\sin x$ 的关系，了解函数图像的平移，也为后面正弦型函数图像性质的学习埋伏笔．第5.6.1节的随堂练习和习题5.6水平一第5题可帮助学生对已学知识进行巩固练习
7	函数的性质应用是教学的另一个难点，三角函数的最值是重要内容之一．教材第5.6.2节中：例1考查与正弦函数值域相关的应用；例2分别求函数 $y=3+\sin x(x \in \mathbf{R})$，$y=-2\sin x(x \in \mathbf{R})$ 取得最大值、最小值的 x 的集合，并求出最大值、最小值．教学时教师可让学生通过"五点法"画函数的大致图像或利用计算机绘图软件画出函数的图像，并结合图像来解决相关问题．数形结合是数学的重要思想方法，数形结合法可以让问题直观可视化，降低学习的难度，这也是解决三角函数有关问题常用的方法．教师还可引导学生归纳总结形如 $y=a \pm b\sin x(b \neq 0)$ 的函数的最大（小）值以及求使函数取得最大（小）值时 x 的集合的解题方法，教材随堂练习设置了相应的巩固训练
8	正弦函数的单调性也是考查的重点之一，教材第5.6.3节中例题要求在不求值的情况下比较正弦函数值的大小．教学时，教师可让学生独立思考解决此类问题有哪些方法，培养学生分析、解决问题的思维能力．教材采用的是利用正弦函数单调性比较正弦值大小的方法，旨在帮助学生加强对正弦函数单调性的理解，教学时应强调在同一单调区间内才能比较．也可采用数形结合的方法求解．教师可提出问题：当角的范围在 $[0, 2\pi]$ 以外或不同在一个单调区间内，如何比较正弦函数值的大小呢？师生可合作完成，在教师的引导下学生积极思考，既复习巩固了诱导公式，也提升了发现和提出问题、分析和解决问题的能力

(六)课程思政设计

1. 在周期函数概念的引入中，教师可结合现实存在的周期现象让学生感知周期变化，如时钟旋转、日月更替、四季变换、潮汐起伏、简谐运动等，结合成语"周而复始"，让学生体会三角函数是刻画一类现实世界周期现象的重要数学模型的思想，渗透数学人文精神教育与数学建模素养.

2. 在学习正弦函数的图像和性质时，教师可设计让学生借助已有的研究函数的经验，利用描点法绘制一个周期内的函数图像，引导学生自主构建研究三角函数的内容、过程和方法，积累学生的数学活动经验. 也可设计利用信息技术展示结合单位圆绘制正弦线的过程，让学生整体把握正弦函数图像性质的同时，感受图像流畅、起伏变换的数学直观、规律之美.

(七)习题答案

5.6.1 正弦函数的图像

合作交流

略.

随堂练习

x	0	$\frac{\pi}{2}$	π	$\frac{3\pi}{2}$	2π
$y = \sin x$	0	1	0	-1	0
$y = 3\sin x$	0	3	0	-3	0

图像如下.

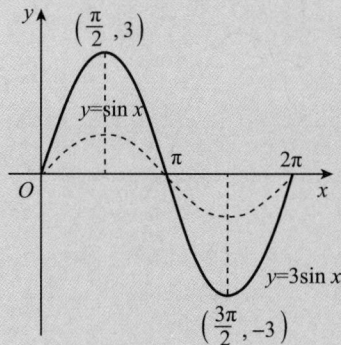

5.6.2 正弦函数的性质(一)

随堂练习

1. $-4 \leqslant a \leqslant 6$.

2. (1)1.6,0.4;(2)$\dfrac{2}{3}$,$-\dfrac{2}{3}$.

5.6.2 正弦函数的性质(二)

随堂练习

$<$,$>$.

习题 5.6

水平一

1. (1)$<$;(2)$>$.

2. 2,-2.

3. $-\dfrac{1}{3} \leqslant a \leqslant 1$.

4. 函数在$[0,2\pi]$内的单调减区间为$\left[0,\dfrac{\pi}{2}\right]$和$\left[\dfrac{3\pi}{2},2\pi\right]$,单调增区间为$\left[\dfrac{\pi}{2},\dfrac{3\pi}{2}\right]$.

5. 利用"五点法"画出函数在区间$[0,2\pi]$内的简图,列表如下.

x	0	$\dfrac{\pi}{2}$	π	$\dfrac{3\pi}{2}$	2π
$y=\sin x$	0	1	0	-1	0
$y=\dfrac{3}{2}\sin x$	0	$\dfrac{3}{2}$	0	$-\dfrac{3}{2}$	0

图像如下.

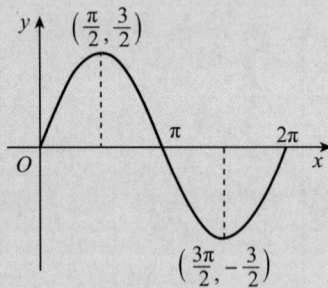

第 5 题图

水平二

1. 函数$y=\sin x$取得最小值-1时,函数$y=-1-1.5\sin x$有最大值$y=-1+1.5=0.5$;

函数$y=\sin x$取得最大值1时,函数$y=-1-1.5\sin x$有最小值$y=-1-1.5=-2.5$.

2. 在区间$\left[-\dfrac{\pi}{2},\dfrac{3\pi}{2}\right]$内,函数$y=3-2\sin x$在$\left[-\dfrac{\pi}{2},\dfrac{\pi}{2}\right]$上是减函数,在$\left[\dfrac{\pi}{2},\dfrac{3\pi}{2}\right]$上是增函

数. 由正弦函数的周期性可知，函数 $y=3-2\sin x$ 在 **R** 内的单调减区间为 $\left[2k\pi-\dfrac{\pi}{2}, 2k\pi+\dfrac{\pi}{2}\right]$ $(k\in\mathbf{Z})$，单调增区间为 $\left[2k\pi+\dfrac{\pi}{2}, 2k\pi+\dfrac{3\pi}{2}\right]$ $(k\in\mathbf{Z})$.

3. (1) $\sin 500°=\sin(360°+140°)=\sin 140°$；

(2) 因为 $-\pi<-\dfrac{6\pi}{7}<-\dfrac{5\pi}{6}<-\dfrac{\pi}{2}$，而 $y=\sin x$ 在 $\left[-\pi, -\dfrac{\pi}{2}\right]$ 上是减函数，所以 $\sin(-\dfrac{5\pi}{6})<\sin(-\dfrac{6\pi}{7})$.

5.7 余弦函数的图像和性质

(一)教学准备

1. 教师授课前，学生应储备以下知识：余弦函数的定义，正弦函数的图像和性质，特殊角的余弦值，诱导公式，描点作图法，"五点法".

2. 教师授课前准备：生活中的余弦曲线、有趣的余弦函数故事等视频；余弦曲线在电学、力学、工程学等领域的应用素材；借助单位圆绘制余弦线的动画教学视频；计算机绘图软件等.

(二)教学内容

本节的主要内容有用"五点法"画余弦函数[0，2π]内的图像、余弦曲线的概念、余弦函数的图像和性质、利用余弦函数图像性质解决余弦函数的相关问题.

(三)教学目标

1. 能类比研究正弦函数的图像和性质的方法，研究余弦函数的图像和性质.

2. 能用"五点法"作出余弦函数在[0，2π]内的图像，并能根据余弦函数的周期性，把余弦函数的图像由[0，2π]平移扩展到(−∞，+∞).

3. 能结合余弦函数的图像抽象概括余弦函数的周期性、定义域、值域、奇偶性和单调性；并能用余弦函数的图像和性质解决余弦函数的相关问题.

4. 体会分析余弦函数的图像性质的过程，并能利用余弦函数的图像和性质解决有关问题，体会数形结合的思想方法，提升直观想象素养.

(四)教学重难点

重点："五点法"作余弦函数在一个周期内的图像，抽象概括余弦函数的性质，余弦函数图像和性质的应用.

难点：用"五点法"作余弦函数在一个周期内的图像，余弦函数的性质的理解和应用.

(五)教学提示

序号	教学提示
1	本节的内容是在认识和理解正弦函数的图像和性质的基础上研究余弦函数的图像和性质，正弦函数和余弦函数有很多相似之处，因此可以类比研究余弦函数的图像和性质. 教材结合诱导公式和周期函数的定义阐述了余弦函数是周期函数，且它与正弦函数有一定的相关性
2	由诱导公式知 $\cos(x+2k\pi)=\cos x\,(k\in\mathbf{Z})$，所以 $\pm2\pi$，$\pm4\pi$，…都是余弦函数 $y=\cos x$ 的周期，所以 $2k\pi(k\in\mathbf{Z}$，且 $k\neq0)$ 是余弦函数的周期，且 2π 是余弦函数的最小正周期. 教师在教学时可借助单位圆，展示任意角的终边绕着原点旋转，让学生观察角与单位圆的交点横坐标(即角的余弦函数值)随着角的变化而变化的规律；也可用绘图软件制作动画进行演示，帮助学生了解余弦曲线的精确作图法，让学生直观感知余弦函数图像的变化规律和周期性特征，培养学生的直观想象素养
3	教材类比正弦函数在 $[0,2\pi]$ 上选出 13 个特殊角并求出其相应的函数值，然后描点和连线. 教师可让学生亲手用描点法画出余弦函数在 $[0,2\pi]$ 内的图像，引导学生观察这个图像，并找出确定余弦函数图像形状时起关键作用的五个特殊点：$(0,1)$，$\left(\dfrac{\pi}{2},0\right)$，$(\pi,-1)$，$\left(\dfrac{3\pi}{2},0\right)$，$(2\pi,1)$. 最后利用余弦函数的周期性进行平移，得到整个实数范围内的余弦函数图像，教师应提醒学生注意正弦、余弦函数中的五个关键特殊点的区别
4	教材"特别提示"中，正弦函数的图像向左平移 $\dfrac{\pi}{2}$ 个单位可得到余弦函数的图像，教师通过诱导公式 $\sin\left(\dfrac{\pi}{2}+x\right)=\cos x$，可引导学生了解正弦函数与余弦函数的内在联系，将正弦函数 $y=\sin x$ 的图像向左平移 $\dfrac{\pi}{2}$ 个单位可得到 $y=\sin\left(x+\dfrac{\pi}{2}\right)$ 的图像，它就是余弦函数 $y=\cos x$ 的图像. 同时可让学生观察，正弦函数 $y=\sin x$ 的图像向右平移 $\dfrac{3\pi}{2}$ 个单位也可得到余弦函数的图像. 结合余弦函数的周期性，教师可启发学生发现：正弦函数的图像无论是向左平移 $\dfrac{\pi}{2}+2k\pi(k\in\mathbf{Z})$ 个单位还是向右平移 $\dfrac{3\pi}{2}+2k\pi(k\in\mathbf{Z})$ 个单位均可得到余弦函数的图像

续表

序号	教学提示
5	余弦函数的性质是本节课的重难点，教材分别从定义域、值域、周期性、奇偶性、单调性五个方面研究余弦函数的性质．教学时，教师可结合余弦函数的图像，类比正弦函数的图像性质抽象概括余弦函数的性质，渗透类比的数学思想，培养学生"看图说话"的能力
6	教材第5.7.1节的例题设置用"五点法"画出 $y=2\cos x$ 和 $y=-1+\cos x$ 在 $[0，2\pi]$ 内的简图，随堂练习也可帮助学生进行巩固训练．第5.7.2节的例1示范了余弦型函数的性质应用，例2旨在示范利用余弦函数的单调性比较函数值的大小．第5.7.2节的随堂练习和习题5.7水平一都有相应的巩固训练，习题5.7水平二综合性、灵活性强，教师可提示学生借助余弦函数的图像性质来解决较复杂的相关问题

（六）课程思政设计

1. 在学习余弦函数的图像和性质时，教师可类比正弦函数的研究方法绘制余弦函数的图像，让学生在实践中感受研究函数图像、性质的通性通法，渗透在具体情境中抽象事物规律的理性思维．

2. 对余弦函数的图像进行观察分析时，教师可引导学生通过对比观察，发现函数的变化对图形的影响，如图像的平移、拉伸等，培养学生敢于质疑、善于思考、严谨求实的数学品格和科学精神，让学生体会数学的图形对称美和变换之美．

（七）习题答案

5.7.1　余弦函数的图像

随堂练习

x	0	$\dfrac{\pi}{2}$	π	$\dfrac{3\pi}{2}$	2π
$y=\cos x$	1	0	-1	0	1
$y=1-\cos x$	0	1	2	1	0

$y=1-\cos x$ 的图像是将 $y=\cos x$ 的图像通过翻折和平移变化得到的．
图像如下．

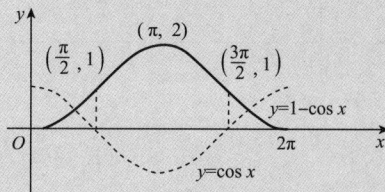

随堂练习图

5.7.2 余弦函数的性质

合作交流

略.

随堂练习

1. (1) $\dfrac{3}{2}$，$\dfrac{1}{2}$，2π；(2) 5，-3.

2. (1) ＞；(2) ＜.

3. (1) 可能成立. 因为要使 $\cos^2 x = 1$，则要 $\cos x = 1$ 或 $\cos x = -1$. 当 $x = 2k\pi$，$k \in \mathbf{Z}$ 时，$\cos x = 1$，当 $x = 2k\pi + \pi$，$k \in \mathbf{Z}$ 时，$\cos x = -1$；综上所述 $\cos^2 x = 1$ 成立；

(2) 不可能成立. 因为 $-1 \leqslant \cos x \leqslant 1$，而题目中 $\cos x = \dfrac{3}{2}$，所以不成立.

4. (1) 函数取最大值的 x 的集合为 $\{x \mid x = 2k\pi + \pi, k \in \mathbf{Z}\}$，函数取得最大值为 3；

函数取最小值的 x 的集合为 $\{x \mid x = 2k\pi, k \in \mathbf{Z}\}$，函数取得最小值为 -3；

(2) 函数取最大值的 x 的集合为 $\{x \mid x = 2k\pi, k \in \mathbf{Z}\}$，函数取得最大值为 $\dfrac{29}{6}$；

函数取最小值的 x 的集合为 $\{x \mid x = 2k\pi + \pi, k \in \mathbf{Z}\}$，函数取得最小值为 $\dfrac{19}{6}$.

习题 5.7

水平一

1. (1) ＞；(2) ＜.

2. (1) 3，-3；(2) 0.5，-0.5.

3. 0 或 2π，π.

4. 函数 $y = 2 + \cos x$ 在区间 $[0, 2\pi]$ 内的单调减区间为 $[0, \pi]$，单调增区间为 $[\pi, 2\pi]$.

5. 利用"五点法"作图，列表如下.

x	0	$\dfrac{\pi}{2}$	π	$\dfrac{3\pi}{2}$	2π
$y = \cos x$	1	0	-1	0	1
$y = -4\cos x$	-4	0	4	0	-4

图像如下.

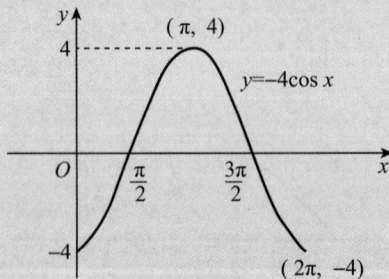

第 5 题图

5.8　已知三角函数值，求指定范围的角

（一）教学准备

1. 教师授课前，学生应储备以下知识：特殊角的三角函数值，正弦函数和余弦函数在 $[0,2\pi]$ 上的图像，诱导公式.

2. 教师授课前准备：计算机绘图软件，与之相关的视频，三角板、直尺等教具.

（二）教学内容

本节的主要内容有已知角的正弦函数值或余弦函数值求指定范围内的角，使用科学计算器求角.

（三）教学目标

1. 能用诱导公式求指定范围内满足正、余弦函数值的特殊角，提高用三角函数模型解决问题的能力.

2. 能使用科学计算器求指定范围内满足正、余弦函数值的角，提高使用数学工具的能力.

3. 亲历利用三角函数模型解决相关问题的过程，加深对三角函数的图像和性质的理解，渗透数形结合的思想方法，培养分析问题和解决问题的能力，提升直观想象、逻辑推理等核心素养.

（四）教学重难点

重点：已知特殊的正、余弦函数值，求在 $[0,2\pi]$ 内的特殊角.

难点：掌握已知正弦函数值、余弦函数值、正切函数值求角的方法.

（五）教学提示

序号	教学提示
1	三角函数模型是函数的重要模型，本节利用三角函数模型解决相关三角函数的问题，培养学生数学模型的应用意识和应用能力，本节的重点是让学生掌握已知特殊的正、余弦函数值求在 $[0,2\pi]$ 内的角的方法和步骤. 本节是前面知识的综合性应用，它既考查了特殊角的三角函数值、诱导公式、三角函数的图像等重要内容，其中也渗透了数形结合的思想方法，体现现代信息技术的优势和数学工具的使用

续表

序号	教学提示
2	在教学时，教师可提前复习$[0，2\pi]$内特殊角的三角函数值、诱导公式、三角函数的图像，学生应会用诱导公式将指定范围内角的三角函数转化为锐角的三角函数表示，再借助三角函数的图像，由给定的三角函数值，找出对应的角
3	教材由"如果$x=\dfrac{\pi}{6}$，那么$\sin x=\dfrac{1}{2}$"提出问题"如果$\sin x=\dfrac{1}{2}$，那么$x=\dfrac{\pi}{6}$吗"，启发学生思考，引导学生发现问题的解决可以结合函数图像．教师可让学生画出正弦函数$y=\sin x$的图像和直线$y=\dfrac{1}{2}$，观察发现直线$y=\dfrac{1}{2}$与正弦曲线有无数个交点，则满足条件的角有无数个．教学时教师可设问：怎么表示这些角的集合？此问可放在课后由学生自主归纳表示，拓展学生的思维空间．如果角的范围限定为$[0，2\pi]$，根据图像易发现交点只有两个，即$\left(\dfrac{\pi}{6}，\dfrac{1}{2}\right)$和$\left(\dfrac{5\pi}{6}，\dfrac{1}{2}\right)$，教师引导学生分析：因为$\sin x=\dfrac{1}{2}>0$，所以$x$是第一或第二象限角，符合条件的第一象限角是$x=\dfrac{\pi}{6}$；第二象限角由诱导公式可得，因为$\sin\left(\pi-\dfrac{\pi}{6}\right)=\sin\dfrac{\pi}{6}=\dfrac{1}{2}$，所以符合条件的第二象限角是$x=\dfrac{5}{6}\pi$．进而求得符合条件的角$x=\dfrac{\pi}{6}$或$x=\dfrac{5\pi}{6}$．第5.8.1节的随堂练习第1题和习题5.8水平一第1题、第5题第(1)小问是对应的巩固练习
4	教材第5.8.1节例1旨在示范已知余弦函数值求角的方法和步骤，与"分析理解"类同，引导学生结合余弦图像分析符合条件的角有两个，同时应强调这里应画余弦函数的图像而不是正弦函数的图像．因为$\cos x=-\dfrac{\sqrt{2}}{2}<0$，所以$x$是第二或第三象限角，教学时，教师应引导学生首先找出符合条件$\cos\alpha=\dfrac{\sqrt{2}}{2}$的锐角，$\alpha=\dfrac{\pi}{4}$；由诱导公式$\cos\left(\pi-\dfrac{\pi}{4}\right)=-\cos\dfrac{\pi}{4}=-\dfrac{\sqrt{2}}{2}$得符合条件的第二象限角是$x=\dfrac{3}{4}\pi$；又由诱导公式$\cos\left(\pi+\dfrac{\pi}{4}\right)=-\cos\dfrac{\pi}{4}=-\dfrac{\sqrt{2}}{2}$得符合条件的第三象限角是$x=\dfrac{5}{4}\pi$．进而求得符合条件的角$x=\dfrac{3\pi}{4}$或$x=\dfrac{5\pi}{4}$．教材第5.8.1节的例3指定区间变为$[-\pi，\pi]$，教学时教师应注意强调：选择诱导公式时，需根据指定区间范围，选用恰当的诱导公式．建议增加改变函数值或改变指定区间范围的训练，巩固已知三角函数值求角的原理，提升

续表

序号	教学提示
	学生三角函数的应用能力. 第 5.8.1 节的随堂练习第 2 题和习题 5.8 水平一第 2 题、第 5 题(2)问是对应的巩固练习
5	教材第 5.8.1 节的例 2 为"已知 $\tan x = \sqrt{3}$,且 $0° \leqslant x \leqslant 360°$,求 x 的值",虽然学生之前没有学习正切函数的图像性质,但用上述方法也能求解. 因为 $\tan x = \sqrt{3} > 0$,所以 x 是第一或第三象限角,符合条件的第一象限角是 $x = 60°$,教师应引导学生找出符合条件的第三象限角,由诱导公式 $\tan(180° + 60°) = \tan 60° = \sqrt{3}$ 得符合条件的第三象限的角是 $x = 240°$. 进而求得符合条件的角 $x = 60°$ 或 $x = 240°$. 第 5.8.1 节的随堂练习第 3 题和习题 5.8 水平一第 3 题、第 5 题(3)问是对应的巩固练习
6	教材第 5.8.2 节的例 1、例 2、例 3、例 4 都是已知非特殊角的函数值求角,旨在加强科学计算器的使用,要求学生掌握使用计算工具解决问题的步骤
7	由已知三角函数值求角这部分内容,教材重点是把求角的范围指定在 $[0, 2\pi]$ 内,教学时教师也可根据实际情况,适度拓展求角的范围. 已知三角函数值求角的一般方法是:①根据三角函数值的符号确定所求角的象限;②找出对应三角函数值为正的锐角 α;③由诱导公式找出一个周期内符合条件的角;④根据三角函数的周期性写出指定范围内符合条件的角

(六)课程思政设计

1. 在已知三角函数值求指定范围内的角时,教师可设计学生自主分析的环节,让学生体会数学的逆向思维,通过对指定范围内满足条件的角的个数的分析,让学生体会数学的严密性与科学性,使学生正确认识局部与全局的关系,渗透科学精神与全局意识的培养.

2. 教师通过对多个具体问题的分析和解决,可引导学生总结归纳解决该类问题的基本步骤,让学生逐步学会用数学思维分析世界,形成条理清楚的数学思维,养成善于思考、勇于探索的科学精神.

(七)习题答案

5.8.1　已知特殊三角函数值求角

随堂练习

1. $\dfrac{\pi}{4}$ 或 $\dfrac{3\pi}{4}$.

2. $\dfrac{\pi}{3}$ 或 $\dfrac{5\pi}{3}$.

3. $\dfrac{5\pi}{6}$ 或 $\dfrac{11\pi}{6}$.

5.8.2 已知任意三角函数值求角

随堂练习

1. 1.127 9.

2. $-13.197\ 4°$.

3. $76.755\ 2°$ 或 $103.244\ 8°$.

4. $-1.775\ 0$ 或 $1.775\ 0$.

习题 5.8

水平一

1. $-\dfrac{\pi}{6}$.

2. $135°$.

3. $-60°$.

4. (1)$\{0.324\ 1,\ 2.817\ 5\}$；(2)$\{2.480\ 0,\ 3.803\ 2\}$.

5. (1)$\left\{-\dfrac{2\pi}{3},\ -\dfrac{\pi}{3}\right\}$；(2)$\left\{-\dfrac{2\pi}{3},\ \dfrac{2\pi}{3}\right\}$；(3)$\left\{-\dfrac{\pi}{4},\ \dfrac{3\pi}{4}\right\}$.

水平二

1. (1)2.787 9；(2)4.459 7；(3)5.961 4.

2. $\{105°,\ 165°\}$(提示：可令 $2x=\alpha$，先求出 α 的值，再求 x 的值).

3. $\{66.850\ 7°,\ 113.149\ 3°\}$.

单元检测

水平一

1. (1)C；(2)D；(3)B.

2. (1)$18°$，一；(2)$30°$，一.

3. (1)$\dfrac{3\sqrt{2}+5\sqrt{3}}{6}$；(2)$\dfrac{3-2\sqrt{3}}{2}$；(3)1.282 4.

4. $-\dfrac{12}{13},\ \dfrac{5}{13},\ -\dfrac{12}{5}$.

5. $\dfrac{4}{5},\ \dfrac{3}{4}$.

6. $-\dfrac{3\sqrt{10}}{10},\ -\dfrac{\sqrt{10}}{10}$.

7. (1)$\dfrac{8}{5}$；(2)$\dfrac{7}{10}$.

8. (1)函数取得最大值时 x 的集合为 $\left\{x\mid x=2k\pi+\dfrac{\pi}{2},\ k\in\mathbf{Z}\right\}$，函数取得最小值时 x 的集合

为 $\left\{x \mid x=2k\pi-\dfrac{\pi}{2}, k\in\mathbf{Z}\right\}$；

（2）函数取得最大值时 x 的集合为 $\{x\mid x=2k\pi, k\in\mathbf{Z}\}$，函数取得最小值时 x 的集合为 $\{x\mid x=2k\pi+\pi, k\in\mathbf{Z}\}$．

水平二

1. $\dfrac{10\pi}{3}$ cm，$\dfrac{50\pi}{3}$ cm^2．

2. （1）$-\dfrac{2\pi}{3}$ 或 $-\dfrac{\pi}{3}$；（2）$\dfrac{\pi}{4}$ 或 $\dfrac{7\pi}{4}$；（3）$-\dfrac{5\pi}{6}$ 或 $\dfrac{\pi}{6}$．

3. $\dfrac{2}{5}$．

4. （1）$-\dfrac{3}{5}$；（2）$-\dfrac{14}{13}$．［提示：由 $\tan(\pi-\alpha)=-\tan\alpha=3$ 得 $\tan\alpha=-3$，即可求出］

5. （1）利用"五点法"作图，列表如下．

x	0	$\dfrac{\pi}{2}$	π	$\dfrac{3\pi}{2}$	2π
$y=\sin x$	0	1	0	-1	0
$y=-5+2\sin x$	-5	-3	-5	-7	-5

图像略，最小正周期为 2π．

（2）利用"五点法"作图，列表如下．

x	0	$\dfrac{\pi}{2}$	π	$\dfrac{3\pi}{2}$	2π
$y=\cos x$	1	0	-1	0	1
$y=5-\cos x$	4	5	6	5	4

图像略，最小正周期为 2π．

五、教学评价建议

（一）学业质量要求

根据《课程标准》，本单元课程内容的学业质量要求见表 5-2.

表 5-2　学业质量要求

课程内容	质量描述	
	水平一	水平二
三角函数	在熟悉的单一情境中： 1. 知道推广角的意义和任意角所在的象限，能识别终边相同的角； 2. 知道引入弧度制的意义，会进行角度与弧度的换算； 3. 会根据任意角的三角函数（正弦、余弦和正	在熟悉的关联情境中： 1. 达到水平一的 1～7； 2. 知道弧度制下弧长公式和扇形面积公式的推导过程，并会进行有关的计算； 3. 能运用"五点法"画出正弦函

续表

课程内容	质量描述	
	水平一	水平二
	切)定义，判断角的三角函数值的符号； 4. 会根据三角函数的定义或借助单位圆，推导同角三角函数的平方关系和商数关系，能进行有关的化简和计算；知道诱导公式在三角函数求值与化简中的作用； 5. 会借助代数运算与几何直观，认识正弦函数、余弦函数的图像与性质；知道运用"五点法"可以画出正弦函数、余弦函数在一个周期上的简图； 6. 知道特殊的三角函数值与$[0,2\pi]$范围内角的对应关系； 7. 会利用计算工具进行有关三角计算	数、余弦函数在一个周期上的简图； 4. 会根据三角函数值，求出指定范围内的角

(二)参考例题与说明

例1 把角度化为弧度，弧度化为角度．

(1)$120°=$＿＿＿＿＿ rad；(2)$-330°=$＿＿＿＿＿ rad；(3)$\dfrac{\pi}{12}=$＿＿＿＿＿；

(4)$\dfrac{5\pi}{4}=$＿＿＿＿＿．

解 (1)$120°=120\times\dfrac{\pi}{180}=\dfrac{2\pi}{3}$，所以填写"$\dfrac{2\pi}{3}$"；

(2)$-330°=-330\times\dfrac{\pi}{180}=-\dfrac{11\pi}{6}$，所以填写"$-\dfrac{11\pi}{6}$"；

(3)$\dfrac{\pi}{12}=\dfrac{180°}{12}=15°$，所以填写"$15°$"；

(4)$\dfrac{5\pi}{4}=\dfrac{5\times180°}{4}=225°$，所以填写"$225°$"．

说明：本题为在单一情境下角度与弧度的互化，主要考核数学运算素养，属于学业水平一．

例2 与$-670°$终边相同的角是(　　　)．

A. $-70°$　　　　　　B. $-50°$　　　　　　C. $50°$　　　　　　D. $310°$

解 因为$-670°=-2\times360°+50°$，它的终边与$50°$角终边相同，所以答案选 C.

说明：本题为在单一情境下判断终边相同的角，考查如何将任意角β写成$k\times360°+\alpha(k\in\mathbf{Z})$或$2k\pi+\alpha(k\in\mathbf{Z})$的形式，主要考核直观想象、数学运算等核心素养，属于学业水平一．

例3 已知$\sin\alpha=\dfrac{1}{3}$，且α是第二象限角．求$\cos\alpha$和$\tan\alpha$的值．

解 因为$\sin\alpha=\dfrac{1}{3}$，且α是第二象限角，

所以 $\cos \alpha = -\sqrt{1-\sin^2\alpha} = -\sqrt{1-\left(\dfrac{1}{3}\right)^2} = -\dfrac{2\sqrt{2}}{3}$，

$$\tan \alpha = \dfrac{\sin \alpha}{\cos \alpha} = \dfrac{\dfrac{1}{3}}{-\dfrac{2\sqrt{2}}{3}} = -\dfrac{1}{2\sqrt{2}} = -\dfrac{\sqrt{2}}{4}.$$

说明：本题为在单一情境题下利用同角三角函数的基本关系式求三角函数值，主要考核逻辑推理、数学运算等核心素养，属学业水平一.

例 4　求下列三角函数值.

(1)$\sin 150°$；(2)$\tan(-240°)$.

解　(1)$\sin 150° = \sin(180°-30°) = \sin 30° = \dfrac{1}{2}$；

(2)$\tan(-240°) = -\tan 240° = -\tan(180°+60°) = -\tan 60° = -\sqrt{3}$.

说明：本题为在关联情境下利用诱导公式将已知三角函数转化为锐角三角函数求值，考查了象限角的符号、特殊角的三角函数值和诱导公式，主要考核逻辑推理素养，属于学业水平二.

例 5　若 $\sin \theta \cos \theta < 0$，试判断 θ 是第几象限角.

解　因为 $\sin \theta \cos \theta < 0 \Leftrightarrow \sin \theta > 0$，$\cos \theta < 0$ 或 $\sin \theta < 0$，$\cos \theta > 0$.

当 $\sin \theta > 0$，$\cos \theta < 0$ 时，θ 为第二象限角；

当 $\sin \theta < 0$，$\cos \theta > 0$ 时，θ 为第四象限角.

综上所述，满足条件的 θ 为第二或第四象限角.

说明：本题是在关联情境下根据三角函数值的符号判断角所在的象限，主要考核直观想象、逻辑推理等核心素养，属于学业水平二.

例 6　运用"五点法"画出函数 $y = \sin x + 1$ 的图像.

解　列表：

表 5-3

x	0	$\dfrac{\pi}{2}$	π	$\dfrac{3\pi}{2}$	2π
y	1	2	1	0	1

描点、连线，函数 $y = \sin x + 1$ 的图像如图所示.

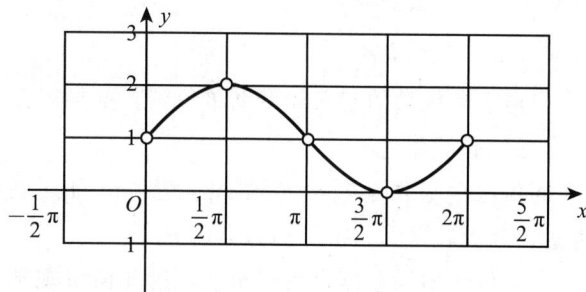

例 6 图

　　说明：本题为在关联情境下类比"五点法"画正弦函数一个周期内的图像的方法，用五个关键的特殊点作正弦型函数一个周期内的图像，该函数的图像可以看成由正弦函数 $y=\sin x$ 的图像向上平移 1 个单位而得，主要考核直观想象、数学建模等核心素养，属于学业水平二.

六、教学资源拓展

(一)教学案例

1. 授课题目：同角三角函数的基本关系

2. 授课班级：计算机应用专业高一年级八班

3. 内容分析

　　"同角三角函数的基本关系"是北师大版"十四五"职业教育国家规划教材《数学(基础模块)上册》第五单元第四节《同角三角函数的基本关系》第一课时的教学内容. 本课从三角函数的定义出发，利用单位圆将三角函数的基本性质与圆的几何性质进行关联，用联系的观点提出问题，获得研究思路；以单位圆上点的坐标的意义为基础，在单位圆中构造出直角三角形，利用勾股定理和三角函数的定义得出同角三角函数的基本关系，体现了数形结合的研究思想；让学生在学习过程中经历同角三角函数基本关系的推导和利用关系进行"知一求二"的运算的过程，体现了方程的思想.

　　从同角三角函数的基本关系对数学课程的作用来看，同角三角函数的基本关系是进一步学习三角计算的重要基础，也是学生进入高校进一步学习高等数学中导数、积分等内容的重要变换工具，是中高职衔接的重要内容.

4. 学情分析

　　知识与技能基础：学生已学了三角函数的概念，会根据平面内任意角上一点的坐标判断该角的三角函数值的符号，对单位圆有初步的认识，有一定的推理能力.

　　认知与实践基础：学生对抽象公式的理解存在认知困难，将抽象的关系式与学生熟悉的勾股定理建立联系，并放到看得见的直角坐标系中，通过数形结合的方式进行呈现和推演，可以有效降低学习难度，是学生较易接受的学习方法.

　　学习特点：学生对数学公式的理解记忆情况不佳，死记硬背的情况较为普遍，因此容易使得学生对数学的学习积极性不高；在逻辑推理方面，部分学生有一定的逻辑推理能力，但推理过程的连续性不够严密，规范意识不够.

5. 教学目标

　　(1)知识目标：会根据三角函数的定义或借助单位圆，推导同角三角函数的平方关系和商数关系，能进行有关的计算.

　　(2)能力目标：在同角三角函数的基本关系推导过程中，能用联系的观点通过数形结合的方式，发展观察、分析、运算、推导的基本能力.

　　(3)素养目标：能在单位圆中构造出直角三角形，用几何直观和代数运算的方法得出同角三角函数的基本关系，培养和提升数学运算、直观想象和逻辑推理等核心素养.

6. 教学重难点

重点：关系式的推导过程.

难点：理解两个公式，已知正切值求正弦值和余弦值.

7. 教法学法

教学方法：讨论法、讲授法、谈话法.

学习方法：自主学习法、探究学习法、合作学习法.

8. 教学资源

教学资源有多媒体(一体机)、学习通(超星互动平台).

9. 教学过程

教学环节	教学内容	师生活动	设计意图
课前准备，任务引领	复习清单： 1. 根据三角函数的定义，完成填空. 如图，设角 α 终边上一点 $P(x, y)$. $OP = r =$ _____，则： 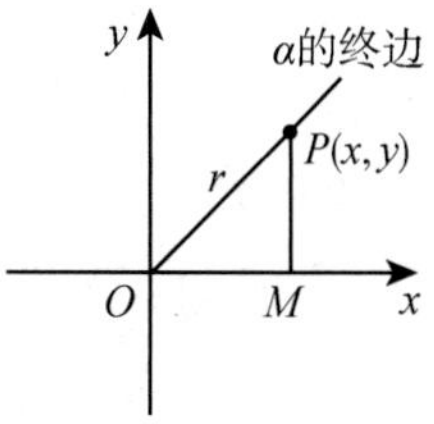 $\sin \alpha =$ _____， $\cos \alpha =$ _____， $\tan \alpha =$ _____. 2. 用表格表示出三角函数在各象限的符号情况. （见下表） 3. 画一个单位圆，并标注角 α 的终边与单位圆的交点为 $P(x, y)$	1. 发布复习任务单； 2. 检查并点评学生任务完成情况，给予学生课前任务完成情况的及时评价	检查知识储备 培养自主学习习惯
课中 一、问题提出	激——以问题启源 在上一节课，我们学习了三角函数的定义及在各个象限的符号，那么同一个角的三角函数值之间是否也存在某种关系呢	教师提出问题，以问题启源，带领学生动脑思考	复习旧知 引入新知

α 所在的象限	点 P 的坐标		$\sin \alpha = \dfrac{y}{r}$	$\cos \alpha = \dfrac{x}{r}$	$\tan \alpha = \dfrac{y}{x}$
	x	y			
第一象限					
第二象限					
第三象限					
第四象限					

续表

教学环节		教学内容	师生活动	设计意图
课中	二、问题探究	探——以问题建构 （一）引导探究 在平面直角坐标系中，如图，已知点 $P(x, y)$ 是角 α 的终边与单位圆的交点，过点 P 作 $PM \perp x$ 轴，垂足为 M，$OP=1$. 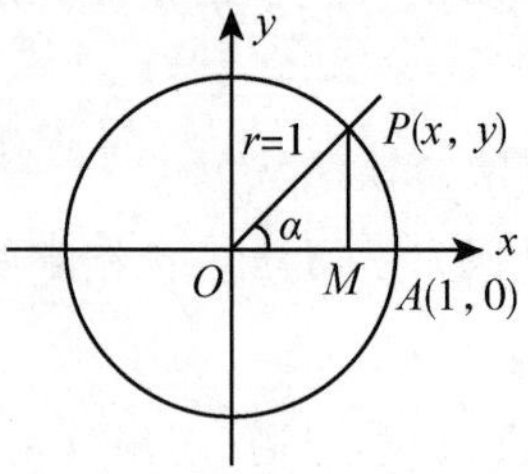 根据正弦和余弦的定义可知， $\sin \alpha = \dfrac{(\quad)}{r} = (\quad)$；$\cos \alpha = \dfrac{(\quad)}{r} = (\quad)$. 在 Rt$\triangle OPM$ 中，由勾股定理有 $(\quad)^2 + (\quad)^2 = OP^2$， 由点 $P(x, y)$，有 $OM = \underline{\quad\quad}$，$PM = \underline{\quad\quad}$， 即 $(\quad)^2 + (\quad)^2 = 1$，所以 $\sin^2 \alpha + \cos^2 \alpha = (\quad)$. 在单位圆中有， $\sin \alpha = (\quad)$；$\cos \alpha = (\quad)$. 根据正切的定义，当 $\alpha \neq \dfrac{\pi}{2} + k\pi (k \in \mathbf{Z})$ 时，可知， $\tan \alpha = \dfrac{(\quad)}{(\quad)}$， 所以，$\sin \alpha$，$\cos \alpha$ 和 $\tan \alpha$ 的关系有 $\tan \alpha = \dfrac{(\quad)}{(\quad)}$	教师以单位圆上点的坐标为研究对象，引导学生通过作辅助线构造出直角三角形，利用三角函数的定义分析直角三角形的边、角与单位圆上点的坐标的关系. 教师在教学中以学生为中心，通过引导探究，使学生成为学习的主体，让学生在探究过程中自主建构该节内容的知识	数形结合关联分析做好推导准备
		（二）推导关系 已知点 $P(x, y)$ 是角 α 的终边与单位圆的交点．过点 P 作 x 轴的垂线，交 x 轴于 M．则 $\triangle OMP$ 是直角三角形，且 $OP=r=1$. 根据正弦、余弦和正切的定义可知，在单位圆上， $\sin \alpha = y$；$\cos \alpha = x$；$\tan \alpha = \dfrac{y}{x}$，$x \neq 0$. 在 Rt$\triangle OPM$ 中，由勾股定理有 $$OM^2 + PM^2 = OP^2 = 1.$$ 由点 $P(x, y)$，有 $OM = x$，$PM = y$，即 $$x^2 + y^2 = 1,$$ 所以，$\sin^2 \alpha + \cos^2 \alpha = 1$. 强调：注意三角函数的平方的写法，以角 α 正弦的平方为例，其表示方法为 $\sin^2 \alpha = (\sin \alpha)^2$，注意 $\sin^2 \alpha \neq \sin \alpha^2$，明确其书写的区别. 显然，当 α 的终边与坐标轴重合时，这个公式也成立	教师通过对推导过程的留白，引导学生利用勾股定理进行列式和代换，从而使学生完整地经历利用单位圆推导同角三角函数，形成同角三角函数基本关系式的过程. 教师应提醒学生注意对三角函数平方的书写格式和"同角"及有意义情况的关注	数形结合语言转换（从图形语言到符号语言的转换）推导关系

教学环节		教学内容	师生活动	设计意图
课中	二、问题探究	根据正切的定义，当 $\alpha \neq \dfrac{\pi}{2}+k\pi(k\in\mathbf{Z})$ 时，$\tan\alpha=\dfrac{\sin\alpha}{\cos\alpha}$. 强调：公式中的"同角"两字，注意这些关系式都是针对使它们有意义的角而成立的		
		(三)抽象概括 一般地，可以得到同角三角函数的基本关系式： (1)平方关系：$\sin^2\alpha+\cos^2\alpha=1$； (2)商数关系：$\tan\alpha=\dfrac{\sin\alpha}{\cos\alpha}$	教师进行概括，明确推导出的关系式分别为平方关系和商数关系，学生应对其进行理解记忆	抽象概括 明确关系
		(四)尝试证明 分组活动：利用三角函数的定义证明同角三角函数的基本关系式，并派出代表进行分享. 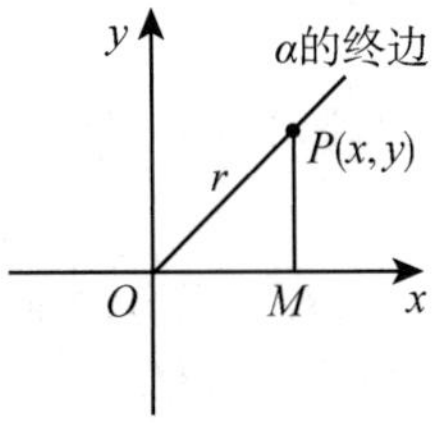 如图，设角 α 终边上一点 $P(x,y)$，$OP=r=\sqrt{x^2+y^2}$，则 $\sin\alpha=\dfrac{y}{r}$，$\cos\alpha=\dfrac{x}{r}$，$\tan\alpha=\dfrac{y}{x}$. 由上式可得 $\sin^2\alpha+\cos^2\alpha=\left(\dfrac{y}{r}\right)^2+\left(\dfrac{x}{r}\right)^2=\dfrac{x^2+y^2}{r^2}=1$， 即 $\sin^2\alpha+\cos^2\alpha=1$. 由正切函数的定义，当 $\alpha\neq\dfrac{\pi}{2}+k\pi(k\in\mathbf{Z})$ 时， $\tan\alpha=\dfrac{y}{x}=\dfrac{\dfrac{y}{r}}{\dfrac{x}{r}}=\dfrac{\sin\alpha}{\cos\alpha}$， 即 $\tan\alpha=\dfrac{\sin\alpha}{\cos\alpha}$. 小结：常用的等式证明方法有以下几种. (1)左推右； (2)右推左； (3)左右推中间； (4)左右差为零. 恒等式的证明一般情况下遵循"由繁到简"的原则，蕴含化归的数学思想方法	教师引导学生利用三角函数的定义证明两个基本关系式，并在证明过程中总结证明等式的一般方法. 学生以小组为单位进行探究学习，得出证明过程后，进行班级分享. 教师应以学生为中心，关注学生在学习过程中知识的生成过程. 教师利用成语"左右逢源"引导学生理解常见的等式证明方法	分组证明 深化理解 化繁为简 化归转化

教学环节		教学内容	师生活动	设计意图
课中	三、问题应用	用——以问题提升 (一)变式探究 以同角三角函数的基本关系式为对象进行变式探究时,教师请学生进行变式挑战,一组给出变式让另一组说明变式过程. 如以 $\sin^2\alpha+\cos^2\alpha=1$ 为例,通过移项、开方得到 $\sin\alpha=\pm\sqrt{1-\cos^2\alpha}$ 等,该环节注重学生的不同思维过程,体现方程思想	教师引导学生以挑战为激励进行变式的开放探究,提高学生学习的兴趣,培养学生的对公式的推演能力; 学生相互提问挑战的过程就是对关系式熟练掌握的过程,提问学生将变式的结论用一体机进行投影,回答的学生也用一体机进行展示	变式挑战 开放探究 逐步推演 知识内化 方程思想 能力提升
		(二)典例探究 **例1** 已知 $\cos\alpha=\dfrac{3}{5}$,且 α 是第四象限的角,求 $\sin\alpha$ 和 $\tan\alpha$. **分析** 由 $\sin^2\alpha+\cos^2\alpha=1$,得 $\sin\alpha=\pm\sqrt{1-\cos^2\alpha}$,这种变形形式可直接使用,以便简化解题书写过程. **解** 因为 α 是第四象限的角,所以 $\sin\alpha<0$. 所以 $\sin\alpha=-\sqrt{1-\cos^2\alpha}=-\sqrt{1-\left(\dfrac{3}{5}\right)^2}=-\dfrac{4}{5}$, $\tan\alpha=\dfrac{\sin\alpha}{\cos\alpha}=\dfrac{-\dfrac{4}{5}}{\dfrac{3}{5}}=-\dfrac{4}{3}$. "知弦求切"的方法:利用平方关系由正弦求余弦或由余弦求正弦,再利用商数关系求正切. 对照练习: 已知 $\sin\alpha=\dfrac{5}{13}$,且 α 是第二象限的角,求 $\cos\alpha$ 和 $\tan\alpha$. 延展思考: 如果例1中,未给出角 α 所在象限,则 $\sin\alpha$ 和 $\tan\alpha$ 的值又如何求? **例2** 已知 $\tan\alpha=\dfrac{12}{5}$,且 α 是第三象限的角,求 α 的正弦值和余弦值. **分析** 由 $\tan\alpha=\dfrac{12}{5}$ 得 $\dfrac{\sin\alpha}{\cos\alpha}=\dfrac{12}{5}$,再与 $\sin^2\alpha+\cos^2\alpha=1$ 组成方程组,可解出 $\sin\alpha$ 和 $\cos\alpha$ 的值. **解** 由 $\tan\alpha=\dfrac{12}{5}$ 得 $\dfrac{\sin\alpha}{\cos\alpha}=\dfrac{12}{5}$,即	教师给出例题1,引导学生进一步熟悉三角函数的基本关系式,突出变式训练的作用,得出"知弦求切"的方法:利用平方关系由正弦求余弦或由余弦求正弦,再利用商数关系求正切. 学生板演解题过程,教师给予点评. 学生根据教师的引导,思考给出角所在象限的作用,对比有无给出角所在象限的条件时解题的区别,感受给出条件的限定作用. 教师给出例题2,引导学生通过探究得出"知切求弦"的方法:同时利用平方关系和商数关系得到关于正、余弦的方程组,再解方程组得解	关系推演 变式应用 示范演示 典例拓展

续表

教学环节		教学内容	师生活动	设计意图
课中	三、问题应用	$\sin\alpha=\dfrac{12}{5}\cos\alpha,$ ① 把①代入 $\sin^2\alpha+\cos^2\alpha=1$，得 $\left(\dfrac{12}{5}\cos\alpha\right)^2+\cos^2\alpha=1,$ $\dfrac{169}{25}\cos^2\alpha=1,$ $\cos^2\alpha=\dfrac{25}{169},$ 因为角 α 是第三象限的角，所以 $\cos\alpha<0$. 所以 $\cos\alpha=-\dfrac{5}{13}$，代入①式，得 $\sin\alpha=\dfrac{12}{5}\cos\alpha=\dfrac{12}{5}\times\left(-\dfrac{5}{13}\right)=-\dfrac{12}{13}.$ "知切求弦"的方法：同时利用平方关系和商数关系得到关于正、余弦的方程组，再解方程组得解. 对照练习： 已知 $\tan\alpha=-\sqrt{3}$，且 α 是第四象限的角，求 $\sin\alpha$ 和 $\cos\alpha$	学生在推演过程中注意角的象限与三角函数值的正负关系	方程思想 推导验算 注意象限 确定正负 体现数学 运算素养 对照练习 突出运算
	四、梳理小结	汇——以问题小结 回顾学习内容： 1. 利用单位圆推导同角三角函数的基本关系（图形语言、符号语言）. 2. 利用三角函数的定义证明同角三角函数的基本关系（证明方法）. 3. 变式挑战（关系式的推演）. 4. 典例作用. "知弦求切"的方法：利用平方关系由正弦求余弦或由余弦求正弦，再利用商数关系求正切. "知切求弦"的方法：同时利用平方关系和商数关系得到关于正、余弦的方程组，再解方程组得解	教师引导学生回忆本节课的内容； 学生梳理本课的知识点，形成学习过程框架图，供复习反思	归纳总结 梳理反思
	五、巩固提升	布置作业 必做题：习题5.4水平一； 选做题：去除例题中角所在象限的条件，完成求值（水平二）. 求证 $\sin^4\alpha-\cos^4\alpha=2\sin^2\alpha-1$	播放作业， 学生记录作业. 结合本节中的证明方法和变式过程，学生进行自主探究，为第二课时的证明、化简作铺垫	分层作业 学生自主选择 拓展延伸 综合运用

10. 教学反思

第一，教材处理方面，延展了关系式的推导、证明、理解、变形的各个过程. 本节课是教材《同角三角函数的基本关系》一节的第一课时，教材结构是问题提出后利用单位圆进行分析理解，抽象概括得到两个关系式，接着就是在例题的学习中巩固知识并加以运用. 在真正的授课过程中，推导过程很大程度会因为时间简短而被学生忽略，学生直接就跳到了关系式的学习，使得学习过程变为了"背公式". 所以本节课在设计时，就拉长了对公式的推导、证明、理解、变形的各个过程，让学生通过多种形式相结合的过程，加深对同角三角函数基本式的理解，真正做到知识的过手和掌握.

第二，教学设计方面，注重对数学思想方法的渗透. 例如：利用单位圆将三角函数的基本性质与圆的几何性质进行关联，该环节用联系的观点提出问题，获得研究思路；以单位圆上点的坐标的意义为基础，在单位圆中构造出直角三角形，利用勾股定理和三角函数的定义得出同角三角函数的基本关系，这体现了数形结合的研究思想；公式的证明过程遵循"由繁到简"的原则，总结出多种常用的等式证明方法，蕴含化归的数学思想方法；在对基本关系式进行变式探究的过程中，将三角函数看作未知数进行变式推演，体现了函数与方程的数学思想.

第三，教学实施方面，加强学生数学学科核心素养的培育. 例如：教师引导学生利用单位圆探究单位圆上点的坐标与 $\sin \alpha$ 和 $\cos \alpha$ 的对应关系，注重直观想象素养培育；让学生利用三角函数的定义证明关系式，培养学生的逻辑推理、数学运算等核心素养. 而整节中的推演、证明、变形等都是逻辑推理的重要体现，如在学习关系式后进行例题的分析，是从特殊到一般的演绎推理过程，从解决"知一求二"的具体题目中归纳出"知弦求切"和"知切求弦"的方法是归纳推理的过程.

有待改进的方面有：①教学设计内容较为理想化，具体实施过程会受学生参与情况的影响，可能导致课堂任务无法完成的情况发生，这就考验了教师对课堂节奏的把控和调节能力；②课堂活动比较多，学生对于一体机的使用和展示等，还需要在日常的教学中加强训练.

(二)文献资源参考

1. 参考书目

[1]中华人民共和国教育部. 中等职业学校数学课程标准(2020 年版)[M]. 北京：高等教育出版社，2020.

[2]史宁中，王尚志. 普通高中数学课程标准(2017 年版 2020 年修订)解读[M]. 北京：高等教育出版社，2020.

[3]张景中. 一线串通的初等数学[M]. 北京：科学出版社，2015.

[4]沈文选，杨清桃. 数学欣赏拾趣[M]. 哈尔滨：哈尔滨工业大学出版社，2018.

2. 参考文章

[1]章建跃. 为什么用单位圆上点的坐标定义任意角的三角函数[J]. 数学通报，2007(1)：15-19.

[2]王尚志，张思明，胡凤娟，等. 整体把握高中数学新课程中的三角函数与三角[J]. 中学数学教学参考，2008(15)：4，9.

[3]王尚志，张思明. 三角函数中的数形结合[J]. 中学数学教学参考，2008(17)：4-6.

[4]陈振宣. 三角函数在中学数学中的核心地位[J]. 数学通报，2009，48(6)：25-30.

[5]李大永. 基于数学思想方法的理解整体设计三角函数的教学[J]. 数学通报，2015，54(5)：17-23.

[6]刘存华，王亚婷，周莹. 数学核心素养视域下的高中教材习题比较研究：以"三角函数"为例[J]. 数学教学研究，2019，38(5)：50-53.

[7]王冬岩. 高中生对三角函数概念的理解[D]. 上海：华东师范大学，2010.

[8]符白陵. 高中数学三角函数的教学策略研究[D]. 海口：海南师范大学，2014.

3. 参考数字化资源网站

[1]乐乐课堂.

[2]希沃学院.

[3]可汗学院.

[4]学科网.

[5]重庆云课堂.

(三)数学文化拓展

三角函数的演进①②

三角函数最初来自古希腊天文学对解球面三角形的需求. 那时候人们对于宇宙的模型是所谓的"天球"，所以那时候的三角函数大多数是球面三角学的三角函数.

5—12 世纪，印度数学家对三角学作出了较大的贡献. 尽管当时三角学仍然还是天文学的一个计算工具，是一个附属品，但现代意义上的平面三角学内容如"正弦"和"余弦"的概念却是印度数学家首先引进的.

6 世纪初，印度数学家阿耶波多(476—550)制作了一个第一象限内间隔 $3°45'$ 的正弦表，依照巴比伦人和希腊人的习惯，将圆周分为 360 度，每度为 60 分，整个圆周为 21 600 分，然后根据 $2\pi r=216\ 000$，得出 $r=3\ 438$(近似值)，然后用勾股定理先算出 $30°，45°，90°$ 的正弦之后，再用半角公式算出较小角的正弦值，从而获得每隔 $3°45'$ 的正弦表. 该表用同一单位度量半径和圆周，孕育着最早的弧度制概念. 他在计算正弦值的时候，取圆心角所对弧的半弦长，比起希腊人取全弦长更接近于现代正弦的概念.

用线段的比来定义三角函数，是欧拉(Euler)(1707—1783)在《无穷小分析引论》一书中首次给出的. 在欧拉之前，研究三角函数大都在一个确定半径的圆内进行，如：古希腊的托勒密(Ptolemy)(85—165)定半径为 60；印度人阿耶波多定半径为 3 438；德国数学家里基奥蒙特纳斯(1436—1476)为了精密地计算三角函数值曾定半径为 600 000，后来为制订更精密的正弦表又定半径为 10^7. 因此，当时的三角函数实际上是定圆内的一些线段的长.

---

① 孙宏安：《三角学的历史》，载《中学数学教学参考》，2002(07).
② 寇恒清：《"三角学"史话》，载《新高考(高一版)》，2008(02).

　　意大利数学家利提克斯(1514—1574)改变了前人的做法，把正弦与圆牢牢地联结在一起，使正弦值直接与角挂钩，称为角的正弦，从而使圆成为从属地位.

　　到欧拉时，其才令圆的半径为1，即把角放置于单位圆中，使三角函数定义为相应的线段的长与圆半径之比.

　　伊朗著名的天文学家阿布尔·威发(940—998)首先发现并证明了正弦定理. 13世纪的那希尔丁在《论完全四边形》中第一次把三角学作为独立的学科进行论述，首次清楚地论证了正弦定理. 他还指出，由球面三角形的三个角，可以求得它的三条边，或由三条边去求三个角. 这是区别球面三角与平面三角的重要标志. 至此三角学开始脱离天文学，走上独立发展的道路.